京师教师教育论丛　第三辑

丛书主编　朱旭东

教师知识学

当代西方教师实践性知识思想研究

康晓伟　著

Teachers' Knowledge-ology

A Study on Contemporary Western Teachers' Practical Knowledge Thoughts

北京师范大学出版集团
BEIJING NORMAL UNIVERSITY PUBLISHING GROUP
北京师范大学出版社

图书在版编目（CIP）数据

教师知识学：当代西方教师实践性知识思想研究/康晓伟
著. —北京：北京师范大学出版社，2017.1（2024.12 重印）
（京师教师教育论丛）
ISBN 978-7-303-20542-4

Ⅰ. ①教… Ⅱ. ①康… Ⅲ. ①教育思想－研究－西方国家
Ⅳ. ①G40－091

中国版本图书馆 CIP 数据核字（2016）第 104390 号

图书意见反馈：gaozhifk@bnupg.com　010-58805079
营销中心电话：010-58802755　58800035
编辑部电话：010-58807068

出版发行：北京师范大学出版社　www.bnupg.com
　　　　　北京市西城区新街口外大街 12-3 号
　　　　　邮政编码：100088
印　　刷：北京虎彩文化传播有限公司
经　　销：全国新华书店
开　　本：730 mm×980 mm　1/16
印　　张：12
字　　数：210 千字
版　　次：2017 年 1 月第 1 版
印　　次：2024 年 12 月第 2 次印刷
定　　价：46.00 元

策划编辑：郭兴举　　　　责任编辑：戴　轶
美术编辑：焦　丽　　　　装帧设计：焦　丽
责任校对：陈　民　　　　责任印制：马　洁

丛书编委会

顾问 顾明远　许美德(加)

主任 钟秉林

主编 朱旭东

编委会成员(中文以姓氏拼音为序)

陈向明　管培俊　李子建　卢乃桂　庞丽娟

石中英　王嘉毅　叶　澜　袁振国　钟秉林

周作宇　朱小蔓　朱旭东　朱永新

Christopher Day　Ken Zeichner　Lin Goodwin

John Loughran　Lynn Paine　Qing Gu

序　言

　　随着独立、封闭的传统师范教育向开放、灵活、多元化的教师教育体系的转型，教师教育研究日益成为重要的学术研究领域，且已然成为教育学的二级学科。作为一门新兴的学科专业，加强对教师教育的基础理论研究，既是教师教育学科发展的需要，也是教师教育政策和实践的需要。教师知识学是教师教育基础理论的一项重要内容。

　　教师知识学属于教师教育的认识论范畴，主要探究教师认识的本质及其认识过程。从知识学的角度来探讨教师的认识过程，它涉及教师知识问题，这是一个复杂的问题，这一研究问题是当前教师教育基本理论研究的薄弱领域之一。本书尝试从思想史的角度探究教师知识学问题，这在一定程度上具有较强的学术价值和现实意义。当代西方教师知识学的思想史实际上是一部教师实践性知识的发展史。本书以人性能力作为分析视角，把人性能力划分为感知与理性，想象、直觉与洞察，言与意，判断力与德性四个维度，基于此建构了当代西方教师实践性知识思想的维度，即把当代西方教师实践性知识思想分为日常生活经验的教师实践性知识思想、反思行动的教师实践性知识思想、个人叙事探究的教师实践性知识思想、实践智慧的教师实践性知识思想。这也构成了教师知识学的基本轮廓。本书试图从人性能力的角度探究教师实践性知识的本质，并建构出当代西方教师实践性知识思想的整个轮廓，勾勒出教师知识学的肖像。本书汲取了国内外大量学术文献，特别是汲取了哲学的学术滋养，对教师知识的本质与发展进行了多视角的探究，对这一问题进行了深入的思考。本书既是一部教师教育的理论书籍，也是一部具有时代特点的教育学术研究专著。

　　虽然康晓伟在教师知识学方面进行了大量的研究，并做了开创性的工作，但是本书也存在一些不足之处。比如，本书从人性能力的角度建构当代西方教师实践性知识思想，这是研究视角的创新，但是这一视角与当代西方教师实践性知识思想缺乏深入的融合。另外，教师知识学是一个较为庞大的理论体系，如何从认识论、知识论、理论与实践、知行关系等角度构建教师知识的内在逻辑结构，本书做得还不够。在最后的结语部分，作者的论证力度也显得较为单薄，在对教师教育政策的关照方面需要加强深度。教师知识学研究是一个长期的、系统的探索过程，本书所存在的不足也是学术探究过程中不可避免的事情，希望作者在以后的研究中不断深化教师知识学，为教师教育学科发展提供坚实的认识论基础。

本书是康晓伟在其博士学位论文基础上修改完善的成果。他跟随我从事学习与研究多年，孜孜不倦，在教师教育理论研究方面进行了一定的探究性工作。作为一个青年学者，他能够全身心投入学术研究之中，具有较高的学术热情和较大的学术潜力。学无止境，希望他能够不断超越自己。

朱旭东

2016 年 6 月

前　言

　　本书从人性能力的理论视角对当代西方教师实践性知识思想进行了研究。当代西方教师实践性知识思想分为四大流派，即日常生活经验的教师实践性知识思想、反思行动的教师实践性知识思想、个人叙事探究的教师实践性知识思想和实践智慧的教师实践性知识思想。这四大流派构成本书的思想主体。

　　全书由导言、五个章节、结语共计七个部分组成。

　　导言包括问题提出与研究意义，文献梳理及综述，概念界定和研究方法与研究思路。

　　第一章论述了当代西方教师实践性知识思想的理论基础。本章从实践理论、知识理论和实践性知识理论的角度探讨了当代西方教师实践性知识思想的理论基础，论述了教师实践性知识的理论依据和理论渊源。

　　第二章论述了日常生活经验的教师实践性知识思想。日常生活经验的教师实践性知识思想强调教师对情境感知与理性思维在实践性知识获取过程中的价值和作用。它重视人们日常生活世界中的常识或者如现象学社会学家所说的"现有的知识储备"（stock of knowledge at hand），认为教师现有的知识储备指导着教师的日常教育教学实践，教师的教育教学实践过程又不断地生成教师的"现有的知识储备"。

　　第三章论述了反思行动的教师实践性知识思想。反思行动是"在行动中反思"和"对行动的反思"两种实践的统一。在反思行动的教师实践性知识思想家看来，教师实践性知识存在并生成于教师的教育教学反思行动。反思行动的教师实践性知识思想将反思行动看作专业人员特有的知识类型，是教师专业的知识基础。

　　第四章论述了个人叙事探究的教师实践性知识思想。叙事是人类社会的基本现象之一。个人叙事探究的教师实践性知识思想家认为教师是叙事的存在，重视教师的叙事性知识，将教师的个人叙事性知识看作教师实践性知识的表现形式，个人叙事探究是教师获取教师实践性知识的途径。个人叙事探究不仅是理解经验的一种方法，而且是一种体验形式(a form of living)、一种生活方式(a way of living)。

第五章论述了实践智慧的教师实践性知识思想。实践智慧的教师实践性知识思想汲取了亚里士多德实践智慧思想，提出实践性知识的道德维度。基于现象学教育学的方法论，实践智慧的教师实践性知识思想将教育机智看作教师的实践性知识，这种知识是教师处理日常事务的具体知识。日常生活体验是教师获得这种知识的途径。

结语部分论述了当代西方教师实践性知识思想的基本发展脉络和知识图谱，试图探究教师实践性知识的本质和获取途径。

目　录
CONTENTS

导　言

　　知识与实践的关系，不仅源远流长，而且成为时代的主题。知识与实践不仅贯穿于人类的全部生活，甚至可以说知识与实践是人类存在的方式。知识与实践是一种你中有我、我中有你、交融于人类日常生活的关系。从来不存在没有知识的实践，也不存在实践"缺席"的知识。教育是人类日常生活的基本实践形式，它同样与知识和实践存在着密切的关系。教育是实践的特殊方式，它传播并生成知识。教育自始至终都与知识和实践交织在一起。如何认识知识、实践及两者之间的关系，成为历史上教育争论的主要焦点之一。正确处理好知识、实践与教育之间的关系，是进行教育实践的基本前提，也是教育研究永恒的主题。

　　教师实践性知识是探讨教育与知识和实践关系的知识形态。作为专业人员，教师的生活是知识与实践的生活。教师不仅是知识的传播者，同时也是知识的生成者和使用者。教师传播、生成及使用知识的过程是一个实践过程，在实践过程中教师扮演着不同的知识角色。教师的实践是以知识为基础的，其实践就是知识参与下的实践，实践的程度和范围受教师知识状况的制约。另外，教师应该意识到实践性知识不只是促进学生认知水平的发展，教师在教育实践中应该运用知识促进学生更好地发展，从而促进教师幸福地生活。教师实践性知识从而与学生好的生活联系起来。亚里士多德说"所有的知识与选择都在追求某种善"，而"幸福作为最高善"。①

---

　　① ［古希腊］亚里士多德. 尼各马可伦理学［M］. 廖申白，译注. 北京：商务印书馆，2003：9.

教师在教育实践中的最高善就是促进学生的幸福。教师实践性知识需要与学生的幸福结合起来，离开学生的发展和幸福谈知识，这是无意义的。

一、问题提出与研究意义

学术研究始于研究问题，有价值的研究问题是学术研究的基础。在笔者看来，"好的"或者说"有价值的"教育研究问题大概有三个标准：①现实教育实践中的"重大而又亟须解决"的问题。②教育知识发展中的"重大而又亟须解决"的基本理论问题。③有助于教师更深入地认识教育本质，甚至有助于教师认识世界与认识自身的问题。基于对"好的"教育研究问题的认识，笔者开始自己的教育研究探索。

（一）研究缘起

1. 到教育实践中寻找"重大而又亟须解决"的问题

教师教育作为教育领域的一门新兴学科，其研究对象为教师职前培养及职后专业发展问题。因此，关注教师职前培养与职后专业发展实践中的现实问题是本书的基本出发点。在现实教师教育实践中，教师职前培养和教师职后培训存在许多困境，其中突出的困境表现为：①教师职前培养阶段。为什么教育学、心理学、学科教学法等教师专业知识在师范院校不受师范生的欢迎？师范生学习这些课程后为什么仍然不会教学？这些教师专业课程为什么在师范生走上讲台后不能立刻转化为教育教学能力？②教师职后专业发展阶段。为什么同样是"兢兢业业"工作了很多年，教师们在教育教学能力方面却存在如此大的差异？为什么一线教师对传统"百家讲坛"式的教师专业培训方式兴趣不大？笔者在读期间曾经多次到中小学接触一线教师的教育日常生活，并参与组织和旁听中小学教师的专业培训实践。① 笔者在与教师的交往中深切地体会到教师对这些教育专业知识"百家讲坛"式培训的排斥，认为"没有教研员的学科知识培训更有效"。那么，为什么会出现上述问题？是不是教师专

---

① 笔者有幸参与北京师范大学××机构对北京市 H 小学"高级骨干研修班"教师的集中培训，教师们普遍反映这些培训很必要，效果也很好，原因在于此机构开展的培训打破了传统的"百家讲坛"式的培训模式，而采用问题式、交互式、小班化的培训模式。他们普遍反映"百家讲坛"式的专业知识理论培训效果不如互动式、体验式的培训效果好，而且这些专业知识理论也很难运用到自己的教育实践中。

业知识真的无用？师范生或者教师掌握这些教师专业知识理论是胜任教育教学工作的充分条件吗？这些问题是时下教育实践中"重大而又亟须解决"的问题。

2. 基于"重大而又亟须解决"的教育理论发展需要寻找研究问题

教师教育本质上是人的教育，教师教育学科属于人文学科。作为学科门类中较为"年轻"的学科，教师教育在基本理论研究方面尤为薄弱，探究学科的知识基础是摆在教师教育学科发展道路上的责任和使命。基于教育实践中现存的问题，笔者认为教育与知识和实践的关系问题可以作为探究教师教育学科基础的一个切入点。这是因为一方面，上述讨论的教师职前培养以及职后专业发展涉及的基本理论问题就是知识与实践或者说理论与实践的关系问题。还有，现代大学教师教育制度与现代知识存在着密切的关系，甚至可以说现代大学教师教育制度其实是现代知识制度，而教师知识是现代知识制度的微观领域，也是现代大学教师教育制度建构的基础。① 另一方面，教育、知识与实践关系问题也是教育研究中绕不开的一组基本理论问题，教育史上历次重大理论争论无不源自对教育、知识、实践及关系的争论。② 比如"理论与实践"之争、"师范性与学术性"之争、"新课程改革"之争等，无一例外。基于以上两个方面的考虑，笔者认为"教师实践性知识"理论就是探究教育与知识和实践关系的基本理论问题。长期关注教师实践性知识的陈向明教授也对"教师实践性知识"的理论探究给予高度重视："'教师实践性知识研究'需要在深度上继续挖掘，即做理论方面的提升。如从实践推理、实践逻辑、实践智慧、价值观等角度进一步探讨教师实践性知识（特别是在行动中反思这个环节）的深层机理；从不同学科（哲学、心理学、社会学等）以及跨学科和超学科的视角对教师实践性知识的内涵和意义进行更加广阔、深入的探讨，以便为实证研究提供更加坚实的理论基础。……但实践性知识本身的哲学逻辑还没有得到深入探讨，使之进入'自为'阶段。因此，这是一个重要的研究方向，甚至需要我们跳出'实践性知识'事物本身，深入探讨它与其他知识之间的关系。"③因此，笔者认为"教师实践性知识"理论是目前教育领域特别是教师教

---

① 朱旭东. 我国现代教师教育制度构建[J]. 北京师范大学学报（社会科学版），2007(4)：15.

② 石中英. 知识转型与教育改革[M]. 北京：教育科学出版社，2001：1-10.

③ 陈向明，等. 搭建实践与理论之桥[M]. 北京：教育科学出版社，2011：239.

育领域中"重大而又亟须解决"的基本理论问题。

3. 基于自己专业发展及认识世界与认识自己的需求寻找研究问题

学术研究是一种特殊的实践方式。本书是笔者博士学位论文研究的成果。博士学位论文研究是一种严谨的（无论是选题、研究过程还是最后答辩）、时间跨度较长的（三年甚至更长时间）、对研究者未来学术研究产生重要影响的（博士学位论文在很大程度上奠定了未来研究的方向和基础）学术实践方式。因此，选择那些基础性的、根本理论性的、有助于自己认识世界和认识自己的研究问题就显得尤为关键。基于上述对教育实践及教育理论"重大而又亟须解决"的问题，笔者认为"教师实践性知识"这一选题就是这样的"好问题"。"教师实践性知识"的研究有助于笔者从哲学的高度对教师的日常教育实践行动乃至对人类的基本实践活动进行学术思考，从而更好地指导笔者进行实践。

基于以上考虑，本书将研究主题确定为"教师实践性知识"（teachers' practical knowledge），试图探究教师教育领域中知识与实践的关系问题。

(二)问题提出

在确定将"教师实践性知识"作为研究方向后，笔者对国内外有关"教师实践性知识"的文献进行了阅读。"教师实践性知识"作为一个研究领域在西方教育研究领域具有一定的影响力，这表现为已经产生有影响力的学术著作、研究报告以及较多的学术论文，已经形成具有一定影响力的研究队伍。当代西方教师实践性知识思想的影响已经渗透到教师教育研究与实践领域的方方面面。然而，在国内，"教师实践性知识"是一个新兴的研究领域。国内教师实践性知识的研究还处于译介国外研究成果阶段，即使是一些本土性的经验研究（experienced research）也呈现较为明显的借鉴国外教师实践性知识思想的痕迹。正如陈向明教授所说的，"教师实践性知识研究需要做理论方面的提升……使之上升到自为阶段"。研究中国政治思想史的著名学者葛兆光认为，思想史是"真正绵延至今而且时时影响着今天的生活的"两种事物之一（另一种是科技史），指出思想史是"几千年来反复思索的问题以及由此形成的观念，多少代人费尽心思寻找的有关宇宙、社会、人生问题的观念和方法，影响着今天的思路，使今天的人依然常常沿着这些思路思索这些难解的问题，正是在这里，历史不断地重叠着历史"。① 因此，笔者认为对当代西方教师实践性知识进行

---

① 葛兆光. 中国思想史导论：思想史的写法[M]. 上海：复旦大学出版社，2001：2.

思想史研究可能是发展"教师实践性知识"理论研究的渠道之一。对当代西方教师实践性知识思想进行系统研究可能有助于提升我国教师实践性知识研究的理论自觉，也有助于更好地进行教师教育实践。

基于上述考虑，本书的具体研究问题包括以下几个方面：

①当代西方教师实践性知识思想有哪些思想流派？这些思想流派的理论渊源是什么？

②当代西方教师实践性知识思想的具体内容是什么？西方研究者如何看待实践与知识之间的关系？

③当代西方教师实践性知识思想流派对教师教育的贡献及局限性是什么？如何评价他们在实践性知识理论方面的探究？

（三）研究意义

1. 实践意义

探究当代西方教师实践性知识思想，有助于我们更好地理解教师的教育实践行动。在教师职前培养阶段，探究当代西方教师实践性知识思想有助于更好地理解教师教育课程，从而不断地优化课程。比如教师教育课程不仅包括教师教育理论课程，也包括教育实践课程。掌握教师教育理论课程是教师胜任工作的必要条件，而不是充分条件。在日常教育实践中引导教师更好实践的不是教师的教育理论知识，而是教师的实践性知识；在职后教师专业发展阶段，探究当代西方教师实践性知识思想有助于更好地改进职后教师培训效果。比如需要改变"百家讲坛"式的教师培训模式，让教师参与教育行动研究，教师不是理论知识的接受者，而应该成为实践性知识的生成者。教师在职后培训过程中不是被动地执行教育专家的教育条例、规则，而是在教育专家的帮助下反思教师的日常教育行动，从教育实践行动中掌握实践性知识，从而自主地促进专业发展。另外，对当代西方教师实践性知识思想的探究也有助于让教育政策制定者意识到教师实践性知识在教师专业发展中的专业基础知识地位，从而改进教师教育政策。总之，探究当代西方教师实践性知识思想对改进教师职前培养、职后教师专业发展乃至改进教师教育政策等都具有现实实践意义。

2. 理论与学术意义

"在知识越来越被学科化切成各种零碎、科学越来越被教条化束住自身潜力的今天，不断回到思想史的鲜活源头，汲取创生时刻的伟大强力，乃是各科学术贯通发展的真正内在需要。"①当前教师教育学科的基础理论非常薄弱，教师教育工作受经验左右，教师教育工作缺乏学理支撑的局面非常严峻，因此加强理论研究显得尤为重要。对当代西方教师实践性知识思想的研究有助于教师教育学科的理论建设。国内教师实践性知识领域主要处于译介阶段，也有一些经验研究，但是系统的理论研究还比较薄弱。因此，本书的开展在一定程度上对系统了解当代西方教师实践性知识思想，以及从哲学的高度来理解教师实践性知识都具有重要意义。这有助于提升教师实践性知识研究的理论自觉。

3. 个人专业发展意义

"求知是人的本性。"②对当代西方教师实践性知识思想的探究就是求知的途径之一。本书的理论研究将促进读者对教师实践性知识这一领域有更深入的认识，比如对"知识""实践""行动""意义"等相关核心概念有更深入的理解，对教师的教育实践、教育行动乃至教育生活都会有深入的了解。同时，它也为笔者更好地实践（学术研究也是一种实践方式）提供更好的理解，这也是笔者（教育研究的）实践性知识不断丰富的过程。

二、文献梳理及综述

（一）国外研究

1. 西方教师实践性知识的研究史

教师实践性知识问题可以说与教师存在的历史一样久远，对教师实践性知识的论述也早已成为教育领域关注的问题。但是把教师实践性知识作为一个研究领域的历史还不长。根据西方教师实践性知识的研究史的发展脉络，笔者将其划分为两个阶段，即西方教师实践性知识研究的萌芽阶段和发展阶段。

（1）西方教师实践性知识研究萌芽阶段（20 世纪 80 年代初）

当代西方教师实践性知识思想源远流长，但是教师实践性知识作为一个教育研究命题始于 20 世纪 60 年代末。1969 年，芝加哥大学教授施瓦布（Schwab, J. J.）发表了一篇名为《实践：一种课程语言》（The Practical：A

---

① 《思想史研究》编辑委员会. 什么是思想史[M]. 上海：上海人民出版社，2006：1.
② ［古希腊］亚里士多德. 形而上学[M]. 苗力田，译. 北京：中国人民大学出版社，2003：1.

Language for Curriculum)的文章，在此文中施瓦布提出"实践性样式"(practical discipline)的术语。① 这一术语对后来的教师实践性知识研究产生了重要的影响。直到 20 世纪 80 年代初，以色列学者埃尔巴兹(Elbaz，F.)出版《教师思维：实践性知识研究》(*Teacher Thinking：Study of Practical Knowledge*)一书，当代西方自此才开始涌现出较为丰富的教师实践性知识研究成果。因此，本书把 20 世纪 80 年代初以前的教师实践性知识思想视为萌芽阶段，其原因是教师知识研究还没有成为教师教育研究领域关注的重点，研究队伍不够强大，研究成果比较少。这一时期的主要代表性人物有盖奇(Gage，N.L.)、施瓦布和贝格(Begle，Edward G.)。盖奇在其主编的《教学研究手册》(*Handbook of Research on Teaching*)中以"Teachers' Knowledge and How It Develops"为标题论述了教师知识以及如何发展教师知识的问题，这是西方英语世界教师教育领域首次出现的"教师知识"(teachers' knowledge)概念。② 贝格在 1972 年发布了研究报告《教师知识与学生的代数成绩》(*Teacher Knowledge and Student Achievement in Algebra*)③，这一研究报告调查了教师对代数的理解和学生成绩之间的关系。

(2)西方教师实践性知识研究发展阶段(20 世纪 80 年代初至今)

进入 20 世纪 80 年代后，对教师实践性知识的研究逐渐成为教师教育研究领域关注的对象。这一时期的代表性人物有埃尔巴兹、舍恩(Schon，D.A.)、舒尔曼(Shulman，L.S.)、格罗斯曼(Grossman，Pamela L.)、康纳利(Connelly，F.M.)、克兰迪宁(Clandinin，D.J.)、范梅南(Van Manen，M.)等人。埃尔巴兹从实践的(practical)角度研究了实践性知识，其代表作《教师思维：实践性知识研究》(*Teacher Thinking：Study of Practical Knowledge*)提出实践性知识(practical knowledge)的概念。④ 舍恩提出了反思性实践(reflective in action)的教师知识，认为教师的知识是在行动中反思获

① Schwab，J.J.(1969). The practical：A language for curriculum[J]. *School Review*，78(2)：2.

② Gage，N.L.(ed.). (1963). *Handbook of Research on Teaching*[M]. New York：Rand McNally.

③ Begle，Edward G. (1972). *Teacher Knowledge and Student Achievement in Algebra*[M]. Stanford University：School Mathematics Study Group.

④ Elbaz，F.(1983). *Teacher Thinking：Study of Practical Knowledge*[M]. London：Croom Helm.

得的。其代表作有《反映的实践者——专业工作者如何在行动中思考》①《反映回观：教育与咨询实践的案例研究》②。舒尔曼对教师知识研究的贡献是提出学科教学法知识（pedagogical content knowledge）③，这种教师知识思想认为有效的教学是教师把学科理论知识转化为学生能够理解的知识。④ 因此，学科教学法知识是一种能力性知识。其后还有一些学者对学科教学法知识进行了修正，提出学科教学认知（pedagogical content knowing）的概念。⑤ 康纳利和克兰迪宁对教师知识思想的贡献主要是提出教师个人实践知识（personal practical knowledge）的理论，这种教师知识思想主张通过个人叙事探究的方式获得教师知识，在叙事过程中注重知识的个人性和默会性。康纳利和克兰迪宁在教师知识思想方面做出重要贡献，发表了较多的研究成果，主要有《教师专业知识场域》（*Teachers' Professional Knowledge Landscapes*）⑥、《教师作为课程设计者：经验的叙事》（*Teachers as Curriculum Planners：Narratives of Experience*）⑦等。范梅南认为教学机智或者说教育智慧是一种教师知识，他注重体验在教师知识获得过程中的作用，其代表作是《教学机智——教育智慧的意蕴》。⑧

总之，当代西方教师实践性知识的萌芽经历了较长时期，但是教师实践性知识作为一个研究领域不过是近半个世纪的事情。从目前来看，当代西方

---

① ［美］唐纳德·A. 舍恩. 反映的实践者——专业工作者如何在行动中思考［M］. 夏林清，译. 北京：教育科学出版社，2007.

② ［美］唐纳德·A. 舍恩. 反映回观：教育与咨询实践的案例研究［M］. 夏林清，译. 北京：教育科学出版社，2010.

③ "Pedagogical content knowledge（PCK）"的翻译通常有教学内容知识、学科教学知识和学科教学法知识，为了区分一般教学法知识，学者强调使用类比、样例、图示、解释和演示等方法去表征学科知识，本书将"PCK"翻译为学科教学法知识。

④ Shulman，L. S. (1987). Knowledge and teaching：Foundations of the new reform ［J］. *Harvard Education Review*，57(1)：1-21.

⑤ Cochran，K. F.，DeRtuter，J. A. & King，R. A. (1993). Pedagogical content knowledge：An integrative model for teacher preparation［J］. *Journal of Teacher Education*，44(4)：263-272.

⑥ Connelly，F. M. & Clandinin，D. J. (1995). *Teachers' Professional Knowledge Landscapes*［M］. New York：Teachers College Press.

⑦ Connelly，F. M. & Clandinin，D. J. (1988). *Teachers as Curriculum Planners：Narratives of Experience*［M］. New York：Teachers College.

⑧ ［加］马克斯·范梅南. 教学机智——教育智慧的意蕴［M］. 李树英，译. 北京：教育科学出版社，2001.

教师实践性知识的研究已经逐渐趋于微观研究，对教师实践性知识的研究逐渐深入，特别是 20 世纪 80 年代以来西方教师实践性知识思想研究取得丰硕的成果。因此对西方教师实践性知识思想进行研究，对我国教师实践性知识的研究乃至教师教育学科的发展均具有重要的意义。

2. 当代西方教师实践性知识思想关注的主题

根据当代西方教师实践性知识研究的成果，笔者认为当代西方教师实践性知识的研究主题集中在以下几个方面。

(1)能力之知的教师实践性知识研究

能力之知的教师实践性知识研究主要体现为对教师认知能力与教师实践性知识关系的研究。能力之知的教师实践性知识研究的代表人物有德赖弗斯兄弟(Dreyfus，H. L. & Dreyfus，S. E.)、利文斯通(Livingston，C.)、博寇(Bork，H.)、伯利纳(Berliner，D. C.)等人。赖尔认为理论和实践应该是统一的。他认为"知道怎么"和"知道什么"的划分是错误地将两者一分为二，知识与行为应视为一体。① 德赖弗斯兄弟受到赖尔的影响，也对专家专长(expertise)进行了研究，提出人类专家专长的核心是"知道怎样"，而不是"知道什么"，他研究了飞行员、司机以及成年人的第二语言技能的习得过程，而后提出：人类的理解是一种类似于知道怎样在世界生存的技能，而不是知道许多事实和规则。因此，我们认知根本应该是"知道怎样"(knowing how)，而不是"知道什么"(knowing what)。②

能力之知的教师实践性知识研究受到认知心理学家的关注。认知心理学家从"图式"(schema)的角度来研究教师知识，图式被用来描述知识在记忆储存的方式。③ 例如，利文斯通和博寇提到："……较之新手，专家的认知图式常常更精细完善，更复杂，联系更紧密，更易提取……"④专家教师之所以有

---

① Ryle，G. (1949). *The Concept of Mind*[M]. London：Hutchinson：32.

② Dreyfus，H. L. & Dreyfus，S. E. (1986). *Mind over Machine*[M]. New York：Free Press：4.

③ Anderson，J. (1977). The notion of schemata and the educational enterprise. In R. Anderson，R. Spiro & W. Montague (eds.). *Schooling and the Acquisition of Knowledge*[M]. Hillsdale NJ：Lawrence Erlbaum：415-431.

④ Livingston，C. & Bork，H. (1989). Expert-novice differences in teaching：A cognitive analysis and implication for teacher education[J]. *Journal of Teacher Education*，40(4)：37-39.

能力从众多课堂事件中辨认出有意义的模式并将这些课堂事件理出头绪，被认为应归功于他们比新手教师具有结构更好的关于课堂事件的图式。① 专家教师之所以能够较好地回忆起课堂事件，也能以较有原则的方式分析和解决问题，也被认为应归功于他们更复杂的知识图式。②

（2）学科教学法知识向学科教学法认知转向的教师实践性知识研究

学科教学法知识的教师实践性知识研究的代表人物有舒尔曼（Shulman，Lee S.）、格罗斯曼、科克伦（Cochran，K. F.）、德鲁依特（DeRtuter，J. A.）和金（King，R. A.）等人。《教师教育杂志》（*Journal of Teacher Education*）在 1990 年的第 41 卷曾专门刊出主题为"学科教学法知识"（Pedagogical Content Knowledge）的一组文章，这说明学科教学法知识已经引起教师教育研究领域的重视。

舒尔曼学科教学法知识的教师实践性知识研究。1985 年 4 月，美国学者舒尔曼在其美国教育研究协会（American Educational Research Association）的主席致辞《那些他们所理解的东西：教学中的知识增长》（Those who understand：Knowledge growth in teaching）中，明确提出"学科教学法知识"（pedagogical content knowledge，PCK）的概念：学科教学法知识是"内容知识的特殊形式，体现着与可教性最密切相关的内容方面"，包括"在人们的学科领域中最合规则地讲授的主题，表征这些观念的最有用的形式，最有力的类比、图解、范例、解释和演示——表征和简洁陈述学科以使之成为能为他者所理解的方式，包括对那些会使特定概念的学习变得容易或困难的东西——不同年龄和背景的学生随身携带到学习之中的观念和前观念——的一种理解"③。

舒尔曼在他的另一篇重要论文《知识与教学：新改革的基础》（Knowledge and teaching：Foundations of the new reform）中认为教师的知识结构至少应包括七个分类别④：①教材内容知识（content knowledge），包括具体的概念、规则和原理及其之间的关系。既包括"是什么"的知识，也包括"为什么是这样

---

① Peterson，P. L. & Clark，C. M.（1978）. Teachers' reports of their cognitive process during teaching[J]. *American Educational Research Journal*，15(4)：555-565.

② Peterson，P. L. & Comeaux，M. A.（1978）. Teachers' planning，teacher behavior，and student achievement[J]. *American Educational Research Journal*，15(3)：417-432.

③ Shulman，L. S.（1986）. Those who understand：Knowledge growth in teaching[J]. *Educational Research*，15(4)：9.

④ Shulman，L. S.（1987）. Knowledge and teaching：Foundations of the new reform [J]. *Harvard Educational Review*，57(1)：1.

的"知识。②一般教学法知识(general pedagogical knowledge)，是特指不依赖于特定学科内容的课堂管理与组织的一般性原则和策略。③课程知识(curriculum knowledge)，是指教学媒体与教学计划的熟练掌握。④学科教学法知识(pedagogical content knowledge)，是指教学内容与教学法的结合，是教学领域内的专门知识，也是教师这一职业中特有的形式。⑤学生及其特点的知识(knowledge of learners and their characteristics)，包括个体发展与个体差异方面的知识。⑥教育情境的知识(knowledge of educational contexts)，包括小组或班级的活动状况、学区管理与资助、社区与地域文化的特点等知识。⑦有关教育宗旨、目的、价值和它们的哲学与历史背景的知识(knowledge of educational ends，purpose and values，and their philosophical and historical grounds)。

舒尔曼的开创性研究主要体现在两个方面：一是明确提出教学所需要的知识种类；二是提出"学科教学法知识"(pedagogical content knowledge)的概念。他强调成功的教学不仅需要教师掌握学科理论知识，而且需要教师能够根据学生需要娴熟地将学科理论知识加工、转化为学生能理解的学科教学法知识。舒尔曼的教师知识分类及"学科教学法知识"概念成为当代西方教师实践性知识思想的重要组成部分。

从学科教学法知识向学科教学法认知转向。舒尔曼的学科教学法知识一出现便成为学术界讨论的焦点。麦柯伊文和布尔(McEwan，H. & Bull，B.)反对将教师知识区分为学科知识和教学知识，因为所有学科知识包含有教学法的维度。他们认为，科学家探索科学研究并将自己的研究成果阐述给别人的过程就是把自己的学术转化为一种"可被理解"的知识的过程，因此不需要再单独提出学科教学法知识的概念。① 卡尔森(Carlson，W. S.)从后结构主义的角度解释了学科教学法知识的结构主义缺陷。他认为不能将学科教学法知识与其在真实世界中的所指一一对应，不能将学科教学法知识的探讨封闭在一个教师知识的关系体系之中，不能忽视教学知识和教师的专业地位/利益之间的关系史，亦不能将知识与个人、话语共同体乃至权利情景割裂开来。② 瑟

---

① McEwan，H. & Bull，B. (1991). The pedagogic nature of subject matter knowledge [J]. *American Research Journal*，28(2)：316-334.

② Carlson，W. S. (1999). Domains of teacher knowledge. In Gess-Newsome，J. & Lederman，N. G. (ed.). *Examining Pedagogical Content Knowledge：The Construct and Its Implications for Science Education*[M]. Dordrecht/Boston/London：Kluwer Academic Publishers：140.

加尔(Segall，A.)从批判教育学和文化研究的角度对学科教学法知识进行了拓展。所有的知识是人的和为人的知识，因此都具有教学法的性质。所有人进行着话语实践，一切事物和过程都在发言，教学法遍及社会中的任何主体、活动、领域、结构和文本，组织着人们的经验并组织人们以特殊的方式经验这个世界，影响着意义被吸收、认可、理解、接纳、确认、联结以及挑战、扭曲、进一步获取或者消解的方式。① 科克伦(Cochran，K. F.)、德鲁伊特(DeRtuter，J. A.)和金(King，R. A.)等人不同意舒尔曼以及格罗斯曼等人从静态的角度提出学科教学知识的概念，提出一个动态的学科教学法知识概念，即学科教学认知(pedagogical content knowing，PCKg)。他们认为知识是认知个体与外在情景交互作用而建构出的产物，具有动态的性质，认知主体在知识发展过程中居于主体性地位。图 1 是他们提出的学科教学知识的发展综合模型。

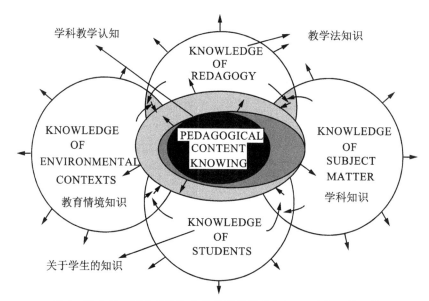

图1　科克伦、德鲁伊特和金的学科教学认知(PCKg)发展模型②

---

① Segall，A. (2004). Revisiting pedagogical content knowledge：The pedagogy of content/the content of pedagogy[J]. *Teaching and Teacher Education*，20(5)：489-504.

② Cochran，K. F.，DeRtuter，J. A. ﹠ King，R. A. (1993). Pedagogical content knowledge：An integrative model for teacher preparation[J]. *Journal of Teacher Education*，44(4)：263-272.

学科教学法知识(PCK)与学科教学认知(PCKg)在本质上是一致的,只是后者更强调教学知识的动态性和建构性,更强调教师在 PCK 生成过程中的主体地位。从学科教学法知识向学科教学认知的转变可以看出教师实践性知识的"实践"维度受到更多的关注。

(3)日常生活经验与反思行动的教师实践性知识研究

日常生活经验与反思行动作为具有重要影响力的教师实践性知识思想流派,其代表人物有埃尔巴兹和舍恩。1981 年加拿大学者埃尔巴兹对教师的实践性知识(practical knowledge)进行了研究,发表了《教师的实践性知识:案例研究报告》(The teacher's "practical knowledge":Report of a Case Study)。① 这是最早对以"实践性知识"为题名的研究成果。埃尔巴兹认为,教师的实践性知识存在于教师的日常生活实践中,教师以独特的方式拥有一种特别的知识,她把这种知识称为实践性知识(practical knowledge),通过检视教师的日常教学行为和这些行为背后的故事来发掘教师的这种知识形态。舍恩对那些从技术理性模式(technical rationality model)角度来阐释专业知识的做法进行了猛烈的抨击。他批判了技术理性模式的专业知识具有专门化、界限严格、科学化和标准化的特点。舍恩通过对学校校长的研究,提出"反思性实践家"(reflective practitioner)的概念,认为实践者存在两种反思方式:"对行动反思"(reflection for action)和"在行动中反思"(reflection in action)。舍恩认为"当一个实践者进行这种反思过程时,他就会成为实际情景中的研究者,并在这种过程中获得正式的和严谨的专业知识"②。

(4)个人叙事与实践智慧的教师实践性知识研究

个人叙事的教师实践性知识研究的代表人物有康纳利、克兰迪宁,实践智慧的教师实践性知识研究的代表人物有范梅南。从 20 世纪 80 年代中期到 90 年代中期,康纳利和克兰迪宁运用叙事的方法(narrative method)来研究教师的个人实践性知识。③ 通过现场笔记、采访、交谈、日志、自传材料、教

① Elbaz, F. (1981). The teacher's "practical knowledge":Report of a case study[J]. *Curriculum Inquiry*, 11(1):43-71.

② Schon, D. A. (1983). *The Reflective Practitioner*[M]. London:Basic Books:69.

③ [加]康纳利,克兰迪宁. 叙事探究[J]. 全球教育展望,2003(4);Connelly, F. M. & Clandinin, D. J. (1988). *Teachers as Curriculum Planners:Narratives of Experience*[M]. New York:Teacher College;Connelly, F. M. & Clandinin, D. J. (1990). Stories of Experience and narrative inquiry[J]. *Educational Researcher*,19(2).

师与研究者的通信、口头叙述历史、简史、教师故事、家族故事、照片、记忆箱以及其他个人/家族的作品来进行实地考察记录。在研究教师个人实践性知识时采用了一些重要的术语：形象（image）、惯例（rules）、实践原则（practical principles）、个人哲学（personal philosophy）、比喻（metaphor）、周期（cycles）、节律（rhythms）以及叙述连贯性（narrative unities）。① 康纳利和克兰迪宁教师实践性知识思想包括两个核心概念：教师个人实践知识（teacher personal practical knowledge）和教师专业知识场景（teachers' professional knowledge landscapes）。加拿大多伦多大学的范梅南教授在对教师教学机智长期研究基础上形成实践智慧的教师实践性知识思想。范梅南实践智慧的教师实践性知识思想基于现象学的"生活世界"，关注教育情境中师生的"生活体验"（the lived）世界。② 他采用现象学和人文科学叙事方法研究教师的教学机智，他把教师的教学机智视为一种实践性知识。"机智是一种实践性知识，它在教学的行动中实现自身（成为现实）。作为瞬间和智慧的教育行动，机智在其真正的实践中是一种知识、一种实践的信心。"③范梅南试图寻找一种现象学的认知结构来建立自己的实践认识论。④

3. 对当代西方教师实践性知识研究的评价

不同学者从不同角度、基于不同的方法论对教师实践性知识进行了富有成效的研究，并取得丰富的研究成果。笔者将从方法论及研究方法、研究主题、研究趋势三个方面对西方教师实践性知识思想进行评价。

（1）对当代西方教师实践性知识研究的方法论及研究方法的评价

综观当代西方教师实践性知识研究的方法论及研究方法，既有许多相同之处，也有不同之处。在方法论方面，主要有实证主义、实践认识论、个人默会知识认识论和现象学等，这些方法论为研究教师实践性知识提供了很好的研究视角。基于不同的方法论，采用的研究方法也呈现出差异，研究方法

---

① ［加］康纳利，克兰迪宁. 专业场景中的教师个人实践知识[J]. 何敏芳，译. 华东师范大学学报（教育科学版），1996(2)：7-8.

② ［加］马克斯·范梅南. 生活体验研究——人文科学视野中的教育学[M]. 宋广文，等译. 北京：教育科学出版社，2003.

③ ［加］马克斯·范梅南. 教育敏感性和教师行动中的实践性知识[J]. 北京大学教育评论，2008(1)：15.

④ Van Manen，M.（1995）. On the epistemology of reflective practice[J]. *Teachers and Teaching：Theory and Practice*，1(1)：33-50.

有实验法、行动研究法、叙事法、哲学思辨法等，如表1所示。

表 1　当代西方教师实践性知识研究的方法论及研究方法

代表人物	方法论	研究方法
伯利纳	实证主义	实验法
埃尔巴兹	实践认识论	行动研究法
康纳利和克兰迪宁	个人默会认识论	叙事法
舍恩	实践认识论	行动研究法
舒尔曼	实践认识论	哲学思辨法
范梅南	现象学	叙事法

从表1可以看出，实践认识论是当代西方教师实践性知识研究的主要方法论基础，而研究方法则呈现出多样化的趋势，但是主流仍然是质性研究方法。

（2）对当代西方教师实践性知识研究主题的评价

教师实践性知识是当代西方教师知识研究的主流。[1]　当代西方教师实践性知识主题特征表现为：首先是"个人知识"[2]，表明这种知识是独特的；其次是"实践智慧"[3]，以及在最近著作中出现的"专业技巧知识"（professional craft knowledge）[4]，意指知识的一种特定组成部分，主要是实践经验的产物；再次是"行动取向的知识"[5]，指的是直接在教学实践中使用的知识；还有"有关内容和情景的知识"[6]，它在很大程度上是"默会的"知识以及建立在经验反

---

[1]　Nyiri，J. C. & Smith，B. (1988). *Practical Knowledge：Outlines of a Theory of Traditions and Skills*[M]. London，New York，Sydney：Croom Helm；Elbaz，Freema. (1983). *Teacher Thinking：A Study of Practice Knowledge*[M]. London：Croom；Elbaz，F. (1981). The teacher's "practical knowledge"：Report of a case study[J]. *Curriculum Inquiry*，11(1).

[2]　Conelly，F. M. & Clandinin，D. J. (1985). Personal practical knowledge and the modes of knowing：Relevance for teaching and learning. In E. Eisner（ed.），*Learning and Teaching the Ways of Knowing*[M]. Chicago：University of Chicago Press：174-198.

[3]　Schwab，J. J. (1971). The practical：Arts of the eclectic[J]. *School Review*，79(4)：493-542.

[4]　Brown，S. & McIntyre，D. (1993). *Making Sense of Teaching*[M]. Buckingham：Open University Press.

[5]　Carter，K. (1990). Teachers' knowledge and learning to teach. In W. R. Houston（ed.），*Handbook of Research on Teacher Education*[M]. New York：MacMillan：291-310.

[6]　Cochran，F. K. & DeRuiter，J. A. (1993). Pedagogical content knowing：An integrative model for teacher preparation[J]. *Journal of Teacher Education*，44：261-272.

思基础上的知识①。

(3)对当代西方教师知识未来研究趋势的评价

根据当代西方教师实践性知识研究的现状及发展趋势，笔者认为当代西方教师实践性知识研究方法将呈现三大发展趋势：研究方法的多元取向；研究主题的实践取向；研究价值的生命取向。

教师实践性知识研究方法的多元取向。从当代西方教师实践性知识的研究状况来看，经验研究(experiential research)是主流。对教师实践性知识主要采用行动研究法、叙事法、课堂观察法、访谈法、问卷调查法等研究方法。教师实践性知识的复杂性将使得研究者从不同角度来研究。另外，采用跨学科的视角来研究教师实践性知识也是未来的基本发展趋势。范梅南的现象学方法，施瓦布、舍恩的实践哲学的方法等构成教师实践性知识研究的多元取向。

教师实践性知识研究主题的实践取向。当代西方教师实践性知识研究是自下而上的，主要研究的是教师实然的知识状况。教师知识研究的实践取向需要关注教师的日常生活世界，关注教师鲜活的教学经验，从教师的生活经验中研究教师实践性知识。

教师实践性知识研究价值的生命取向。教师实践性知识研究的最终目的是对教师作为人的存在的关注。目前西方教师知识的研究从自上而下、应然的教师实践性知识研究向自下而上、实然的教师实践性知识研究的转变，体现了对生命关注的价值取向。

(二)国内研究

以下将从我国教师实践性知识的研究史、研究内容和评价进行综述，试图对我国教师实践性知识的研究进行全景式的考察。

1. 我国教师实践性知识的研究史

根据我国教师实践性知识研究成果的丰富程度和研究规范程度，笔者把教师实践性知识的研究分为萌芽阶段和发展阶段，把 20 世纪 90 年代末以前视为我国教师实践性知识研究的萌芽阶段，把进入 21 世纪初期至今视为我国教师实践性知识研究的发展阶段。

---

① Grimmett, P. P. & MacKinnon, A. M. (1992). Craft knowledge and the education of teachers. In G. Grant (ed.). *Review of Research in Education*[M]. Vol. 18. Washington：AERA：385-456.

（1）我国教师实践性知识研究萌芽阶段（20世纪90年代末期以前）

这一阶段的代表性研究散见于教育学、心理学教材中的教师知识论述。代表人物有辛涛研究团队、叶澜研究团队、石中英以及张民选等人。1996年林崇德等人发表了《教师素质的构成及其培养途径》，此文专门指出教师的素质构成中的教师知识，指出教师知识包括本体性知识、实践性知识和条件性知识。① 后来辛涛等学者在此研究基础上增加了文化知识（cultural knowledge）。② 这是实践性知识首次作为学术话语出现在教育研究领域。衷克定等人在1998年首先提出"教师知识"这一概念，并指出"教师知识是教师从事教育教学工作的前提条件"③。叶澜等人在论述教师知识时提到教师实践性知识，他们把教师知识分为普通文化知识、专业学科知识、一般教学法知识、学科教学法知识和个人实践知识。④ 这种划分并重视教学实践的思想明显受到国外教师知识研究的启示。这一划分法对后来教师知识结构的研究产生了深远影响。石中英借用波兰尼的默会知识理论，探讨了默会知识与教师角色⑤、默会知识与教学改革⑥和默会知识与师范教育⑦的关系。张民选则从教师默会知识显性化的角度来论述教师的知识状况。张民选和石中英的研究明显受到波兰尼的知识理论的影响，认为教师的知识既包括显性知识，也包括默会知识，特别强调默会知识的重要价值。他们也是国内较早受到波兰尼知识理论的影响研究教师默会知识的学者。

（2）我国教师实践性知识研究的发展阶段（21世纪初期至今）

我国教师实践性知识研究的发展始于陈向明教授的研究。她的《实践性知识：教师专业发展的基础》成为我国教师实践性知识研究发展阶段的里程碑式

① 林崇德，申继亮，辛涛. 教师素质的构成及其培养途径[J]. 中国教育学刊，1996(6)：17.

② 辛涛，申继亮，林崇德. 从教师的知识结构看师范教育的改革[J]. 高等师范教育研究，1999(6)：12-13.

③ 衷克定，申继亮，辛涛. 论教师知识结构及其对教师培养的意义[J]. 中国教育学刊，1998(3)：55.

④ 叶澜，等. 教师角色与教师发展新探[M]. 北京：教育科学出版社，2001：237.

⑤ 石中英. 当代知识的状况与教师角色的转换[J]. 高等师范教育研究，1998(6)：52-57.

⑥ 石中英. 默会知识与教学改革[J]. 北京师范大学学报（人文社会科学版），2001(3)：101-108.

⑦ 石中英. 默会知识与师范教育[J]. 高等师范教育研究，2001(3)：36-40.

的文章。这一阶段的教师知识研究成果较为丰富，在学术论文、学位论文、专著、译著方面均有较好的研究成果：①在学术论文方面。陈向明相继发表了《实践性知识：教师专业发展的基础》①《教师实践性知识研究的知识论基础》②《对教师实践性知识构成要素的探讨》③一系列理论探讨文章，这些文章为教师实践性知识的研究奠定了较好的理论基础。钟启泉以访谈录的形式对教师知识进行了探讨，代表性文章有《"实践性知识"访谈录》④《学校知识的特征：理论知识与体验知识——日本学者安彦中彦教授访谈》⑤《为了"实践性知识"的创造——日本梶田正已教授访谈》⑥等教师知识系列访谈录。同时，钟启泉还探讨了"学校知识"与课程标准⑦、知识隐喻与教学转型⑧、知识建构与教学创新⑨等之间的关系。国内学界也出现了一些对国外教师知识介绍的研究成果。比如对西方国家教师知识研究演变的介绍⑩、对西方教师知识研究范式的介绍⑪、对西方教师认知研究的介绍⑫、对教师学科知识的介绍⑬和对教师知识概念研究的介绍⑭。在实证研究方面，李琼等对小学数学教师的学科知识的研究以及马云鹏研究团队对中学教师知识的研究是这方面的代表。李琼等人的代表性研究成果有《小学数学教师的学科知识：专家与非专家的对

①　陈向明. 实践性知识：教师专业发展的基础[J]. 北京大学教育评论，2003(1).

②　陈向明. 教师实践性知识研究的知识论基础[J]. 教育学报，2009(2).

③　陈向明. 对教师实践性知识构成要素的探讨[J]. 教育研究，2009(10).

④　钟启泉. "实践性知识"访谈录[J]. 全球教育展望，2004(4).

⑤　钟启泉. 学校知识的特征：理论知识与体验知识——日本学者安彦中彦教授访谈[J]. 全球教育展望，2005(6).

⑥　钟启泉. 为了"实践性知识"的创造——日本梶田正已教授访谈[J]. 全球教育展望，2005(9).

⑦　钟启泉. "学校知识"与课程标准[J]. 教育研究，2000(11).

⑧　钟启泉. 知识隐喻与教学转型[J]. 全球教育展望，2005(9).

⑨　钟启泉. 知识建构与教学创新——社会建构主义知识论及其启示[J]. 全球教育展望，2006(8).

⑩　韩继伟，等. 西方国家教师知识研究的演变与启示[J]. 教育研究，2008(1).

⑪　李琼，倪玉菁. 西方不同路向的教师知识研究述评[J]. 比较教育研究，2006(5)；张晓蕾. 分析、阐释和社会性理解——基于不同研究范式的教师知识研究[J]. 全球教育展望，2009(1).

⑫　张凤娟，刘永兵. 教师认知研究的综述与展望[J]. 外国教育研究，2011(1).

⑬　周仕荣. 美国数学教师学科知识研究的概述的启示[J]. 教育学报，2006(5).

⑭　邹斌，陈向明. 教师知识概念的溯源[J]. 课程·教材·教法，2005(6).

比分析》①《小学数学教师的学科教学知识：表现特点及其关系的研究》②。马云鹏研究团队的代表性成果有《中学教师专业知识状况调查研究》③《教师专业知识的测查与分析》④《中学数学教师的教师知识来源的调查研究》《初中教师的教师知识研究：基于东北省会城市数学教师的调查》等。不过李琼和韩继伟的教师实践性研究主要体现在对学科知识的研究。②在学位论文方面，有《教师实践性知识形成机制研究》⑤《教师实践性知识及其生成机制研究》⑥《教师实践性知识研究》⑦；有对教师个人知识进行研究的，比如《教师个人知识研究》⑧《教师个体知识的构成及发展研究》⑨。这些研究主要从生成机制、构成要素等深层次来研究教师实践性知识。③在研究团队方面，以陈向明为核心的实践性知识研究团队逐渐形成，除了对教师实践性知识进行理论探讨外，还对教师实践性知识进行了长期的质的研究。

2. 我国教师实践性知识研究的内容

（1）教师实践性知识作为教师专业知识结构的组成部分

国内教师实践性知识研究者将教师实践性知识视为教师专业知识结构的组成部分，在研究教师专业知识结构的过程中关注教师实践性知识。研究教师知识结构的代表人物有刘清华、李琼和马云鹏研究团队。2004 年，刘清华出版了其博士学位论文《教师知识的模型建构研究》，这是目前我国第一部专门研究教师知识的专著。⑩ 这本专著虽没有专门研究教师实践性知识，不过

---

① 李琼，倪玉菁，萧宁波. 小学数学教师的学科知识：专家与非专家的对比分析[J]. 教育学报，2005(6).

② 李琼，倪玉菁，萧宁波. 小学数学教师的学科教学知识：表现特点及其关系的研究[J]. 教育学报，2006(4).

③ 马云鹏，等. 中学教师专业知识状况调查研究[J]. 东北师范大学学报(哲学社会科学版)，2008(6).

④ 马云鹏，赵冬臣，韩继伟. 教师专业知识的测查与分析[J]. 教育研究，2010(12).

⑤ 张立新. 教师实践性知识形成机制研究[D]. [博士学位论文]. 上海：上海师范大学，2008.

⑥ 陈静静. 教师实践性知识及其生成机制研究[D]. [博士学位论文]. 上海：华东师范大学，2009.

⑦ 姜美玲. 教师实践性知识研究[D]. [博士学位论文]. 上海：华东师范大学，2006.

⑧ 吴卫东. 教师个人知识研究[D]. [博士学位论文]. 上海：华东师范大学，2007.

⑨ 周福盛. 教师个体知识的构成及发展研究[D]. [博士学位论文]. 兰州：西北师范大学，2006.

⑩ 刘清华. 教师知识的模型建构研究[M]. 北京：中国社会科学出版社，2004.

其知识分类涉及教师实践性知识。该专著把教师的知识结构分为八个部分：学科内容知识（subject matter knowledge）、课程知识（curriculum knowledge）、一般性教学知识（general pedagogical knowledge）、学生知识（knowledge of learners）、教师自身知识（knowledge of self）、教育情境知识（knowledge of contexts）、教育目的及价值知识（knowledge of educational ends and values）和学科教学法知识（pedagogical content knowledge）。李琼等人的实证研究发现，专家教师对非专家教师的优势在于掌握丰富的实践性知识。① 马云鹏团队的研究结果也表明，职后教师知识的发展主要体现在实践性知识方面，教师实践性知识的增长是教师知识增长的关键因素。②

（2）关于教师实践性知识的研究

教师实践性知识的研究是目前教师知识研究中的主流方向。其代表人物有陈向明研究团队、钟启泉、姜美玲、陈静静等。以陈向明为核心的教师实践性知识研究团队从教师实践性知识的认识论基础、定义、内容类型、表征形式、构成要素和生成机制、生成媒介等方面展开了论述。③ 这是目前国内较为系统和深入地进行教师实践性知识研究的成果。钟启泉通过对日本一些著名教育学家进行访谈来探讨教师实践性知识的定义、生成机制。通过与日本学者的对话，他们把教师教学中的体验和经验看成是实践性知识，通过反思自己的实践、展开研究性学习和积极参与各种研究性会议等来生成自己的实践性知识。④ 姜美玲出版了《教师实践性知识研究》，这是我国第一本书名含有"实践性知识"的专著。这部专著以行动研究和叙事探究的方法研究了教师实践性知识的内涵、构成要素、表征形式和发展路径。⑤ 陈静静的博士学

---

① 李琼，倪玉菁，萧宁波. 小学数学教师的学科知识：专家与非专家教师的对比分析[J]. 教育学报，2005(6)：57-63.

② 韩继伟，等. 初中教师的教师知识研究：基于东北省会城市数学教师的调查[J]. 教育研究，2011(4)：91；韩继伟，等. 中学数学教师的教师知识来源的调查研究[J]. 教师教育研究，2011(3)：66.

③ 代表性作品有：陈向明. 实践性知识：教师专业发展的基础[J]. 北京大学教育评论，2003(1)：104-112；陈向明. 教师实践性知识研究的知识论基础[J]. 教育学报，2009(2)：47-55；陈向明. 对教师实践性知识构成要素的探讨[J]. 教育研究，2009(10)：66-73；陈向明，等. 搭建实践与理论之桥[M]. 北京：教育科学出版社，2011.

④ 钟启泉. "实践性知识"访谈录[J]. 全球教育展望，2004(4)；钟启泉. 为了"实践性知识"的创造——日本梶田正已教授访谈[J]. 全球教育展望，2005(9).

⑤ 姜美玲. 教师实践性知识研究[M]. 上海：华东师范大学出版社，2008：91.

位论文采用课堂观察、深度访谈、案例法和国际比较法，提出"语言""行动"和"隐喻"是教师实践性知识的展示方式，并从教师的动态信念体系与生态知识群落在教育情境中的交互作用入手，讨论了实践性知识的运作方式。① 另外，还有学者采用文献分析、叙事研究、个案研究、半结构访谈和问卷调查等质性和量化相结合的研究方法对幼儿教师实践性知识进行了探究。②

（3）个人默会的教师实践性知识研究

个人默会的教师实践性知识研究明显受到波兰尼个人默会知识理论的影响。个人默会的教师实践性知识研究的代表人物有张民选、鞠玉翠、周福盛、吴卫东。

张民选借用波兰尼的教师个人默会知识理论，提出教师默会知识显性化是教师专业发展的重要途径的观点。③ 不过他对教师默会知识显性化的转化途径缺乏详细论证。鞠玉翠在其博士学位论文《教师个人实践理论的叙事探究》中，通过叙事探究的研究方法讲述了 6 位教师的故事，试图探究教师的个人默会知识。她把教师实践性知识称为"教师个人关于教育的实践理论"，是指教师个人所持有的教育观念，但是与教育观念相比更强调其个体性、实践性。④ 吴卫东采用混合研究方法（文献法、问卷法、观察法和访谈法等）对浙江省的小学数学教师的个人知识进行了研究，他对教师个人知识的思维表征、言语表征和行为表征进行了探究。教师个人知识的思维表征主要体现为不同知识类型（陈述性知识、程序性知识、图式）、不同专业发展阶段（新手与专家教师）教师思维的不同；言语表征主要体现为教育隐喻和教育行话；行为表征体现为教育智慧和教育缺陷。⑤ 周福盛的博士学位论文《教师个体知识的构成及发展研究》是国内第一本以教师个人知识为主题进行研究的学位论文。周福盛运用理论分析、量化研究和质性研究结合的方法，指出教师个体知识是指作为从事专业工作的教师个体所拥有和对其教学行为产生影响作用的全部知

① 陈静静. 教师实践性知识及其生成机制研究——中日比较的视角[D].［博士学位论文］. 上海：华东师范大学，2009：57.

② 李丹. 幼儿教师实践性知识发展研究[D].［博士学位论文］. 重庆：西南大学，2011.

③ 张民选. 隐性知识与隐性知识的显现可能[J]. 全球教育展望，2003(8).

④ 鞠玉翠. 教师个人实践理论的叙事探究[D].［博士学位论文］. 上海：华东师范大学，2003：4.

⑤ 吴卫东. 教师个人知识研究——以小学数学教师为例[M]. 北京：教育科学出版社，2011.

识，包括教师个体所具有的公共显性知识、公共隐性知识、个人显性知识和个人隐性知识。① 另外，一些学者对教师经验理论化的研究从本质上来说也是属于教师个人知识研究的范畴。②

3. 我国教师实践性知识研究的评价

从目前我国教师实践性知识的研究成果来看，教师实践性知识已经成为教师教育领域的重要研究命题。以下从研究方法、研究主题以及研究趋势三个方面对我国教师实践性知识进行评价。

（1）对我国教师实践性知识研究方法的评价

在萌芽阶段，教师实践性知识的研究方法较为单一，基本上是描述性、思辨性的文献研究方法。进入教师实践性知识研究的发展阶段，对教师知识的研究方法趋于多样化，主流的研究方法是解释主义范式下的质性研究法和行动科学指导下的行动研究法。具体收集资料的方法有访谈法、叙事探究法、生活史、问卷调查方法、课堂观察法和文献法等。通过对国内教师实践性知识的研究，笔者发现教师实践性知识研究方法呈现以下几方面特点：①综合采用多种研究方法研究教师实践性知识。教师知识是一个复杂的研究领域，涉及教师的知、情、意、行等方面，目前还不能通过某一种研究方法来全面了解教师知识，多种研究方法相结合来研究教师实践性知识是目前的一个主要特点。②由自上而下的研究方法向自下而上的研究方法转变。教师实践性知识的研究从萌芽阶段走向发展阶段，研究日趋微观和具体，越来越关注教师的日常生活世界，关注教师的现实生活情景，这种研究趋势导致教师实践性知识的研究走向自下而上的研究范式。目前的叙事探究法、教师生活史、课堂观察法以及访谈法均是这种研究趋势下的产物。③自下而上的研究方法的使用还处于借鉴国外教师实践性知识的阶段。我国教师知识的研究明显受到西方国家教师实践性知识研究的影响，因此研究方法也明显受到西方教师知识的影响，比如质性研究方法中的叙事探究法、教师生活史、行动研究法等。

（2）对我国教师实践性知识研究主题的评价

我国教师实践性知识的研究主题呈现以下特征：①应然研究与实然研究。教师实践性知识主要探讨的是教师教学过程中实际拥有的教师知识，如果从

---

① 周福盛. 教师个体知识的构成及发展研究[D]. [博士学位论文]. 兰州：西北师范大学，2006.

② 丁钢. 教育经验的理论方式[J]. 教育研究，2003(2).

"应然"和"实然"两分法进行划分的话，教师实践性知识研究属于教师知识的实然研究。②宏观研究与微观研究。如果从宏观研究和微观研究的两分法进行区分的话，教师实践性知识研究偏重于微观研究，关注的是教师在日常教学中表征的个人默会知识。③国际比较研究与本土研究。从目前教师实践性知识的研究来看，教师实践性知识研究还主要是借鉴西方国家教师实践性知识研究的主题，从国际比较研究和借鉴研究来看，本土化的教师实践性知识研究还比较少。④教师实践性知识的内部知识逻辑结构还比较混乱。这表现为实践性知识研究者之间的概念还比较混乱，缺乏学理上的严密论证。

（3）对我国教师实践性知识研究趋势的评价

通过对教师实践性知识研究的文献综述，笔者认为我国的教师实践性知识研究呈现出两大趋势，即研究方法的多元化趋势和研究问题的全球化与本土化趋势。基于这样的趋势，加强对当代西方教师实践性知识思想的系统研究显得尤为重要。

纵观西方教师实践性知识研究发展史，结合目前国内教师实践性知识研究发展的历程，研究方法的多样化将是未来的基本发展趋势。从目前来看，主要的研究方法有质性方法、量化方法和文献法。具体包括叙事探究法、课堂观察法、教师生活史、行动研究法、历史比较法、文本分析法等。

全球化与本土化是教师教育研究的发展趋势，也是教师实践性知识研究的基本发展趋势。目前国内教师实践性知识研究已经呈现出这一趋势，但是主流仍然是借鉴西方国家的研究方法和研究成果，对本土化的教师实践性知识研究较为薄弱，因此加强教师实践性知识的本土化研究将是未来研究的方向。加强本土化研究表现为借用中国古代传统哲学的、文化的、历史的研究方法来对教师实践性知识进行研究，比如借鉴古代传统经文典籍的诠释方法、中国古代哲学丰富的知行观等。这些都是我国教师实践性知识研究的突破点。

目前的研究主要存在的问题是缺乏对教师实践性知识思想系统的理论研究。这表现为目前国内的教师实践性知识研究在研究方法和研究主题方面过分依赖西方国家的研究成果，甚至还停留在对西方教师实践性知识研究成果的简单译介阶段。目前对教师实践性知识的研究越来越走向经验研究，缺乏对教师实践性知识的理性思考。教师实践性知识研究必然走向经验研究与理论研究的有机结合。

三、概念界定

(一)"当代"是指 20 世纪 80 年代以后的时期

通常意义上所指的"当代"，是对人类发展历史时间段的一个定性界定。从全球来看，当代应该是指以第三次世界科技革命以后为标志，从此延续至今。第三次科技革命，是以原子能、电子计算机和空间技术的广泛应用为主要标志，涉及信息技术、新能源技术、新材料技术、生物技术、空间技术和海洋技术等诸多领域的一场信息控制技术革命。笔者认为，当代大体界定时间应该是 20 世纪 80 年代以后的时期。

(二)"西方"是指欧美国家中以英语为母语的国家

"西方"通常指位于西半球、北半球的国家，甚至更具体来说是指欧美各国。人们常说的东西方国家划分有四个标准：种族肤色、地理位置、文化背景和政治体制阵营。若只考虑地理位置，美洲等处于西半球的国家可称为西方国家；若从文化背景上讲，西方国家多信奉基督教；从政治体制上讲，西方国家实行成熟的民主制度。但是受"冷战"结束以及全球化的影响，目前对东西方国家划分的界限也逐渐模糊。基于语言的局限性，本书所提的"西方"指的是欧美国家中以英语为母语的国家。

(三)"思想"(thought)是指一种系统的观念和方法

文化人类学家吉尔兹在美国科学艺术学院 200 周年纪念会上说：

> 思想有两个最基本的意思：(1)想象的行为或过程，即思考；(2)思考的产物，想法或概念。为了阐明第一个概念，"过程"意味着一些我们所列举的心理现象，如"注意、期望、意向"，甚至"希望"。它意味着这个系列或许会扩展到从记忆和梦到想象和计算在一些所谓"心理行为"上的所有的事情。为了阐明第二个概念，"产物"的意思是，我们实际获取、认可和一致化整个的文化："智慧化的行为或特定时间、社会阶层的产物。"思想就是我们头脑所思考着的东西。思想就是那种特别是在我们将其综合一起时从中逸出的东西。①

---

① [美]克利福德·吉尔兹.地方性知识——阐释人类学论文集[M].王海龙，张家瑄，译.北京：中央编译出版社，2000：198-199.

那么什么是思想呢？以下将从词典工具书以及经典学术研究中理解"思想"这一概念。

(1)词典工具书中的"思想"定义

"思想"在英文中对应的单词有"thought"和"idea"。由霍恩比（Hornby，A. S.）编纂的《牛津高阶英汉双解词典》(第7版)（*Oxford Advanced Learner's English-Chinese Dictionary*）对"idea"解释为："①计划，思想（a plan，thought or suggestion，especially about what to do in a particular situation）；②印象；③意见；④感觉；⑤目标。"①对"thought"解释为："①想法，看法，主意，记忆；②心思，思想（a person's mind and all the ideas that they have in it when they are thinking）；③思维过程，思考（the power or process of thinking）；④考虑，深思；⑤关心，忧虑；⑥意向；⑦（政治、科学等）思想，思潮（ideas in politics，science，etc. connected with a particular person，group or period of history）。"②根据对"idea"和"thought"的定义，本书的"思想"概念采用"thought"一词，"thought"一词的第七种解释，即政治、科学等的思想思潮，这种思想是对某个人、团体或者一段历史的记载和思考。《辞海》对思想的解释是："①思考，思虑；②想念，思念；③思维活动的结果。属于理性认识，亦称'观念'。"③根据《辞海》对"思想"概念的解释，本书倾向于《辞海》的第三种解释，即思维活动的结果，是理性认识的观念。《汉语大词典》对"思想"概念的解释为："①想念，怀念；②思忖，考虑；③指思维的条理脉络；④念头，想法；⑤思想意识，指道德品质方面；⑥客观存在并反映在人的意识中经过思维活动而产生的结果或形成的观点。"④根据《汉语大词典》对"思想"概念的解释，本书倾向于《汉语大词典》的第六种解释，即认为思想是客观存在并反映在人的意识中经过思维活动而产生的结果或形成的观点。

(2)学术研究领域中的"思想"定义

"思想（史）"研究是哲学与历史学的交叉研究，对思想的论述往往成为"思想（史）"研究绕不开的问题。那么什么是"思想"？钱穆对什么是思想、思想家、思想史及它们之间的关系进行了精练的论述："若能专注一对象，一问

---

①　[美]霍恩比. 牛津高阶英汉双解词典(第7版)[M]. 北京：商务印书馆，2009：1010.

②　[美]霍恩比. 牛津高阶英汉双解词典(第7版)[M]. 北京：商务印书馆，2009：2104.

③　辞海编辑委员会. 辞海[M]. 上海：上海辞书出版社，1999：4763.

④　汉语大词典编辑委员会. 汉语大词典(第七卷)[M]. 上海：汉语大词典出版社，1991：444.

题，连续想下。相续心变成了思想。有些人能对一事实一问题，穷年累月，不断注意思索，甚至有毕生殚精竭虑在某一问题上的，这些人变成了思想家。但宇宙间，人生界，有几件大事，几个大问题，虽经一两个人穷老思索，也获不到结论，于是后人沿他思路，继续扩大继续深入，如是般想去，便成为思想史。"①从钱穆的论述中可以看出思想史是人的思想史，是人长期专注于一个问题后的结果。葛兆光对"思想"也有过相关论述，他指出"思想"是人们反复思索的问题以及由此形成的观念，是寻找有关宇宙、社会、人生问题的观念和方法。② 葛兆光的"思想"定义强调"思想"是一种观念和方法，这种观念和方法也是反复思索的结果。因此，从钱穆和葛兆光的"思想"概念中可以看出，思想是人们长期理性思维的结果。

总之，根据词典工具书和学术研究领域对"思想"的界定，本书把思想界定为人们长期专注于某一问题，并经过反复思索所产生的观念和方法，这种观念和方法可能是有关宇宙、社会或人生的问题。

四、研究方法与研究思路

(一)研究方法

1. 方法论

所谓方法论就是一种研究途径，即研究所遵循的"通则"（而非技术）。我国台湾学者贾馥茗与杨深坑主编的《教育学方法论》把当代教育学方法分为五种：分析哲学与教育研究、教育研究的现象学分析、诠释学与教育研究、批判理论与教育研究、结构主义与教育研究。③ 基于研究问题，本书趋向于诠释学的研究方法论，具体来说是施莱尔马赫—狄尔泰—海德格尔—伽达默尔的诠释学传统。狄尔泰曾经把自然科学与人文科学进行区分，他认为"自然科学是从外说明世界的可实证的和可认识的所与，人文科学则是从内理解世界的精神生命"④。作为人文科学的教师教育，理解与诠释成为一种适切的方法论。

诠释学具有古老的历史。在早期，诠释学是作为《圣经》或者其他古典的、权威的或神圣的著作的注释理论而存在，这一时期的诠释学还是一种理解技艺的诠释学。后来施莱尔马赫把诠释学领域扩展到所有流传下来的文本和精

① 钱穆. 中国思想史[M]. 北京：九州出版社，2011：1.
② 葛兆光. 中国思想史(第一卷)[M]. 上海：复旦大学出版社，1998：2-3.
③ 贾馥茗，杨深坑，主编. 教育学方法论[M]. 南京：江苏教育出版社，2008：1.
④ 洪汉鼎. 当代西方哲学两大思潮[M]. 北京：商务印书馆，2010：448.

神，这样诠释学就发展为一门普遍的技艺学，其目的就是"首先要像作者一样好地理解文本，然后甚至要比作者更好地理解文本"①。从而使诠释学发展有了第一次转向，即从特殊诠释学发展为普遍诠释学。狄尔泰针对自然科学对人文科学科学性的质疑，提出诠释学作为人文科学方法论的看法，认为自然科学和人文科学同样都是真正的科学，只不过自然科学是从外部说明世界的可实证的和可认识的所与，而人文科学则是从内部理解世界的精神。随着海德格尔《存在与时间》的出版，诠释学经历了一场从认识论到本体论的根本转向，海德格尔指出诠释学是对人存在本身的现象学阐释，海德格尔从而实现了诠释学由方法论到本体论的转向。伽达默尔不满足于诠释学的发展，他把单纯作为本体论哲学的诠释学发展为实践的哲学诠释学，这种诠释学从单纯作为理论哲学的诠释学发展到理论和实践双重任务的诠释学。②

　　本书倡导诠释学理解与诠释的方法论，旨在对当代西方教师实践性知识思想进行哲学意义上的理解与诠释。笔者称这种理解与诠释的方法论为微观理解与诠释方法论。

2. 具体研究方法

　　研究问题决定研究方法。对当代西方教师实践性知识思想这一问题的研究决定了文献法和比较法是本书较为适切的研究方法。

　　（1）文献法

　　文献法是本书主要的研究方法。社会学家袁方在其主编的《社会研究方法教程》中指出文献法包括资料的收集方法和资料的分析方法，这种方法是收集和分析现存的、以文字形式为主的文献资料的方法。③ 本书通过文献法将搜集当代西方教师知识思想相关的文献资料，这些资料包括教师实践性知识研究者的相关专著、期刊论文、会议论文。为了便于集中研究问题，本书重点分析具有影响力的教师实践性知识研究文献。在选取文献时力争采用第一手文献资料，即经典教师实践性知识研究者的第一手资料，对于其他研究者对这些经典教师实践性知识研究的文献采取相互印证的方法谨慎使用。这样尽量保证文献的可靠性和权威性。总之，本书力争对当代西方教师实践性知识思想进行系统地、全面地、深入地搜集、分析、解释，从而展现当代西方教

　　① ［德］施莱尔马赫. 诠释学讲演［A］//理解与解释——诠释学经典文选［M］. 北京：东方出版社，2010：61.

　　② 洪汉鼎. 当代西方哲学两大思潮［M］. 北京：商务印书馆，2010：443-459.

　　③ 袁方. 社会研究方法教程［M］. 北京：北京大学出版社，1997：392.

师实践性知识思想的全貌。

（2）比较法

比较是获取知识的途径，比较法是人类认识事物的一种方式。人们通过比较就容易发现异同，而对异同的辨别、认识和理解有助于我们更好地认识当代西方教师实践性知识思想。本书运用比较法对不同教师实践性知识研究流派进行比较，这包括：①比较不同教师实践性知识思想的历史渊源，分析其产生发展的社会历史背景，以及这些历史背景对教师知识思想的影响。②比较其理论基础的异同及相互之间的联系。比如教师实践性知识思想之间的理论基础有何异同？为什么会产生这些异同？不同教师实践性知识思想之间的关系是什么？③比较不同教师实践性知识思想流派在研究内容以及研究方法上的差异。

（二）研究思路

首先，基于当代西方教师实践性知识思想，本书将其划分为四个流派，即日常生活经验的教师实践性知识思想、反思行动的教师实践性知识思想、个人叙事探究的教师实践性知识思想以及实践智慧的教师实践性知识思想。这四种教师实践性知识思想构成当代西方教师实践性知识思想的基本框架，这也是本书的基本框架。

其次，对每一种教师实践性知识思想进行诠释学的理解与诠释。具体做法是探讨教师实践性知识思想的哲学思想渊源以及与教师实践性知识思想的关系。从本书研究的构思来看，这一部分是研究的重点，它是当代西方教师实践性知识思想的主体部分。

再次，需要交代一下本书的行文过程。在笔者看来，当代西方教师实践性知识思想不是一个客观的存在物，而是笔者基于自己的"前见"认识过程中形成的。根据狄尔泰对人文社会科学方法论的观点，理解是获取知识的过程，而"理解的基础在于体验，体验的目的正是达到精神创造物的理解"①。基于这样的认识论，笔者首先对当代西方教师实践性知识思想家的研究作品进行了全面的阅读和研究，然后根据他们的影响力（是否对教师实践性知识进行过较长时间较深入的研究、是否具有教师实践性知识的代表性作品、是否对同时代及后来研究者产生影响）将这些思想流派划分为日常生活经验的教师实践性知识思想、反思行动的教师实践性知识思想、个人叙事探究的教师实践性知识思想以及实践智慧的教师实践性知识思想。然后对各个流派的代表思想

---

① 陈嘉明，等．科学解释与人文理解[M]．上海：上海人民出版社，2010：285．

逐一研究并给予诠释，这种诠释建立于自己的知识结构与认识水平上。笔者在对四个流派研究的基础上撰写了第二、三、四、五章，在此基础上撰写第一章，即整个研究的基本理论基础，这样就避免了理论的预设，也就是说第一章"当代西方教师实践性知识思想的理论基础"是建立在第二、三、四、五章的基础上的理论考察，是归纳性的理论考察，其统领整个当代西方教师实践性知识思想的理论基础。笔者在理论考察后对第二、三、四、五章的教师实践性知识思想的理解与解释再进行适当的调整和修正。

　　基于以上研究思路笔者绘制了本书的研究框架图，如图 2 所示。

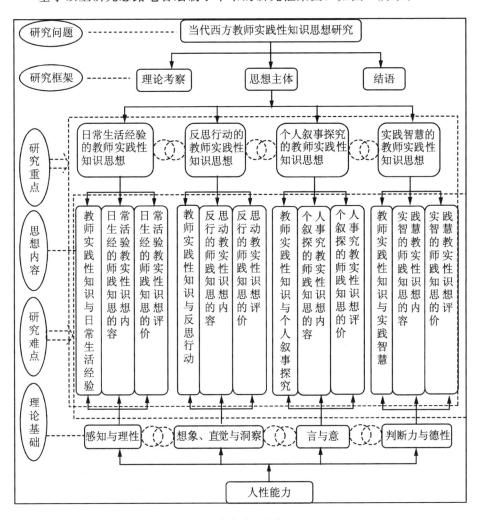

图 2　本书的研究框架

第一章 当代西方教师实践性知识思想的理论基础

　　实践与知识的关系问题和人类发展的历史一样久远，不过它被作为一个严肃的学术问题进行研究则始于近代。人类的实践是以知识为基础的，实践是知识参与下的实践，实践的程度和范围是受人类知识状况制约的。我们很难想象没有知识参与的实践，也很难想象没有实践知识会是什么样的状态。知识与实践的关系在近代演变为理论与实践的关系问题。在古希腊人看来，理论与实践是人类存在的不同方式，不存在理论应用于实践、实践检验理论，甚至理论与实践孰先孰后的问题。然而，自近代以来，理论与实践开始"分道扬镳"。"实践"一词也随着科学技术的日益发达逐渐失去古希腊本真的含义，"技术"逐渐成为实践的代名词。这种技术主义理性的泛滥至今还波及人类的日常社会实践生活。当代西方实践性知识思想正是在这样的背景之下，并在批判知识与实践分道扬镳过程中逐渐形成。于是，探究当代西方教师实践性知识思想的前提是需要对"实践""知识""实践性知识"等理论问题进行"史与思"的追溯，试图将教师的专业人员属性与这些原始理论渊源结合起来，从而为勾画出当代西方教师实践性知识思想图谱奠基。

第一节　当代西方教师实践性知识思想与实践理论

一、"实践"源自行动与伦理意义的融合

　　在古代汉语中，"实践"是由"实"和"践"两个词组成的复

合词。根据许慎的《说文解字》，"实"解释为"富也，从宀，从贯。贯，货贝也"。"宀"指房屋，"货"在古代的农业社会就是指由土地生产出来的农产品，"贝"是指古代用作交换时的等价物，是古代的货币。因此"实"在《说文解字》中意思是指富裕、充实。在《说文解字》中，"践"解释为"践，履也，从足戋声"。"履"在古代汉语中表示鞋子的意思，因此"践"字以"践、踏"为本义，同时引申为"履行""经历"等。综上所述，《说文解字》把"实践"理解为实现、实行、实际行动、通过实际行动将主观的认知等转化为现实。现代汉语的"实践"是舶来品。1912 年《东方杂志》一篇译自日文的文章《德国社会党之胜利》第一次把西方意义的"实践"概念引入中国。但是作为哲学概念，"实践"直到 20 世纪二三十年代才被中国人认识和使用。① 现代的实践概念受到马克思主义哲学特别是政治意识形态的影响，主要指革命的实践或者劳动生产实践。这与古代汉语中的"实践"概念大相径庭。古代汉语与现代汉语的"实践"概念大致有以下不同：首先，古代汉语中的"实践"含义是在中国传统文化的背景中形成的，其含义相当于古代汉语的"践履""行"等。现代汉语的"实践"概念较为泛化，泛指人的所有活动。其次，古代汉语的"实践"概念蕴涵着一定的伦理道德意义和伦理道德目的。而现在汉语中"实践"受到科学理性主义的影响，常常指与人的内在目的不同的外在的客观行为，类似于亚里士多德所说的生产或制作。

在《牛津高阶英汉双解词典》（第 7 版）中，practical 包括以下几种含义：①（与情境相联系）实际的，真实的，客观存在的；②想法、方法或行动切实可行的；③有用的，适用的；④明智的，实事求是的。② 从《牛津高阶英汉双解词典》（第 7 版）对 practical 的解释来看，practical 是与情境相联系的，是切实可行的想法、方法或行动。也就是说，"实践的"既具有行动的意义（等同于"行动"），也具有伦理学的意义。praxis 解释为做事方法，实践，实际运用（a way of doing sth；the use of a theory or belief in a practical way）。③

从以上古今中外对"实践"的界定来看，当代西方教师实践性知识思想汲取了"实践"的行动意义，同时也汲取了"实践"的伦理学意义，是行动意义与

---

① 李博. 汉语中的马克思主义术语的起源与作用［M］. 北京：中国社会科学出版社，2003：340-343.

② ［英］霍恩比. 牛津高阶英汉双解词典（第 7 版）［M］. 北京：商务印书馆，2009：1551.

③ ［英］霍恩比. 牛津高阶英汉双解词典（第 7 版）［M］. 北京：商务印书馆，2009：1553.

伦理学意义的融合。

二、"实践"落脚点是人类学意义上的实践

(一)亚里士多德"智慧的实践"理论

亚里士多德一般被认为是西方实践哲学的奠基人。在他之前，"实践"一词虽然早已在希腊文献中出现，但还不是一个特定的哲学概念。只是到了亚里士多德，"实践"才成为一个重要的反思人类行为的概念。

在《尼各马可伦理学》中，亚里士多德将人类追求知识的活动分为三类：追求理论知识的活动，即理论活动；追求实践知识的活动，即实践活动；追求技艺或创制知识的活动，即制作(或做、生产等)活动。理论活动体现了人与自身之间的关系，实践活动体现了人与人之间的关系，而制作活动则体现了人与物之间的关系。理论活动是对不变的、必然的事物或事物的本性进行思考的活动。它是不行动的活动。哲学家的生活就是理论沉思的生活。理论沉思与实践、制作存在着明显的不同，这一点在哲学史上争议不大。实践与制作既有相同之处，又存在根本的差异。亚里士多德的实践与制作的相同之处是实践或制作都是人对于可因自身努力而改变的事物，基于某种善的、有目的的活动。然而，实践与制作存在着根本的差异，这些差异表现为以下几方面：首先，实践是一种德性的实现活动，而制作在于依据自然的原理去制作，实践重在"行"，制作重在"知"。亚里士多德并不否认制作也是一种实现活动，他只是强调在这种实现活动中"知"的重要作用；同样，他也并不否认实践之中有"知"的作用，只是强调实践主要不是一种知识，而是一种实现活动。其次，实践与制作的区别还在于它们依据两种不同的思考和理性。实践依据的理性是"明智"，制作依据的理性是"理智"。明智就是善于策划对自身的善及其有益之事，明智的"善"和"益"应当理解为对于整个美好生活之"善"和"益"。用亚里士多德的话说，明智就是"对一种好生活总体上有益……所以，在总体上明智的人就是善于考虑总体的善的人"①。而理智(nous)则指的是科学和技艺的理性。理智是一种科学理性，它的对象具有科学对象所具有的普遍永恒的特点，同时，理智具有穷究事物原理的本性。理智一方面有一种向着终极的趋向；另一方面又是一种技艺性思考，因为一切技艺都和生成

----

① [古希腊]亚里士多德. 尼各马可伦理学[M]. 廖申白，译注. 北京：商务印书馆，2003：172-173.

有关，而制作就是去思辨某种可能生成的东西怎样生成。最后，实践与制作的区别还在于，实践是一种以自身为目的或者说目的内在于自身的活动；制作则是以外在的事物为目的——对它来讲，结果是高于活动的。实践是自为的活动，制作是为他的活动。"制作的目的外在于制作活动，而实践的目的就是活动本身——做得好本身就是一个目的。"①

总之，亚里士多德的实践指的是正确的行为，这种行为与他人和社会的福祉有关，主要是指与生产劳动相区别的人的伦理道德行为和政治行为。②而近代的实践概念更多地指亚里士多德意义上的制作。这恰恰不是亚里士多德意义上的实践概念。这样的实践概念必然造成理论与实践的分裂，因为理论不再是实践过程的一部分，知识本身不是在实践中完成的，实践反而只是用理论来操作。总之，理论总是现成地在那里，当一个人掌握理论去做某事后，只是这个单纯的做才是"实践"。③这种"实践"作为人的本质的存在方式具有总体性，它是"practice"和"praxis"的统一，实践意识理所当然地内涵着本能意识、功利意识，也内涵着超验理念乃至终极关怀；实践行为相应地既包括日常本能的、功利性活动，也包括伦理、艺术、审美等文化活动，更包括人类追求自由和解放的现实的历史运动。④ 人类的终极关怀作为人类追求的最终意义，理应融汇人类实践的全部内容，成为"编织"人类实践全部内容的意义"纤维"。

(二)实用主义"经验的实践"理论

实用主义强调行动、注重效果，将经验看作实践的表达方式。"实用主义这个名词是由希腊的一个词'$\pi\rho\alpha\gamma\mu\alpha$'派生的，意思是行动。'实践'(practice)和'实践的'(practical)这两个词就是从这个词(演变)来的。"⑤不管是经典实用主义还是新实用主义，他们都把"实践"作为其思想的存在方式。实用主义实践理论的核心思想是将"行动""行为""实验""经验""生活"视为实践的方式，

---

① [古希腊]亚里士多德. 尼各马可伦理学[M]. 廖申白，译注. 北京：商务印书馆，2003：173.

② 张汝伦. 历史与实践[M]. 上海：上海人民出版社，1995：95-97.

③ 张汝伦. 历史与实践[M]. 上海：上海人民出版社，1995：191.

④ 丁立群，等. 实践哲学：传统与超越[M]. 北京：北京师范大学出版社，2012：16.

⑤ [美]威廉·詹姆士. 实用主义[M]. 陈羽纶，孙瑞禾，译. 北京：商务印书馆，1979：26.

并将"效用"作为"实践"活动的重要维度，即"各种思想、信念、理论政策或行动计划要根据它们产生的后果和造成的影响来判断和评价"①。

经典实用主义的代表人物有查尔斯·皮尔士、威廉·詹姆士和约翰·杜威。皮尔士的实用主义也被称为实效主义（pragmaticism），他所强调的就是这种以实际效果来判定观念的意义的理论，主张"探究的功能不是表象现实，而毋宁是帮助我们更有效地行动"②。詹姆士与皮尔士是同时代的人，也是实用主义的集大成者。詹姆士主张哲学的通俗化，要为一般的大众服务，哲学应该摆脱空洞的玄想，回到日常生活中去。詹姆士有句名言："真理就是有用，有用就是真理。"詹姆士将哲学定位为为大众服务的哲学，这其实就是他的"实践"哲学。杜威将实用主义推广到社会生活的方方面面，特别是在教育领域和政治领域的影响尤为明显。杜威的实用主义哲学将"经验""生活""实验"等同于实践。杜威针对哲学存在的空洞、脱离现实实践的弊病，提出"哲学的改造"的著名论断，主张应该把目光转向人类所面对的实际事物，并提出"哲学如能舍弃关于终极关怀的、绝对的、实在的、研究的和无聊的独占，将在推动人类的道德力的启发中和人类想获得更为条理、更为明哲的幸福所抱热望的助成中，取得补偿"③。在教育领域，他把教育的目的概括为"教育即生活""教育即生长""教育即经验的持续不断的改造"。杜威实用主义的实践教育思想正是在此基础上不断展开的。杜威所开展的"杜威学校"就是他教育"实践"的具体体现。杜威注重经验在人们生活特别是在教育领域中的重要作用，因为他相信"一切真正的教育都是来自经验的"④，经验是一切教育的条件和基础，也是教育可能性的要求。教育就是不断地改造孩子的经验从而促进他们的发展。

总之，实用主义的"实践"理论是对古希腊实践哲学精神的回归，它是美国社会发展到一定阶段的产物，并融入美国人民的精神之中。实用主义所倡导的关注人们当下的，促进社会的民主和人们的幸福，这种理念处处闪现着

---

① 常健，李国山，编著. 欧美哲学通史（现代哲学卷）[M]. 天津：南开大学出版社，2003：27.

② [美]理查德·罗蒂. 实用主义哲学[M]. 林南，译. 上海：上海译文出版社，2009：1.

③ [美]约翰·杜威. 哲学的改造[M]. 许崇清，译. 北京：商务印书馆，1989：14.

④ [美]约翰·杜威. 我们怎样思维·经验与教育[M]. 姜文闵，译. 北京：人民教育出版社，2005：248.

古希腊实践哲学的影子。实用主义者对实践的诠释可能各有特色，但强调"实践"所蕴含的人文意义的理念是一致的，这种理念重视普遍存在的日常大众的生活实践的价值与意义。特别是杜威将实用主义精神运用于教育生活，将教育实践看作促进社会进步和孩子发展的途径，无疑对当代西方的教师实践性知识思想产生了重要的影响，当代西方的教师实践性知识的很多思想都可以从杜威实用主义的实践思想中寻觅踪迹。

(三)哲学诠释学"理解的实践"理论

诠释学作为一门关于理解和解释的系统理论，从古代到现代的发展经历了三次重大转向。第一次转向是从特殊诠释学到普遍诠释学的转向，或者说，从局部诠释学到一般诠释学的转向。第二次转向是从方法论诠释学到本体论诠释学的转向，或者说，从认识论到哲学的转向。第三次转向是从单纯作为本体论的诠释学到作为实践哲学的诠释学的转向，或者说，从单纯作为理论哲学的诠释学到作为理论和实践双重任务的诠释学的转向。诠释学第三次转向是由德国哲学家伽达默尔所创立的哲学诠释学所完成的。① 伽达默尔的哲学诠释学重新恢复了亚里士多德"实践智慧"(phronesis)的精髓，将理解视为人类实践的存在方式，形成他独具特色的理解的实践理论。

狄尔泰将人类的全部知识分为精神科学和自然科学，并将理解与解释作为精神科学的方法论。伽达默尔汲取并超越了狄尔泰的精神科学的思想，他把理解与解释视为人类认识世界和认识自己的存在方式，并形成他的理解的实践理论。以理解为核心的实践解释哲学独特地处理了人的生存的基本状态以及人与世界、人与社会的基本关系。他从实践哲学的角度深刻分析了人类社会中人们的生活状况和生活意义，重新将人类生活置于实践理性反思的基础之上，从而为追求人的幸福生活而进行实践。伽达默尔的哲学诠释学乃是探究人类一切理解活动得以可能的基本条件，他试图通过研究和分析一切理解现象的基本条件找出人的世界经验，在人类有限的历史性的存在方式中发现人类与世界的根本关系。伽达默尔理解的实践涉及以下几个核心概念，即前理解或前见、视域融合和效果历史。前理解或前见是历史赋予理解者或解释者以生产性的积极因素，它为理解者或解释者提供了特殊的"视域"(horizont)。视域是看见的区域，它包括从某个立足点出发所能看到的一切。视域

---

① 洪汉鼎. 当代西方哲学两大思潮[M]. 北京：商务印书馆，2010：总前言.

不是封闭和孤立的，它是理解在时间中进行交流的场所。理解者和解释者的任务就是扩大自己的视域，使它与其他视域相交融，从而实现伽达默尔所说的"视域融合"（horizontverschmelzung）。视域融合不仅是历时性的，而且也是共时性的，在视域融合中，历史与现在、客体与主体、自我与他者构成一个无限的统一整体。效果历史与前理解和视域融合也存在着密切的关系。伽达默尔的效果历史概念将人看作历史的存在，人通过理解和视域融合不断认识世界和认识自己。伽达默尔将这样的历史理解过程看作是一个效果历史事件。他说："真正的历史根本就不是对象，而是自己和他者的统一体，或一种关系，在这种关系中同时存在着历史的实在以及历史理解的实在。一种名副其实的诠释学必须在理解本身中显示历史的实在性。因此我就把需要的这样的一种东西称为效果历史。理解按其本性乃是一种效果历史事件。"①伽达默尔将理解视为一种效果历史事件，这种理解就具有历史性，这也回到伽达默尔所说的"所有理解都是前理解"。伽达默尔将理解的实践放到历史的长河中去考察，将实践与历史、意义、存在等结合起来，构成伽达默尔哲学解释学理解的实践理论。这种理论对当代西方教师实践性知识思想也产生了深远的影响。

总之，伽达默尔的哲学诠释学将理解视为一种实践，探究的是"理解何以可能"的问题，将理解与人类的生活实践联系起来。伽达默尔的哲学诠释学倡导对人类实践生活本身进行理性反思，建构了一种"理解本体论"。② 这种理解本体论认为理解和解释是人与自然、人与人、人与社会之间的根本交往方式，而这是人类原始的而又是最基本的生活经验，人们是在理解的关系中生活、交往和思想，理解是人类存在的基本实践事实。

（四）法兰克福学派"交往行动的实践"理论

法兰克福学派的代表人物哈贝马斯提出交往行动的实践理论，将人与人的交往行动看作实践。在哈贝马斯看来，哲学的主要任务就是实践，这种实践指人的生活实践，是人们获得解放、走向合理社会的社会实践。哈贝马斯将这种实践称为交往实践，即人与人之间的交往行动。哈贝马斯强调任何知

---

① ［德］汉斯-格奥尔格-伽达默尔. 诠释学 I：真理与方法［M］. 洪汉鼎，译. 北京：商务印书馆，2010：424.

② 张能为. 理解的实践——伽达默尔实践哲学研究［M］. 北京：人民出版社，2002.

识都与实践处于内在关系之中。在哈贝马斯看来，实践是指"日常生活中的、一般意义上的人类活动，而这种活动总是与人类的旨趣或广义的利益和追求相联系的"①。哈贝马斯对"实践"与"技术性活动"（或"工具性行动"以及与此接近的"策略性活动"）做了区别，认为技术性活动所涉及的是主体与客体的关系，而实践性活动则涉及主体与主体的关系。所谓实践活动，就是人们依据他们所承认的规则来调节行动者与行动者之间的关系，或者在更高的反思的层次上，对这种规则本身进行调整和修改。因此，实践活动说到底也就是交往活动，以实践为主旨的批判理论应该以交往行动理论作为核心。② 哈贝马斯把作为"具有实践意向的社会理论"的批判理论定位为旨在解决"实践问题"而不是"技术问题"的科学：它所涉及的是人与人之间的交往关系而不是人与自然之间的认知和干预关系；它对于社会关系和社会行动者的研究的主要方式是主体间意义理解而不是主体对客体的观察。③

　　波普尔提出"三个世界"理论："第一，物理客体或物理状态的世界；第二，意识状态或精神状态的世界，或关于活动的行为意向的世界；第三，思想的客观内容的世界，尤其是科学思想、诗的思想以及艺术作品的世界。"④哈贝马斯在波普尔"三个世界"理论基础上将人类行动分成四种基本类型："目的性行动"（包括工具性行动和策略性行动）"规范性行动""表演性行动"和"交往行动"。前三种行动分别指向客观实践、社会世界和主观世界，而交往行动是建立人际关系的至少两个有说话和行动能力的主体之间的互动，则同时指向这三个世界。⑤ 目的性行动把交往看成仅仅为了实现自己目的的人的间接理解；规范性理解把交往看成仅仅为了体现已经存在的规范性的认可的人的争取意见一致的行动；表演性行动把交往看成吸引观众的自我表演，即戈夫

---

① 童世骏. 批判与实践——论哈贝马斯的批判理论[M]. 北京：生活·读书·新知三联书店，2007：28.
② 童世骏. 批判与实践——论哈贝马斯的批判理论[M]. 北京：生活·读书·新知三联书店，2007：35.
③ 童世骏. 批判与实践——论哈贝马斯的批判理论[M]. 北京：生活·读书·新知三联书店，2007：29.
④ ［英］卡尔·波普尔. 客观知识——一个进化论的研究[M]. 舒炜光，等译. 上海：上海译文出版社，2005：123.
⑤ ［德］哈贝马斯. 交往行动理论（第一卷——行动的合理性和社会合理化）[M]. 洪佩郁，蔺青，译. 重庆：重庆出版社，1994：107-143.

曼所说的"表演"。① 而交往行动所涉及的至少是两个具有语言能力和行动能力的主体之间的关系，是至少两个具有语言和行动能力的主体之间为达到相互理解而进行的交往。这种交往是一种建立人际关系的至少两个有说话和行动能力的主体之间的互动关系。人们交往行动关系的建立有助于两个或两个以上的主体之间的平等交流、解释、对话，从而实现理解、求同、合作。哈贝马斯的交往行动过程就是主体之间就他们的行动情境和行动计划达成相互理解的过程。

"交往行动的实践"是一种意向性和规范性实践。"意向性是心理现象的本质特征之一，是人的本质结构的重要一维。就其功能作用来说，它是我们对外部世界认识的一个可能的条件和枢纽，是行为的内在动力，是人们相互理解、解释、预言和社会联系得以可能的主要根据，也是行为评价的重要参照系。"②哈贝马斯区分了"行动"（action）和"行为"（behavior），认为两者的区别在于是否有"意向性"（intentionality）。行动是行为，但是行为如果没有意向性的话就不是行动。意向性是分析哲学和现象学中的重要概念，指的是"心智指向某物的能力"③。行动就某种意义来说，是通过身体的运动体现出来的，但是只有当行动者遵循一种技术的行动规则，或者一种社会行动规则同时进行这种运动时，这种行动才能体现出来。这种共同进行意味着，行动者是有意完成一种行动计划的，而不是有意进行借以体现他的行动的身体运动。一种身体运动是一种行动的因素，但不是行动。④ 因此行动与行为的区别在于是否具有意向性。而行动与实践的区分在于是否具有规范性，实践是行动与规范的统一。"行动和目标最终不可分割的关系就是实践，也就是说实践是目的与行动的统一体。"⑤哈贝马斯认为，社会科学的研究既要考虑是否符合道德—实践的正义，即道德—实践领域的真理，也要考虑是否符合自身的逻辑的理论理性的真理。应当注重道德—实践观、审美判断和理论理性的统一性，

---

① ［美］欧文·戈夫曼. 日常生活中的自我表演［M］. 徐云敏，译. 昆明：云南人民出版社，1988：5.

② 高新民，刘占峰. 意向性理论的当代发展［J］. 哲学动态，2004(8)：15.

③ 童世骏. 批判与实践——论哈贝马斯的批判理论［M］. 北京：生活·读书·新知三联书店，2007：54.

④ ［德］哈贝马斯. 交往行动理论（第一卷——行动的合理性和社会合理化）［M］. 洪佩郁，蔺青，译. 重庆：重庆出版社，1994：138.

⑤ 张汝伦. 历史与实践［M］. 上海：上海人民出版社，1995：224.

在不危及社会科学自身发展的逻辑的情况下，社会科学必须置于道德—实践标准和审美标准的观照之下。①

总之，当代西方教师实践性知识思想主要源自以上实践理论，其根源在于亚里士多德开创的实践理论。亚里士多德的实践二元论开创了西方哲学史上实践哲学的两个传统，这两个传统在近代逐渐演变成认识论实践观和本体论实践观。认识论实践观的主旨在于通过实践获得某种认识，它把实践作为某种工具来看待；本体论实践观则力图通过人对世界的改造以成为自然的主人。而当代西方教师实践性知识思想继承了亚里士多德的实践思想，并试图走向一种总体论的实践论。那就是马克思主义的人类学实践论。马克思人类学实践论的主旨是要实现人的解放，而人的解放即意味着人的总体性、完整性和全面发展，意味着重建完整统一的生活世界的理想。②

第二节　当代西方教师实践性知识思想与知识理论

"知识"与人类的历史一样的古老，一部知识发展史其实就是一部人类发展史。"知识"这一概念早已受到人类的关注，也成为哲学家论述哲学问题绕不开的概念。本书从词典工具书和不同认识论知识视野来论述"知识"概念。

一、"知识"是经验认识和理性认识的结果

"知识"对应的英文是"knowledge"，《牛津高阶英汉双解词典》对"知识"（knowledge）的定义是："①通过教育或经验获得的信息（information）、理解（understanding）和技能（skills）；②有关特殊事实或情形的知晓状态（the state of knowing）。"③《辞海》关于知识的定义是："人类认识的成果或结晶。包括经验知识和理论知识。"④从《辞海》的知识定义可以看出，并不是所有的认识活动可以让人获得知识，只有"成果或结晶"的认识活动才可以称得上是知识。另外，《辞海》把知识分为两种形式，即经验知识和理论知识。但是什么才称得上是经验知识和理论知识，《辞海》对此没有说明。《中国大百科全书·教育

---

① 曹小荣. 实践论哲学导论［M］. 杭州：浙江大学出版社，2006：68.
② 丁立群，等. 实践哲学：传统与超越［M］. 北京：北京师范大学出版社，2012：18.
③ ［英］霍恩比. 牛津高阶英汉双解词典（第 7 版）［M］. 北京：商务印书馆，2009：1122.
④ 辞海编辑委员会. 辞海［M］. 上海：上海辞书出版社，1990：1952.

卷》中的知识定义是："所谓知识，就它反映的内容而言，是客观世界在人们头脑中的主观印象。就它反映的活动形式而言，有时表现为主体对事物的感性直觉或表象，属于感性认识，有时表现为关于事物的概念或规律，属于理性认识。"①从《中国大百科全书·教育卷》中可以看出，这是基于主客二元的认识思维方式，把知识看作认识主体对认识客体的主观反映。同样获得知识的途径有两种，即感性认识和理性认识。《教育大辞典》对知识的定义是："知识是对事物属性与联系的认识，表现为对事物的知觉、表象、概念、法则等心理形式。"②在《认识论辞典》中，知识的定义是："人类实践经验的结晶（总结）。知识的体系就是科学。从本质上说，知识属于认识的范畴。人类的知识有两大门，一门是关于自然的知识，它是生产实践和科学实验经验的总结；另一门是关于社会的知识，它是社会实践活动（在阶级社会中主要是阶级斗争的实践）经验的总结。"③在《新编哲学大辞典》中，知识被定义为"人类认识活动的成果或结晶，包括经验知识或理论知识。经验知识是知识的初级形态，系统的科学理论是知识的高级形态"④。

二、教师实践性知识走向一种微观知识理论

当代西方教师实践性知识思想也与形形色色的知识理论存在着密切的关系，这些知识理论不同程度地影响着当代西方教师实践性知识思想的产生与发展。探究历史上的知识理论特别是经典的知识理论对厘清当代西方教师实践性知识思想的渊源及逻辑具有重要价值。我们把经典的知识理论分为理性主义的知识理论、经验主义的知识理论以及超越理性主义与经验主义的微观知识理论。⑤特别是微观知识理论对当代西方教师实践性知识思想的影响作用更为深远和巨大，因此也作为重点论述。

---

① 董纯才，主编. 中国大百科全书·教育卷［M］. 北京：中国大百科全书出版社，1985：525.

② 顾明远，主编. 教育大辞典（第一卷）［M］. 上海：上海教育出版社，1990：144.

③ 张士嵘，等. 认识论辞典［M］. 长春：吉林人民出版社，1984：39.

④ 黄楠森，杨寿堪，主编. 新编哲学大辞典［M］. 太原：山西教育出版社，1993：777.

⑤ 超越理性主义与经验主义的微观知识理论往往被视为后现代的知识理论，它们放弃了传统的理性主义与经验主义的知识理论，主要研究日常生活实践中知识所扮演的角色、起源、生成途径、价值、意义等，这些微观进路的知识理论暂且称之为微观知识理论。

（一）古典知识理论：经验主义与理性主义的知识理论

古典知识理论的代表是经验主义与理性主义的知识理论。经验主义与理性主义是西欧 16 世纪末至 18 世纪中期的历史现象。当时的经验主义的代表人物有弗·培根、霍布斯、洛克、巴克莱、休谟，他们都是英国哲学家，所以经验主义也被称为"英国经验主义"。理性主义则以法国的笛卡尔、荷兰的斯宾诺莎、德国的莱布尼茨为代表，他们都是欧洲大陆哲学家，所以理性主义也被称为"大陆理性主义"。

经验主义与理性主义的知识理论总是交织、彼此渗透在一起的，但是两者也存在明显的倾向性。从认识对象的角度来看，如果把认识对象看作可触可见的感性存在，对它的认识就必须通过感官的经验感受。反之，如果把认识对象看作抽象的一般规律、本质或共相，那么对它的把握就要运用理性的抽象思维；如果从认识途径来看，人的正确认识是由感觉、经验得来，则倾向于经验主义的知识理论，如果人的正确认识是通过理性直观、抽象思维和逻辑推理得来，则倾向于理性主义的知识理论；如果从知识的来源来看，"凡认为对于事实的普遍必然性知识，要是人能够获得的话（因为还有不可知论者否认人能够获得这种知识），必须起源于感觉经验的，或者说，承认'凡是在理智中没有不先在感觉中'这一古老原则的，就是经验主义者。反之，凡认为具有普遍必然性的知识不可能来自感觉经验而只能来自理性本身，从而也必然这样那样地否定上述古老原则的，就是理性主义者。"①经验主义的知识概念反对人和先验的观点和范畴，认为人类所有的知识都来源于感觉经验，都是外部世界各种联系的反映。培根明确提出感觉经验乃是知识的起点："我提议建立一列通到准确性的循序渐进的阶梯。感觉的证验，在某种矫正过程的帮助和防护之下，我是要保留使用的。至于那继感官活动而起的心灵动作，大部分我都加以排斥；我要直接以简单的感官知觉为起点，另外开拓一条新的准确的道路，让心灵循以行动。"②当然，他也意识到感觉经验有时并不完全可靠，所以他提醒人们在利用经验时需小心谨慎。洛克这样定义知识："所谓知识，就是人心对两个观念的契合或矛盾所生的一种直觉——因此，在我

---

① 陈修斋，主编. 欧洲哲学史上的经验主义和理性主义[M]. 北京：人民出版社，2007：213-214.

② ［英］培根. 新工具[M]. 许宝骙，译. 北京：商务印书馆，1997：4.

看来，所谓知识不是别的，只是人心对任何观念间的联络和契合，或矛盾和相违而生的一种知觉。一有这种知觉，就有知识，没有这种知觉，我们则只可以想象、猜度或信仰，却不能得到什么知识。"①理性主义的知识理论反对知识来源于经验，认为知识是人类理性的结果。柏拉图把"知识"与"意见"相区别，认为知识是人类理性的结果，是"超感觉的永恒的世界的"②。近代哲学的始祖笛卡尔以从蜂巢里取出蜂蜡为例来说明感官经验的不可靠，强调精神在认识外界事物中的重要性。③ 莱布尼茨把知识分为直观的知识、推理的知识和感觉的知识，他认为那些感觉对于我们的一切现实认识虽然是必要的，但是不足以向我们提供全部知识。我们的经验要形成知识则需要依赖我们的天赋观念。④康德在《纯粹理性批判》中对意见、信念和知识进行了区分。他说："意见是一种被意识到既在主观上又在客观上都不充分的视其为真。如果视其为真只是在主观上充分，同时在客观上都不充分的话，那么它就叫作信念。最后，主观上和客观上都是充分的那种视其为真就叫作知识。主观上的充分性叫作确信（对我自己而言），客观上的充分性则叫作确定性（对任何人而言）。"⑤总之，理性主义的"知识"概念往往重视知识构成中的逻辑成分以及知识形成中的理性作用。

（二）超越经典知识理论的微观知识理论

经验主义的知识理论与理性主义的知识理论往往各执一词，忽视了人类认识是一个复杂的实践活动。近代知识论受到批评者质疑的主要原因在于近代知识论的表征主义特征（representationalism），即认为知识的本性是内在心灵对外部对象的表征，而且往往把注意力集中在命题性知识之上，把知识理解为得到辩护的真信念（justified true belief）。古典主义的知识论忽视了知识与人类的日常生活实践的密切关系，这必然会被微观知识理论所取代。微观知识理论的"微观"并不指的是"小的""非主流"的知识理论，而是类似于利奥

① ［英］洛克. 人类理解论［M］. 关文运，译. 北京：商务印书馆，1997：515.

② ［英］罗素. 西方哲学史（上）［M］. 何兆武，李约瑟，译. 北京：商务印书馆，1963：162.

③ ［英］罗素. 西方哲学史（下）［M］. 马元德，译. 北京：商务印书馆，1963：88-89.

④ 王建军，李国山，贾江鸿，编著. 欧美哲学通史（近代哲学卷）［M］. 天津：南开大学出版社，2007：190-196.

⑤ ［德］康德. 康德三大批判合集［M］. 邓晓芒，译. 北京：人民出版社，2009：542.

塔所说的与宏大叙事相对的"叙事性知识"，是指内在于人类实践活动和日常生活中的弥散化的、微观化的知识形态。目前学界，用对当代西方教师实践性知识思想产生重要影响的微观知识理论——个人知识与默会知识理论、地方知识理论以及实用主义知识理论来阐述其与当代西方教师实践性知识思想的关系。

1. 默会知识理论

默会知识理论在许多哲学家的思想中都有所体现，不过对默会知识做出直接贡献的哲学传统有波兰尼传统、后期维特根斯坦传统和现象学—诠释学传统。① 这三种传统都对人类知识的默会维度进行了充分的关注。

维特根斯坦传统区分了强的默会知识概念和弱的默会知识概念。强的意义上的默会知识，是指原则上不能充分地用语言加以表达的知识；弱的意义上的默会知识，是指事实上未用语言表达，但并非原则上不能用语言表达的知识。② 虽然维特根斯坦传统对默会知识进行的区分对理解人类知识的默会维度具有重要意义，但是将默会知识带入学术视野的却是英国的科学哲学家波兰尼。波兰尼针对 17 世纪科学革命以来形成的明述知识的理想，将人类知识的默会维度视为自己知识论的基石。波兰尼的那句名言"我们所知道的远远多于我们所能言说的"成为其默会知识的宣言。波兰尼把人类的知识形态分为两种：言述知识（articulate knowledge）和非言述知识（inarticulate knowledge）。前者通常被描述为知识的，即以书面文字、地图和数学公式加以表述的知识；后者是未被表述的知识，如我们在做某事的行动中所拥有的知识。③ 明述知识是用语言符号来表达的，人们掌握明述知识的前提是要理解语言符号的意义，而理解力是一种默会能力。波兰尼把理解看作一种核心的认知能力。只有理解进而信服某个数学证明，才能说掌握了某种数学知识。数学符号、文字、地图等会传达各种信息，但是不会传达对这种信息的理解。④ 关于默会知识，波兰尼指出语言的陈述性使用包含了逸出言述框架的内容，这就是人在使用语言过程中所诉诸的各项默会能力，它们在本质上是非言述所能穷尽的。正所谓"言外之意""弦外之音"等，都说明这种思想。虽然明述知

---

① 郁振华. 人类知识的默会维度［M］. 北京：北京大学出版社，2012：5.

② 郁振华. 人类知识的默会维度［M］. 北京：北京大学出版社，2012：18.

③ Michael Polanyi.（1959）. *The Study of Man*［M］. Chicago：The University of Chicago Press：12.

④ 郁振华. 人类知识的默会维度［M］. 北京：北京大学出版社，2012：51.

识与默会知识有所不同，甚至波兰尼更强调默会知识的优先性，但是波兰尼仍然认为默会知识与明述知识存在密切的关系，是相辅相成的，人们的实践是明述知识与默会知识的综合体。波兰尼总结道：

> 默会知识和明述知识是相对的，但是两者不是截然分离的。默会知识是自足的，而明述知识则必须依赖被默会地理解和运用。因此，所有知识不是默会知识就是根植于默会知识。一种完全的明述知识是不可思议的。①

现象学—诠释学传统的默会知识理论包括海德格尔、梅洛·庞蒂等经典作家对人的行动的诠释。海德格尔将"领会"或"解释"视为默会知识的重要形态，并将理解上升为存在论的高度。海德格尔说："领会的筹划活动本身具有使自身成形的可能性。领会在解释中有所领会地占有它所领会的东西。领会在解释中并不成为别的东西，而是成为它自身。在生存论方面，解释植根于领域，而不是领会生自解释。"②梅洛·庞蒂强调知觉在人的实践中发挥的作用，而知觉便蕴涵着大量的默会知识。

2. 实用主义知识理论

继理性主义和经验主义的知识概念提出之后，诞生于 19 世纪末 20 世纪初的实用主义知识理论提出一套有别于理性主义和经验主义的知识概念，它认为是否称得上"知识"关键看其有用性或者说是"效用"。实用主义知识理论是支配美国资本主义发展甚至美国人民生活的知识理论，它对当代西方教师实践性知识思想也产生了重要的影响。

实用主义知识理论的代表人物皮尔士把认知过程看作从"怀疑到信念的探索过程"。皮尔士认为任何人为了求得生存，都必须采取一定行动，而为了使行动有效，又必须使行动符合一定的习惯，习惯也就是行动的规则，它们规定了人在一定条件下应如何行动才能获得短期的效果。习惯如果被接受，就成为人们的信念。一个信念是一种行为习惯，不同的信念产生不同的行为方

---

① Michael Polanyi. (1969). *Knowing and Being*[M]. London：Routledge：144.

② ［德］马丁·海德格尔. 存在与时间[M]. 陈嘉映，王节庆，译. 北京：生活·读书·新知三联书店，2006：173.

式。皮尔士认为探索的目的在于确定信念或者确定意见。① 皮尔士把知识看作使行动有效的信念。实用主义的另一代表人物詹姆士（James，W.）认为："'它是有用的，因为它是真的'；或者说，'它是真的，因为它是有用的'。这两句话的意思是一样的。"②詹姆士的这句名言被视为他的知识观的最有力宣言。詹姆士把有用当作衡量知识的标准。杜威把"经验"视为与"知识"（knowledge）特别是与"识知"（knowing）等同的概念。杜威认为知识是在行动中产生的结果，而识知鲜明地指向"探究的过程"。认知性经验来自识知的过程，而识知来自探究的过程。由于杜威所谓的知识是在（人类）行动范畴中来讨论的，所以知识与经验密切相关。杜威指出知识的对象不是传统哲学讲的那种终极的"实在"，而是可以变化、可以利用的工具性的自然。他认为思想、知识是人应对环境的工具，思想发挥工具作用的过程，就是探索和实验的过程。杜威认为真正的知识都有依附于有效率的习惯的实用价值和经验意义，而且与周围事物保持着各种联系。杜威说："所谓知识就是认识一个事物和各方面的联系，这些联系决定知识能否适用于特定的环境。"③从杜威对知识的定义来看，杜威秉持的是实用主义的认识论，杜威的知识是一种行动中的知识，这种知识考虑到我们自己和我们生活世界之间的联系。新实用主义的代表人物罗蒂也强调知识的真实与正确是一个社会实践问题，离开具体的社会实践，探求一种与实在相符合的真观念，实际上是做不到的。实用主义者根据社会行动来描述真理，主张人们不应该追求客观性，成为客观性的奴仆，而应该追求人们在实践中的协同性。④ 罗蒂把成功地指导我们与世界打交道的认识称为真的认识。这与杜威对"真正的知识"的理解是一脉相承的。

总之，实用主义知识理论流派内部对知识的看法可能存在差异，但是他们对知识的看法具有一些共同的特征。比如知识是行动中的知识，知识源自人们日常经验中的实践，衡量经验的标准是能够解决现实生活中人们遇到的问题，知识不是一成不变的，而是与一定的价值和情境融合在一起的。当代

① 涂纪亮. 从古典实用主义到新实用主义[M]. 北京：人民出版社，2006：140-141.

② [美]威廉·詹姆士. 实用主义[M]. 陈羽纶，孙瑞禾，译. 北京：商务印书馆，1979：104.

③ [美]约翰·杜威. 民主主义与教育[M]. 王承绪，译. 北京：人民教育出版社，2001：358.

④ 王元明. 行动与效果：美国实用主义研究[M]. 北京：中国社会科学出版社，1998：30.

西方教师实践性知识的许多思想都能从实用主义知识理论中寻找到影子，特别是杜威的实用主义知识理论对当代西方教师实践性知识思想的影响更为明显。

3. 境域主义知识理论

境域主义（contextualism）①知识理论是与地方性知识（local knowledge）或本土知识（indigenous knowledge）等相近但又有所不同的知识理论。维特根斯坦后期提出的"家族相似"学说说明了"境域主义知识"与"地方性知识"或"本土知识"都属于一个家族，彼此都有着这样那样的"家族相似"，但又不完全相同。在传统知识论走向衰落之时，境域主义知识论逐渐受到学界的关注。②

"地方性知识"是文化人类学家吉尔兹提出的知识理论。吉尔兹把地方性知识视为支配当地人们日常行为规范的知识系统，它扮演着当地的"法律"："诸如以没有律师的法律，没有制裁的法律，没有法庭的法律，或者没有先例的法律等为标题的不断问世的书刊文章似乎到头来只能归结为没有法律的法律这一标题。"③地方性知识作为当地的"法律"在合法化着当地人们的行动，称为支配人们的行动准则。地方性知识或本土知识是当地人们生活依赖的知识体系，是当地人民的智力财富。地方性知识或本土知识强调知识的本土性、政治性和文化性，而境域主义知识则强调知识发生的情境、背景和条件。境域主义知识与地方性知识或本土知识都注重知识的整体性和文化性，不过境域主义知识不像本土知识那样具备较强的政治性（反抗压迫者的知识形态）。境域主义知识理论就其本性而言，更多地表现为一种境遇性（contextual）和地方性（local）的特征。境遇（context）成为讨论知识问题不可忽视的因素。境遇主义知识的获得是直接与个人认识相关的，而"认识"一词是语境敏感的：在

① 对"contextualism"有的学者翻译为"语境主义"，它强调知识发生的语境。不过contextualism 这一词的词根是 context，《牛津高阶英汉双解词典》（第 7 版）对"context"的解释是：①（事情发生的）背景，环境，来龙去脉；②上下文语境。这就是说"contextualism"除了有"语境"之意外，还有事情发生的背景或环境。这种事情发生的背景或环境也可能是无声的，仅仅是行动的或实践的，是一种类似解释学所说的"视域"，因此，笔者将"contextualism"翻译为"境域主义"，强调从诠释学"理解与诠释"的角度来认识知识问题。

② 尤洋. 认识语境与知识的客观性[J]. 科学技术哲学研究，2011(1)：28-33；曹剑波，张立英. 知识论语境主义对怀疑主义难题的解答[J]. 厦门大学学报（哲学社会科学版），2007(3)：19-26.

③ [美]克利福德·吉尔兹. 地方性知识——阐释人类学论文集[M]. 王海龙，张家瑄，译. 北京：中央编译出版社，2000：224.

不同的场合，"认识"的意义和所指并不统一，这就导致"认识"在不同语境中有不同的认知标准。认识者在一种语境中拥有的认知立场可以使他认识某物，但在另一种语境下，由于该语境对认知提出更高的标准，因而站在同样的认知立场却不能认识某物，因此也就不能得到知识。普遍的知识标准是不可能的，知识只能在具体的语境下得到辩护。语境主义知识观的基本立场是：

> 承认不同个体的认知具有差异性，同时承认存在主体间性，个体可以通过语言交流达到某种程度的意义理解和阐释，但是其背后仍然具有语境敏感性和依赖性；承认个体认知对知识形成的基本作用：个体认知仍然是重要的认识论研究维度，不能以社会认知取代个体认知。从个体认知的维度讲，语境主义知识观更加关注知识产生与辩护的个体所处的语境（信念、背景知识等）以及个体差异性（感知、操作能力等）、个体的科学实践活动与知识的特定性关系。[1]

在境遇主义知识观的框架下，人类的实践活动过程是一种理解性活动，人类的行动、实验仪器、社会角色和个体角色都可以被看作文本，具体境遇为其提供了自身意义的可理解性。境遇主义知识观在社会维度上更加强调某种具体的地方性的社会背景。个人和共同体的背景信念等社会、历史和文化因素，通过影响处于地方性情境中从事科学实践的科学家及共同体，最终影响知识的内容，形成地方性和境遇性知识。境域主义知识观的基本特点在于：它是一种面向实践的解释学，就是用对知识生成的辩护代替对知识真伪的证明，以对实践活动的澄明代替对命题陈述的逻辑分析，以多元的标准代替单一的标准。

第三节　实践性知识与教师实践性知识

实践性知识（practical knowledge）作为一种知识形态存在于人们的日常生活世界中，是指导人类行动的知识。本书的实践性知识的"实践"与"知识"概念主要是在上述对"实践"与"知识"理论考察基础上的逻辑演绎，这种逻辑演绎是建立在对当代西方教师实践性知识思想的理解与诠释的基础上的。教师

---

① 王娜. 语境主义知识观：一种新的可能[J]. 哲学研究，2010(5)：92.

实践性知识是实践性知识在教育领域的具体表现方式，它表现出特殊的属性。那么下文将对实践性知识进行理论阐述，并在此基础上探究教师实践性知识的理论逻辑。

一、实践性知识是意向性和规范性的知识形态

实践性知识是价值与事实融合的知识，它融合于实践者的存在。实践性知识存在于人们日常生活的方方面面。实践性知识及相关理论的探讨也因此在人类知识发展史上占据着重要地位。

古希腊哲学家亚里士多德、近代哲学家康德以及当代哲学家欧克肖特等都有与此相关的理论阐释。亚里士多德区分了实践之知或伦理之知（价值知识）与科学之知（事实知识）。亚里士多德把前者称为 phronesis，把后者称为 episteme。科学之知是一种关于不变的事物的知，以证明为根据，可教也可学。而伦理之知则不是固定的，它既不可教也不可学，它是人的全部教化、传统、文化、历史的结果，它是存在性的知。亚里士多德还提到第三种知，就是技术之知，比如工匠手艺的知识。技术之知是一种可教可学的知识。人可以学一门技艺，可以因而掌握一种能力，但人永远无法通过学习知道。伦理之知是在实践行动中实现自己。[①] 亚里士多德的科学之知更多是与事实性知识相关，它是有关"是什么"的知识。而实践之知或伦理之知与价值性知识相关，它是有关"应该如何"的知识，而技术之知是有关"如何做"的知识。近代伟大的哲学家康德有与实践性知识相关的论述，这主要表现在他有关"理性"的思想。他把理性分为理论理性与实践理性，其中理论理性与"我可以知道什么"有关，与亚里士多德的"科学之知"类似；实践理性与"我应当做什么"有关，与亚里士多德的"实践之知"或"伦理之知"类似。然而，康德哲学还停留在道德层面，道德哲学的特点限于"应然"。对于"应当"转化为现实的问题，康德未能给予充分关注。欧克肖特（Michael Oakeshott）的思想受到亚里士多德思想的明显影响，他认为包括科学和艺术在内的一切人类活动都包含两种知识，即技术知识（technical knowledge）和实践性知识（practical knowledge）。技术知识是一种命题性知识，可以用规则、原则、指令、准则来表述；实践性知识通常表达为一种习惯性的或传统的行事方式，或简单地说，表达为实

---

① 张汝伦. 历史与实践[M]. 上海：上海人民出版社，1995：189-190.

践，是用行动和实践来表达的知识。① 欧克肖特批判了西方近代理性主义技术的至上性，即认为技术知识是一切人类活动中唯一的知识要素，而不承认实践性知识是一种合法的知识形态。欧克肖特主张实践性知识优先于技术知识，它以烹饪书与烹饪之间的关系为例来说明实践性知识优先于技术知识。他认为烹饪书汇集的是技术知识，是烹饪的实践知识的抽象，前者是衍生的，后者是原始的。

总之，亚里士多德、康德和欧克肖特的实践性知识思想是一脉相承的，他们都强调了实践性知识的优先性。理论性知识更多地关乎"是什么"（knowing that），其内容通常不限于特定的行动情境：它既形成于该情境，也非仅仅适用于该情境。实践性知识则较直接地涉及"如何做"（knowing how），其内容与特定的行动情境具有更切近的关系：尽管其中也包含普遍的内涵，但这种内涵往往与具体的情景分析相联系，并融合了对相关情境的认识和理解。② 然而人类的实践是一个综合性的活动，实践（行动）过程往往既渗入理论性的知识，又涉及实践性知识；既包括确定性的科学之知，也包括不确定的伦理之知；既包括"知道什么"的事实性知识，也具备"应该如何"的伦理指向。杨国荣提出"人性能力"的概念，它是指"内在于人（同人存在）的本质力量，这种本质力量既是成己与成物所以可能的前提，又在成己与成物的过程中得到现实确证"③。成己与成物作为人类实践活动的全部内容，实践性知识体现在成己与成物的过程之中，即体现在人类的实践之中。人类实践是一个维度中的复合体，它以真善美为指向，涉及认识、道德、审美等领域。认识能力与"可以认识什么"（what can I know）相联系，这体现于知什么（knowing that）、知如何（knowing how），等等。道德实践能力与"应当做什么"（what ought I to do）相关联。道德实践能力体现在道德选择、道德评价等过程，是内在于自觉、自愿、自然相统一的道德行为。审美能力相应于合目的性与合规律性的统一。审美能力体现于美的创造和判断。那么对应于人类实践的多维度，人类的实践性知识也不仅仅是单维度的认识论层面，而且还涉及道德、审美等层面。而"实践性知识"（practical knowledge）的"实践"（practical）在英文世界

① 郁振华. 人类知识的默会维度［M］. 北京：北京大学出版社，2012：80.

② 杨国荣. 论实践智慧［J］. 中国社会科学，2012(4)：12.

③ 杨国荣. 成己与成物——意义世界的生成［M］. 北京：北京大学出版社，2011：82-83.

中的含义也包括认知、道德、审美等多个维度。杨国荣将人性能力分为"感知与理性，想象、直觉、洞察(insight)，言与意，体验以及判断力"五个维度。①然而，实践性知识虽然与人性能力类似，但是又超越了人性理性，超越之处在于实践性能力除了包括人性能力的以上维度之外，还具有道德的维度，这就需要回溯至亚里士多德的"实践"本意，即"每种技艺与研究，同样地，人的每种实践与选择，都以某种善为目的"②。而"体验"正如"理解"一样都体现在人类实践之中，是人类实践的存在方式。结合康德将人类的能力分为感性能力、知性能力和理性能力，本书将实践性知识定义为指导人类进行意向性和规范性实践活动过程中的知识形态存在方式。它包含感知与理性，想象、直觉与洞察，言与意，判断力和德性四个维度，这四个维度的交互融合共同构成人类实践性知识的维度。

(一)感知与理性

实践性知识作为人类实践中的知识形态，首先包含着感知与理性的维度。感知表现为因"感"而知。这里的"感"既以"身"(感官)为出发点，又表现为人与世界之间基于"身"的相互作用。"知觉，或者通过感官的作用而在心灵中引起的印象，是理解的一个活动。知觉的观念是这样的，即它不能通过任何论述来获得，只有在我们被某种感觉触动时，对我们所感受到的东西做一次反省，才能提供这种观念。"③感知与理性存在着密切的联系。人不同于动物的感知在于其不仅仅依赖感官，而是以不同的形式受到理性的制约。从日常的知觉到科学的观察，我们都可以看到理性对感性的渗入。康德把人的认知能力分为感性、知性与理性。康德说："通过我们被对象所刺激的方式来获得表象的这种能力(接受能力)，就叫作感性。所以，借助于感性，对象被给予我们，且只有感性才给我们提供出直观；但这些直观通过知性而被思维，而从知性产生出概念。"④理性能力体现为认知、评价、实践的各个环节。理性能力通过分析与综合、归纳与演绎、逻辑推论与辩证思维等的统一，逐渐提供

①　杨国荣. 成己与成物——意义世界的生成[M]. 北京：北京大学出版社，2011：88-116.

②　[古希腊]亚里士多德. 尼各马可伦理学[M]. 廖申白，译注. 北京：商务印书馆，2003：3.

③　[法]孔狄亚克. 人类知识起源论[M]. 北京：商务印书馆，1989：20.

④　[德]康德. 三大批判合集[M]. 邓晓芒，译. 北京：人民出版社，2009：23.

世界的真实图景。认知意义上的求其真与评价意义上的求其善，构成同一理性的两个方面，理性的能力则具体表现为在得其实然（真）的同时，又求其应然（善）。同样，作为实践过程中相互关联的环节，手段的合理性（有效性）与目的的合理性（正当性）表现为同一理性的两个方面。因此，工具理性与价值理性是具有相对的意义的。

（二）想象、直觉与洞察（insight）

实践性知识包括想象、直觉与洞察。与理性的逻辑思维形式相比，想象、直觉与洞察在相当程度上呈现超越逻辑程序的取向，其特点在于以非理性或不同于理性的方式展示人的能力。想象在认识论上表现为探寻、发现、展示多样的可能，并在不同的对象、观念之间建立可能的联系。想象是知识生成的方式之一，没有想象将不会产生任何知识。在经验的层面，尽管经验材料的获得主要通过感知、观察等途径，但由多样的经验材料综合为有意义的知识系统，往往需要借助想象。康德认为想象力是一种先天综合能力，他说："作为人类心灵基本能力的纯粹想象力，它为一切先天知识奠定了基础。借助于这种纯粹想象力，我们把一方面即直观杂多和另一方面即纯粹统觉的必然统一性条件结合起来了。感性和知性必须借助于想象力的这一先验机能而必然地发生关联。"①直觉关涉对世界和人自身的理解、领悟与认识背景、过程之间等关系。直觉的特点在于超越既成思维模式。与直觉及想象相联系的是洞察或洞见（insight）。而且三者存在着密切的关系："就对象性的认识而言，想象主要展示事物之间可能的联系，直觉更多地涉及逻辑程序及常规思路之外的存在形态，洞察则进一步指向事物或对象的本质规定和具有决定意义的方面。就人自身的认识形态而言，想象使人打开更广的视野，直觉赋予人以新的思路和理解，洞察则进而使人在达到整体领悟的同时获得内在的贯通。"②想象所提供的可能之域，往往构成洞见形成的背景；直觉则不仅通过超越既成思维模式和程序而为思考进路的转换提供前提，而且常常直接地激发洞见。

---

① ［德］康德. 三大批判合集［M］. 邓晓芒，译. 北京：人民出版社，2009：114.
② 杨国荣. 成己与成物——意义世界的生成［M］. 北京：北京大学出版社，2011：101.

（三）言与意

实践性知识也总是包含在人们的日常语言实践中，人们的日常语言实践往往传达着实践性知识。有意义的语言总是包含具体思想，自觉、系统形态的思想，其凝结、发展、表达也离不开语言。后期维特根斯坦抛开语词的形而上学用法而回到其日常用法上来。后期维特根斯坦强调对"知识"一词在具体情境中的考察，即注意这个词在普通的日常语言中的实际用法，而不是按照一种纯粹认为约定的理想语言去规定它的用法。日常语言分析哲学也注重日常说话方式的分析，认为语言在不同的日常情境中可能传达不同的意义，即不同实践性知识的表达。语言对思想或意义的作用首先表现在它使概念性思维成为可能。概念所内含的意义，总是需要语言来加以确定、凝结。没有语言，概念的形成便失去前提，而缺乏概念，则概念性的思维也难以想象。作为把握世界的形式，语言不仅构成认识对象的条件，而且使知识经验的凝结、积累成为可能。通过语言系统，知识经验得以在知行过程的历史发展中逐渐积累，从而使之能够前后传承。[①]

语言传达了意义，实践性知识就存在于语言传达意义的过程中。语言作为人们叙事的媒介存在于人们的日常生活实践当中，比如存在于人们相互间的交谈、故事（故事传达了叙事者想要传达的实践性知识）、会议（会议座次、空间也在一定程度上反映了组织者的语言意义）、眼神、微笑（微笑可能在不同的场合传达不同的实践性知识）、身体（身体语言）、穿着（穿着代表一种肢体语言）等生活实践中。这些日常实践既是实践性知识存在的载体，也是实践性知识生成的源泉。总之，与其说语言是实践性知识存在的媒介，还不如说语言是实践性知识的存在方式。

（四）判断力与德性

判断力以理性、感知、想象、直觉、洞察等方面的交融和互动为前提，表现为分析、比较、推论、确定、决断等活动的统一。判断力与实践性知识存在着密切的关系。做出认识论意义上的判断，往往意味着形成某种知识。"作为人性能力的体现形式，判断力的特点之一在于沟通显性的知识系统与缄

---

① 杨国荣. 成己与成物——意义世界的生成[M]. 北京：北京大学出版社，2011：107.

默的知识背景，在这一过程中，它体现了自觉的确认、判定与潜在的预期、推论等认知活动的交融。"①在人类实践中，判断力作为实践性知识的维度展示着人们对事物、对实践的认知及判断的能力。无论是事实的认知抑或价值的评价，都渗入判断力的作用。比如感性材料或概念形式往往提供给我们认识的条件或前提，但是如果形成关于相关对象的认识，则需要做出具体的判断。康德对判断力有过经典的论述，他认为"一般判断力是把特殊思考为包含在普遍之下的能力"②。在康德看来，判断力架起了沟通一般与特殊、知性与理性、认识与价值的桥梁。早期的逻辑学家也将判断视为一种实践性知识的一个维度，认为"判断是一种心灵活动，由之对某事物做出肯定，或对另一事物做出否定"③。英国启蒙运动时期哲学家托马斯·里德驳斥了洛克对知识与判断的区分，认为知识与判断是融合在一起的，他说："在知识中，我们不加怀疑地判断，在观点中，判断掺杂着某种怀疑。……人类知识绝大部分存在于既没有直觉证据也没有演证证据的事物中。"④总之，判断力作为实践性知识的一个维度，它渗入实践或行动的技能、技艺，并融合了如何做之知（knowing how）。

对行动实践做出判断，这需要德性维度，即包含道德的价值维度。实践性知识的道德维度往往受到人们的忽视，对实践性知识道德维度的理解需要回溯到古希腊的亚里士多德的实践哲学思想。亚里士多德把德性看作使一个事物状态好并使得其实现活动完成得好的品质。他还将德性分为理智德性和道德德性。理智德性主要是通过教导而发生和发展，它需要经验和时间。道德德性是通过习惯养成的。⑤ 亚里士多德所说的德性融合于实践性知识当中，获得德性与做合德性的事是一回事。我们不是先获得德性再做合德性的事，而是通过做合德性的事而成为有德性的人，也就是说德性是实践中的德性。实践中的德性对实践具有规范引导作用。在行动实践的展开过程中，行动的

---

①　杨国荣. 成己与成物——意义世界的生成[M]. 北京：北京大学出版社，2011：113.

②　[德]康德. 三大批判合集[M]. 邓晓芒，译. 北京：人民出版社，2009：229.

③　[英]托马斯·里德. 论人的理智能力[M]. 李涤非，译. 杭州：浙江大学出版社，2010：287.

④　[英]托马斯·里德. 论人的理智能力[M]. 李涤非，译. 杭州：浙江大学出版社，2010：302.

⑤　[古希腊]亚里士多德. 尼各马可伦理学[M]. 廖申白，译注. 北京：商务印书馆，2003：35.

规范性主要是通过引导、约束或限定来对行动的意向性加以调节。规范常常以"应当"或"应该"为其内涵，它关乎"做什么"，也涉及"如何做"。在"应当"或"应该"的形式下，二者都具有引导的意义：其中"做什么"主要从行动的目标或方向上指引人，"如何做"则更多地从行为方式上加以引导。① 有德性的人对其实践行动有规范作用，从而实现对好的、幸福生活的追求。赵汀阳将追求幸福生活视为人生实践或者行动的最终目的。他将人生活动分为行动（action）和行为（behavior）原则。这两种原则从目的论的角度来看存在着差异。"一个活动，如果它表现为以可能的方式去达到某种结果，那么它是一个行动；如果表现为以被允许的方式去行动，则是一个行为。"②行动原则是一种质量原则，它要求的是合目的性，就意味着追求卓越德性。本书中的"实践"概念等同于赵汀阳的"行动"概念，那就是追求善的、幸福的行动。这样，德性与实践、实践性知识就构成密切联系的整体，德性也成为引导人类更好地实践从而实现幸福生活的品质。

二、教师实践性知识具有实践性知识的特殊性

教师实践性知识是指教师作为教师所具有的实践性知识。教师实践性知识是实践性知识的具体表现形态，除了具备实践性知识的以上基本特征之外，其特殊属性在于教师作为教育专业人员的特殊属性。

教师作为教育专业人员的特殊属性归根结底在于教育的特殊性。教育作为一种社会实践活动与人类的历史一样漫长。无论是英语、法语还是德语，"教育"一词均来自拉丁文 educare。educare 一词在拉丁文中有"引出"之意，就是采用一定的手段，把某种本来就潜藏在人身上的东西引导出来，从一种潜质转变为现实。在我国古代汉语中，"教""育"这两个字最早出现在甲骨文中，它们都是象形字。其中"教"在甲骨文中像有人在旁边执鞭演卜，下面小孩在学习的形象。"育"在甲骨文中意思是像妇女养育孩子之形。最早将"教""育"二字用在一起的是孟子，他在《孟子·尽心上》说："得天下英才而教育之，三乐也。"后来随着教育事业的发展，对"教育"本质的理解也存在着一定的差异性，甚至可以说一部教育史就是一部对教育本质的认识史。不过，人

---

① 杨国荣. 成己与成物——意义世界的生成[M]. 北京：北京大学出版社，2011：332-333.

② 赵汀阳. 论可能生活（修订版）[M]. 北京：中国人民大学出版社，2010：109.

们对教育的本质属性认识虽然存在差异，但是教育被认为是"培养人的活动"："在中外教育史上，尽管对于教育的解说各不相同，但存在着一个共同的基本点，即都把教育看作是培养人的活动。这是教育区别于其他事物现象的根本特征，是教育的质的规定性。如果失去了这一质的规定性，那就不能称之为教育了。"①教育作为"培养人的活动"的本质属性决定了教师实践性知识在"成人"过程中的价值导向作用。因此，教师工作的教育属性，决定了教师实践性知识具有实践性知识的一般性，同时也具有实践性知识的特殊性，教师实践性知识是实践性知识一般性与特殊性的统一。② 教师实践性知识具备实践性知识的一般性，这表现为实践性知识的认识论意义，即感知与理性，想象、直觉与洞察，言与意，判断力与德性。而教师实践性知识具备实践性知识的特殊性，这表现为实践性知识的价值论意义，即"德性"在教育领域的具体体现。在具体教育教学实践中，教师在面临教育情境时做出何种教育判断，这往往没有确定的方法，这需要根据教育情境来判断，正所谓"教无定法"。在这方面，孔子为我们做出表率。在《论语》中，有子路、冉有与孔子这样一段对话：

> 子路问："闻斯行诸?"子曰："有父兄在，如之何其闻斯行之?"
> 冉有问："闻斯行诸?"子曰："闻斯行之。"
> 公西华曰："由也问闻斯行诸，子曰，'有父兄在'；求也问闻斯行诸，子曰，'闻斯行之'。赤也惑，敢问。"子曰："求也退，故进之；由也兼人，故退之。"③

---

① 王道俊，王汉澜. 教育学(新编本)[M]. 北京：人民教育出版社，1999：28.

② 笔者认为，包括医生、律师等在内的专业人员都有自己的实践性知识，他们与教师的实践性知识具有一般性，同时也具有各自的特殊性。比如，医生实践性知识特殊性表现在救死扶伤、减轻病人的痛苦、给予病人最大程度的身心健康，而律师实践性知识的特殊性表现在维护社会公正以及保护个人生命财产不受侵害。

③ 李泽厚. 论语今读[M]. 北京：生活·读书·新知三联书店，2008：332. 翻译为：子路问："知道了就去做吗?"孔子说："有父亲、兄长活着，怎么可以知道了就去做?"冉有问："知道了就去做吗?"孔子说："知道了就去做。"公西华问："子路问，知道了就去做吗? 你说有父、兄活着。冉有问知道了就去做吗? 你说知道了就去做。我很疑惑，请问。"孔子说："冉有行为退缩，所以我鼓励他前进。子路行动胜过别人，所以我要抑制他。"

孔子面对两位弟子问同样的问题时却做出两种不同的回答，这实际上是孔子基于不同学生特点所做出的判断，孔子的实践性知识实际上通过他的这种教育判断体现出来。这种实践性知识具备了价值判断，即通过这种因材施教的教育观，促进子路与冉有个体的发展。因此，教师实践性知识的特殊性实际上体现了教师工作的特殊性，这种特殊性使得教师实践性知识不仅超越了知识的认识论意义，超越了普通实践性知识的德性意义，而且具有价值性，即具有教育的意义。这种教育的意义具体体现为是否促进了学生的发展，是否为了学生好的、幸福生活。促进学生发展的实践性知识就是好的、有效的实践性知识。

总之，基于对上述"实践""知识""实践性知识"、教育属性以及教师作为教育专业人员属性的考察，本书试图给教师实践性知识下这样一个定义：教师实践性知识是教师在日常教育生活世界中认知教育活动的知识存在形态，它包括感知与理性，想象、直觉与洞察，言与意，判断力与德性四个维度。教师实践性知识衡量其有效性的标准是促进学生的身心发展，有助于学生好的、幸福生活的养成。教师实践性知识是教师在教育实践中理解与体验教育实践过程中形成并运用于教育实践的知识类型。基于对"实践""知识""实践性知识"等基本理论的考察，结合当代西方教师实践性知识思想的内容及发展脉络，本书将当代西方教师实践性知识思想划分为以下几种流派：日常生活经验的教师实践性知识思想、反思行动的教师实践性知识思想、个人叙事探究的教师实践性知识思想、实践智慧的教师实践性知识思想。

第二章 日常生活经验的教师实践性知识思想

日常生活经验的教师实践性知识思想始于 20 世纪 80 年代初，其代表人物是以色列的教育学者埃尔巴兹。她于 1976 年年初开展了一项关于教师实践性知识的案例研究，并把教师实践性知识视为教师日常生活知识的特殊形式。埃尔巴兹的教师实践性知识思想主要体现在她的博士学位论文之中，后来她的博士学位论文《教师思维：实践性知识研究》（*Teacher Thinking：A Study of Practical Knowledge*）出版。另外，她的教师实践性知识思想还散见于一些学术论著中。埃尔巴兹的教师实践性知识研究的开展一方面使教师思维研究转向教师知识研究，从此教师知识研究特别是教师实践性知识研究进入教师教育领域；另一方面也开创了教师知识研究的微观叙事风格，这种风格的典型特征是通过叙事的方式研究教师实践性知识，并把教师实践性知识视为教师的日常生活知识的特殊形式。这为后来教师实践性知识的研究奠定了基础。本书将从理论基础、思想内容以及评价三个方面研究埃尔巴兹的教师实践性知识思想。

第一节　教师实践性知识与日常生活经验

埃尔巴兹的教师实践性知识思想的理论渊源很多，比如亚里士多德实践哲学理论、缄默知识理论、杜威实用主义的经验论等。但是对埃尔巴兹实践性知识思想影响最大的当属许茨（Alfred Schutz）的现象学社会学理论，特别是许茨的日常生活世界理论。下文将讨论作为埃尔巴兹教师实践性知识思想重要理论基础的现象学社会学理论，以及这一理论对埃尔巴兹教师实践性知识思想的影响。

一、教师实践性知识存在于日常生活世界中

埃尔巴兹的教师实践性知识是日常生活世界中的常识（common sense），埃尔巴兹的教师实践性知识思想明显受到许茨日常生活世界理论的影响。日常生活世界理论是胡塞尔"生活世界"（life world）理论的变体，它来源于胡塞尔的生活世界理论，但是又不同于胡塞尔的"生活世界"理论。有学者把许茨与胡塞尔生活世界理论的根本差异概括为"从纯粹认知的理论态度到实用实践的自然态度的转变"①。胡塞尔生活世界理论是在欧洲科学危机的背景下提出来的。胡塞尔生活世界理论告诉我们，科学也是人的主观精神活动构成的结果，只是科学作为一种人类客观的精神成果被人们使用之时，它形成之时人的主观的构成活动就被遗忘了，而这种遗忘正是要对欧洲科学的危机负责。在胡塞尔看来，生活世界先于科学世界存在。他指出"人并不总是具有科学兴趣，即使是科学家也并不总是埋头于科学研究……生活世界对于人类而言在科学之前已经一直存在了，正如同它后来在科学的时代仍继续其存在方式一样"②。胡塞尔认为只有通过回溯到生活世界，客观主义的科学的主观起源才可能澄清，而通过生活世界中的人的主观精神的构成作用，把科学与人的目的和价值联系起来，从而彻底解决欧洲科学的危机问题。其实，生活世界才是人的所有目的、意义和价值的来源和最终归宿。③ 许茨的"日常生活"和胡塞尔的"生活世界"概念都把生活世界作为不言而喻的预先给予我们的有效前提，都认为生活世界包含着历史传统和常识知识的文化积淀的结构，都在追求生活世界的主观的意义构造，都在为科学（包括自然和社会科学）奠定一个坚实的基础。④

---

① 张彤. 从先验的生活世界走向文化的日常生活[M]. 哈尔滨：黑龙江大学出版社，2011：189.

② ［德］胡塞尔. 欧洲科学的危机与超越论的现象学[M]. 王炳文，译. 北京：商务印书馆，2001：149.

③ 张彤. 从先验的生活世界走向文化的日常生活[M]. 哈尔滨：黑龙江大学出版社，2011：24-25.

④ 张彤. 从先验的生活世界走向文化的日常生活[M]. 哈尔滨：黑龙江大学出版社，2011：22.

然而，胡塞尔的生活世界理论是先验的，许茨对胡塞尔先验的生活世界不感兴趣，他感兴趣的是生活世界的历史文化的特征和与他人共在的社会性，以及常识思维的类型化。他认为，这些常识思维的类型化都是这个具体的、社会的、历史的生活世界所不可缺少的，它们在其中作为被认为理所当然的东西，作为从社会角度得到认可的东西处于优势地位。① 在许茨看来，常识世界、日常生活世界、日常世界、主体间性世界都是自然态度的生活世界的不同表述。许茨把生活世界看作日常生活的常识世界，日常生活是最高实在，社会世界正是奠基于日常生活世界之上的。许茨提出生活世界的目的正是在生活世界本身中探寻意义结构，从而发展社会世界的意义理论。在许茨看来，个体主观的理解同他人主体间性的理解与沟通，就是在日常生活世界中构成的，并在社会上得到个体的认同和理解的。因此，日常生活世界本身就是一种实在，并且是最高实在。② 许茨的日常生活世界是一个日常经验的生活世界，生活只有立足于日常生活的世界，才是真正的生活世界。人终究是一个意义的存在，是一个创造意义、解释意义、为了意义的存在。在日常生活中，我们并不和这种观念性的东西打交道，而是与某些具体的工具和价值打交道，与石头、狗、树木、房子、书本、朋友和家庭打交道，与各种类型的事物打交道，我们实际上接触的圆、直线、面并不是纯粹数学中的圆、直线和面，而是经验事物中类似的不精确的圆、直线、面。在日常生活世界中，我们的兴趣是被实践的考虑所指导的，我们对我们周围的事物并不具有纯粹的理论兴趣，而是具有突出的实践和实用的考虑。这样，一方面是关于日常的实践的境况的知识，它是每次实践都在其意图中所寻求和所需要的；另一方面则是绝对的科学的真理。我国学者从文化哲学的角度来研究日常生活世界理论，认为中国传统的根基是人们在经验、习俗和常识基础上建立起来的日常生活。③ 因此，中国传统的根基就构成许茨所说的日常生活世界，人们生活其中，人们的经验、习俗、常识、人际交往、教育等各种行为都在这一日常生活世界中发生关系。

埃尔巴兹正是在日常生活世界这一话语体系中展开她的教师实践性知识

---

① 张彤. 从先验的生活世界走向文化的日常生活[M]. 哈尔滨：黑龙江大学出版社，2011：109.

② 张彤. 从先验的生活世界走向文化的日常生活[M]. 哈尔滨：黑龙江大学出版社，2011：123.

③ 衣俊卿. 衣俊卿集[M]. 哈尔滨：黑龙江教育出版社，1995：396.

研究的。埃尔巴兹的教师实践性知识思想提出的"教师的经验世界"（teacher's experiential world）、周围环境（milieu）、情境取向（situation orientation）、个人取向（personal orientation）、经验取向（experiential orientation）、社会取向（social orientation）等概念均是在现象学社会学的日常生活世界话语体系中展开的。而且埃尔巴兹开展教师实践性知识研究的途径也是走进教师的日常生活世界，深入教师的课堂和现实教育教学情境，从教师的日常生活世界中去发展教师的实践性知识。

二、教师实践性知识是主体间性的知识形态

埃尔巴兹教师实践性知识是教师与周围环境及同伴相关关系的结果，它是一种主体间性（intersubjectivity）的关系。主体间性理论是蕴涵埃尔巴兹教师实践性知识的一个前提假设。主体间性理论是在日常生活话语体系下的主体间性。主体间性是主体间即"主体—主体"关系中内在的性质。主体和主体共同分享着经验，这是人们所说的"意义"的基础，由此形成主体之间相互理解和交流的信息平台。人们的活动在这种文化的氛围中进行，因而也就有了使所做的事情变得有意义的前提。意义通过主体间的交往而得以建立。主体之间通过分享经验，使得相互间的理解成为可能，并且因此而构成相互间的交流，达到一定的意义的共享。在许茨看来，常识世界、日常生活世界、日常世界、主体间性世界都是自然态度的生活世界的不同表述。可见主体间性理论与日常生活世界存在密切的关系，甚至可以说主体间性世界就是日常生活世界，日常生活世界本质上是主体间性世界。许茨指出："我的日常生活世界根本不是我的私人世界，而是从一开始就是主体间性的世界，是一个我与我的各种同伴共享的世界，是一个也由其他人进行经验和解释的世界；简而言之，它对于我们所有人来说是一个共同的世界。"①另外，许茨是以关于他人的主体间性的知识为起点来分析生活世界各主要结构。首先，是我们关于他人之此在的面对面的知识，它作为我们关于他人之所有知识的奠基性层面，是任何个体和社会群体在组织其经验时所依据的最基本的结构。其次，是我们关于他人之如何在的知识，这涉及的是一个群体相对自然的世界观，所有的主体以此为基础，组织他们作为该群体成员的经验，而笔者也从这个角度

---

① ［奥］阿尔弗雷德·许茨. 社会实在问题［M］. 霍桂桓，译. 杭州：浙江大学出版社，2011：334.

将他人理解成为相同群体的一个成员。最后，是我们对于他人行动的具体动机的知识，根据许茨独特的社会行动的理论，他把动机分为原因动机和目的动机。总之，所有这三个层面结合在一起，就构成我们日常生活的常识世界，我们在其中以一种实用的态度、出于实践的目的行动，并与他人相互协调达成一致。① 这三个层次体现了主体间性的关系，而在这种人与人之间的主体间性关系中生成常识知识，这种常识在某种程度上就是实践性知识。主体间性的世界也是一个文化世间。许茨指出："日常生活的世界从一开始就是一个主体间性的文化世间。它之所以是主体间性的，是因为我们作为其他人之中的一群人生活在其中，通过共同影响和工作与它们联结在一起，理解它们并被它们所理解。它之所以是一个文化世界，是因为对于我们来说，日常生活世界从一开始就是一个意义的宇宙，即它是一种意义结构。"②

许茨的主体间性理论源于胡塞尔的主体间性概念，但是主体间性对于胡塞尔来说是先验的、构造的，而对于许茨来说，主体间性恰恰是给予的、先在的、世俗的。因此，对许茨哲学思考和哲学研究来说，不在于获得先验的知识，或停留在现象学的先验还原的领域之内，而在于研究日常生活中的社会世界的意义现象，研究日常生活中人与人之间进行沟通和交往的意义的构造问题。③ 主体间性问题只有放置到生活世界之中才能得到真正的阐明，因而真正与他人共在是一种日常生活世界的共在，一种世俗自我的共在。而只有日常生活世界中的主体间的互动才是真正现实的生活世界，才是我们最重要的社会现实，也只有在日常生活世界之中相互影响的主体间性才是真正的主体间性，主体间性与生活世界也才能共融，才能和谐相处，才能成为一对亲密无间、相互包容的好同伴，生活世界与主体间性的理论才能真正成为一对互为前提、互相依赖的理论体系。④

埃尔巴兹把教师的日常生活世界看作教师与周围他人的主体间性关系。

---

① 张彤. 从先验的生活世界走向文化的日常生活[M]. 哈尔滨：黑龙江大学出版社，2011：91-92.

② Schutz, A. (1973). *Collected Papers I：The Problem of Social Reality*[M]. Martinus Nijhoff/The Hague：10.

③ 张彤. 从先验的生活世界走向文化的日常生活[M]. 哈尔滨：黑龙江大学出版社，2011：181.

④ 张彤. 从先验的生活世界走向文化的日常生活[M]. 哈尔滨：黑龙江大学出版社，2011：184.

埃尔巴兹在其开展的教师实践性知识案例研究中，莎拉（埃尔巴兹的研究对象，一所中学的英语教师）在自己的英语教学、阅读课和学习课中的不同表现以及对教学的不同理解就是在与周围同伴以及学生的交往中逐渐建立的。莎拉在构建自己的实践性知识过程中，她所面对的是人与人的关系世界，这种关系就是主体间性的关系。

三、教师实践性知识是教师"现有的知识储备"

埃尔巴兹教师实践性知识倡导的是建构主义知识观，建构知识就需要一定的知识基础，那么这种知识基础就是许茨所说的"现有的知识储备"（stock of knowledge at hand）。现有的知识储备是与情景密切相关的知识，它是建立在之前与情境相关的经验基础上的知识。同样地，目前的所有经验与当下的经验融合成为新的"现有的知识储备"，"知识储备"等同于"经验储备"。① 许茨认为，在个体生活的任何时刻都拥有现有的知识储备，这种储备是由有关常识世界的各种类型化（typifications）构成的。类型化的这种"储存"是常识生活所特有的。从童年时代起，个体就开始持续不断地积累大量的"诀窍"，这些"诀窍"成为他后来理解——或者至少可以说"控制"——他的各种体验方面的技巧。②

许茨还对现有的知识储备的特征进行了描述，他认为现有的知识储备具有以下几方面的特征：第一，对社会成员来说，知识储备组成一种最高实在，一种建构和引导所有社会事件的绝对现实的感觉，行动者运用这种知识储备作为背景，可以从容地在各种环境下面对他人进行行动。第二，知识储备是习得的，是通过共同社会和文化世界内的社会化过程而实现的，对于每一个保持自然态度的人来说，生活世界首先是一个文化世界，是一个从历史角度被给定意义的世界，常识的自然态度是以普遍有效性的历史形式和文化形式呈现给我们所有人的。第三，人们是在一些假定下行动的，即行动者必须与之相处的他人，也需具有共同的知识储备。第四，共同世界的假设使行动者得以进入类型化过程。通过类型化，行动者就能够高效地处理与周围世界的

---

① Schutz，A.（1973）. *The Structures of the Life-World*[M]. Evanston：Northwestern University Press：10.

② ［奥］阿尔弗雷德·许茨. 社会实在问题[M]. 霍桂桓，译. 杭州：浙江大学出版社，2011：引论5.

关系，他们所处情境的每一个细微差别与特征并不一定都要探究，重要的是，类型化便于进入社会世界，并可以使调适过程简单化，借此人们可以把他人分类并作为某种特定类型的典型课题来对待。①

埃尔巴兹的教师实践性知识的社会性也受到许茨"现有的知识储备"的影响。许茨的现有的知识储备是一种社会性的知识。许茨认为，我们关于这个世界的知识只有极少一部分是从我个人的经验中产生的，这种知识更大的部分来源于社会，是由我的前辈、我的家人、我的师长以及我的朋友传授给我的。这些知识包括各种生活方式，包括与环境达成协议的各种方法的关联系统，以及为了在类型情境中达到类型结果所需要使用的对付生存的各种有效的诀窍。另外，埃尔巴兹教师实践性知识思想的情境性和个体性还与许茨现有知识储备的社会分配有关。许茨还认为，知识不仅起源于社会，而且知识是从社会角度进行分配的，我在我的工作领域是专家，而在其他许多领域则是门外汉，你也同样如此。个体与个体之间实际的现有的知识储备各不相同。不仅一个个体所认识的东西与他的邻居所认识的东西不同，而且，他们认识"同一些"事实的方式也有所不同。知识在明晰性、独特性、精确性以及熟悉性方面程度各异。② 因此，教师实践性知识作为教师现有知识储备的特殊形式，也具有明显的个体性和情境性。

第二节　日常生活经验的教师实践性知识思想的内容

埃尔巴兹开始教师实践性知识的研究始于 20 世纪 70 年代末。这一时期教师参与课程开发受到广泛关注。然而，教师仍然被排斥在课程开发之外。教师仍然被认为是知识的传递者和消费者，而不是知识生产者。埃尔巴兹使用"实践性知识"（practical knowledge）是因为这一概念关注教师情境的行动取向和决策取向（action-and-decision-oriented），从某种程度上说是把主动建构知识作为自己的价值。她把教师的知识建构为一种功能，部分上说也是对情境的一种反映。另外，"实践性知识"的概念提供了概念基础，这一概念把教

---

① 张彤. 从先验的生活世界走向文化的日常生活［M］. 哈尔滨：黑龙江大学出版社，2011：87-88.

② ［奥］阿尔弗雷德·许茨. 社会实在问题［M］. 霍桂桓，译. 杭州：浙江大学出版社，2011：15.

师视为有价值资源的拥有者，这些资源能够使教师采取积极的行动形成他的环境，决定自己的工作风格和目的。教师拥有而不是依靠这些资源从事教学工作。① 这样使教师意识到自己是实践性知识的拥有者和产生者，从而有助于教师参与课程开发，有助于为教师赋权增能，从而从知识的角度提升教师的专业地位。本书将从教师实践性知识的发生场域、教师实践性知识的内容以及教师实践性知识的生成机制来论述埃尔巴兹的教师实践性知识思想。

一、教师的经验世界是教师实践性知识的发生场域

埃尔巴兹的教师实践性知识思想的前提是作为教师日常生活世界的经验世界。埃尔巴兹认为这是教师实践性知识发生的场域。"场域"(field)是布迪厄社会学理论的核心概念，他把场域定义为"在各种位置之间存在的客观关系的一个网络(network)，或一个构型(configuration)。正是在这些位置的存在和它们强加于占据特定位置的行动者或机构的决定性因素之中，这些位置得到客观的界定，其根据是这些位置在不同类型的权力(或资本)——占有这些权力就意味着把持了在这一场域中利害攸关的专门利润的得益权——的分配结构中实际的和潜在的处境，以及它们在其他位置之间的客观关系"②。布迪厄的场域概念是一个关系概念，指的是在一个客观网络中关系的交互作用。笔者认为，埃尔巴兹的教师的经验世界是教师实践性知识发生的场域。这是因为在埃尔巴兹看来，教师的经验世界是一个主体间性的关系网络，在这一关系网络中，教师与周围各种客观关系所形成的是一种以知识(knowledge)的生产、传承、传播和消费为主的关系网络，这一关系网络是一个包括各种利益权力关系的日常生活世界场域。

埃尔巴兹不是从理论探讨的途径，而是选取教师的日常生活世界来开展教师实践性知识的研究。她选取了加拿大一城市的一名中学英语教师——莎拉作为自己的研究对象。选择莎拉作为自己探究教师实践性知识研究对象的原因是莎拉是她的好朋友，这样便于建立一种融洽的合作关系，而且莎拉也是一位很敬业的、能够胜任教学的教师，因此，这对探究教师实践性知识是

---

① Elbaz, F. (1983). *Teacher Thinking: A Study of Practical Knowledge*[M]. New York: Nichols Publishing Company: 5-6.

② [法]皮埃尔·布迪厄. 实践与反思: 反思社会学引论[M]. 李猛，李康，译. 北京: 中央编译出版社，1998: 133-134.

较为有利的。埃尔巴兹认为莎拉的经验世界是她实践性知识的基础，她的经验世界使她理解自己信奉和使用的知识，反过来莎拉的知识也会影响她的经验世界。埃尔巴兹通过系列访谈和观察的方法对莎拉的经验世界进行了研究，指出莎拉的经验世界包括两个方面：一方面包括客观材料、人物、实践；另一方面包括塑造这些客观材料、人物、事件的概念的思想、情感和目的意图等。① 而在这经验世界中，主体间性关系是最基本的关系。比如莎拉与周围同事、学校行政人员、学生之间的交往互动，在此基础上不断地调整自己与他们之间的关系，从而使自己与他们保持一种和谐的关系。莎拉从英语教学（English teaching）到学习课教学（the learning teaching）再到阅读教学（the reading center）的经验使莎拉获得如何处理与同伴、学校管理人员、学生的关系以及学校的规章制度等的实践性知识。与此同时，莎拉固有的实践性知识也随着情境的变化而发生变化。比如，在英语教学中莎拉感到"教师作为一个专业人员有种被阉割的感觉"，在英语教学中莎拉就是学校执行教学目标的工具，英语教学的目标就是教会学生规定学的语法及基本知识和技能，而没有把英语教学作为学生发展英语交流和表达的途径，这让莎拉感到自己无从施展自己的教育教学思想。不过，莎拉同时也参与了一个叫作思维课程（thinking course）的教师工作小组（这一小组后来成为学习小组"learning course"），在这一学习小组中，莎拉重视课堂教学的人文性，认为"在学习课中没有什么可以隐藏"（there's nowhere to hide in the learning course），特别强调学生学习能力的培养。在阅读中心，莎拉意识到学生的需求是自己教学的核心，并且她与学生建立了良好的关系，在这样的教学氛围中，她能自信地工作，并能够轻松地主持工作坊。这就是埃尔巴兹所描述的教师的经验世界。埃尔巴兹在研究教师实践性知识的发生场域——教师的经验世界时并没有采用宏大叙事的理论方式，而是从教师的生平情境来对教师的经验世界进行叙事。这种对教师经验世界叙事探究了教师实践性知识发生的自然环境和社会文化环境。许茨认为，人们在自己的情境中拥有他自己的立场，这种立场是其实践性知识不断发生的场域。他说："在其日常生活的任何一个时刻，人们都会发现他自己处在从生平角度被决定的某种情境之中，也就是说，发现他自己处在某种同样由他自己限定的自然环境和社会文化环境之中，他在这种情境中

---

① Elbaz，F.(1983). *Teacher Thinking：A Study of Practical Knowledge*[M]. New York：Nichols Publishing Company：33.

拥有他自己的立场——这种立场不仅有他根据物理空间和外在时间确定的立场，或者根据他在社会系统之中所处的地位和所扮演的角色确定的立场，而且还包括他的道德立场和意识形态立场。"①

教育叙事者认为，人类经验基本上是故事经验，教育研究的叙事焦点同样要放在教师的经验世界领域。② 埃尔巴兹把教师的经验世界看作教师实践性知识的发生场域，教师的故事经验成为教师实践性知识的"原始素材"。法国哲学家利奥塔认为，科学知识并不是知识的全部，科学知识如果不求助另一种知识——叙事，就无法让人知道它是真正的知识：对科学来说，叙事是一种非知识。但没有叙事，科学将被迫自我假设，这样它将陷入它所谴责的预期理由，即预先判断。③ 埃尔巴兹认为，教师的经验世界是一个叙事的世界，教师的实践方式不仅是讲述叙事，而且也是倾听叙事，同时也使自己被叙事讲述，总之在自己的经验世界中"玩"叙事：既让自己处在被叙述和故事的位置上，也让自己处在叙述者的位置上。教师是叙事的主体。教师叙事的过程实际上是获得实践性知识的过程。

二、日常生活经验的教师实践性知识思想的要素

埃尔巴兹认为，教师的"实践性知识"（practical knowledge）是教师在自己工作中信奉和使用的知识（the knowledge held and used），它是基于学校课堂和学生的经验，面对实际教育教学实践中存在的问题所展现出来的知识。④ 教师实践性知识严格来说就是如何做事情的知识。埃尔巴兹在其代表性作品《教师思维：实践性知识研究》一书中对莎拉做跟踪式的观察和深度访谈，在此基础上她揭示出她的教师实践性知识的四个要素：实践性知识的内容（the content of practical knowledge）、取向（the orientation of practical knowledge）、结构（the structure of practical knowledge）以及认知风格（cognitive style）。以下将从上述几个方面来阐述埃尔巴兹教师实践性知识思想的内容。

---

① ［奥］阿尔弗雷德·许茨. 社会实在问题[M]. 霍桂桓，译. 杭州：浙江大学出版社，2011：10.

② 丁钢. 声音与经验：教育叙事探究[M]. 北京：教育科学出版社，2008：4.

③ ［法］让-弗朗索瓦·利奥塔. 后现代状态[M]. 车槿山，译. 南京：南京大学出版社，2011：106-107.

④ Elbaz, F. (1981). The teacher's "practical knowledge"：Report of a case study[J]. *Curriculum Inquiry*，11(1)：67.

（一）教师实践性知识的内容类型

埃尔巴兹把教师的实践性知识内容分为自我的知识、周围环境的知识、学科知识、课程知识和教学知识。[①]

1. 自我的知识（knowledge of self）

埃尔巴兹关注教师的个人价值观和目的意图与实践性知识的关系。埃尔巴兹认为，莎拉作为一名教师的自我知识有许多方面，其中三个方面较为突出。第一，莎拉很看重自己对教学的潜在贡献，所以她把自己看作一种能够最优使用的方式，她拥有自己的技能和能力的知识。第二，莎拉把自己看作与别人相关的关系，因此拥有与别人关系的知识。第三，莎拉把自己视为拥有个体需要、个性特征、才能和局限性的个体。[②] 因此，埃尔巴兹把自我的知识分为作为资源的自我知识（self as resource）、与他人关系的自我知识（self in relation to others）、作为个人的自我知识（self as individual）。

作为资源的自我知识是教师对自己能够胜任教学的判断。莎拉很自信自己能够胜任教学，能够满足学生的需求。在阅读中心，她的任务是为同事提供"文学咨询"服务，作为一个提供帮助的人为师生提供自己的帮助。她努力工作，提升自己的技能，使自己在新的任务中游刃有余。与他人关系的自我知识是教师对自己与他人合作的判断。在学习课上，莎拉与其他老师积极合作，并对其他老师产生影响；和学生交往时，她也尽量保护学生的个人权利。作为个人的自我知识是教师对自己个性特征的判断。莎拉作为个人的自我知识涉及她的独特个性、她的年龄以及她的态度和价值观。她认为这些自我知识特征是她教学活动开展的重要特征，她要利用这些自我个性特征来影响自己的教学。

2. 周围环境的知识（knowledge of milieu）

周围环境的知识是指教师对周围环境的信念以及在学校中建构自己社会经验的方式。不仅埃尔巴兹关注到周围环境对形成教师实践性知识的重要作用，哲学家也关注到情境、环境对个人生活的重要作用。除了现象学对情境

---

① Elbaz, F. (1983). *Teacher Thinking：A Study of Practical Knowledge*[M]. New York：Nichols Publishing Company：14.

② Elbaz, F. (1983). *Teacher Thinking：A Study of Practical Knowledge*[M]. New York：Nichols Publishing Company：47.

(situation)、环境(milieu)的关注之外，杜威也强调环境对教育的重要价值。他认为"所谓个人生活在世界之中，就是指生活在一系列的情境之中。当我们生活在这些情境之中时，'在……之中'这个词的含义就是指个人和各种事物以及个人和其他人们之间进行着的交互作用。一种经验往往是个人和当时形成他的环境之间发生作用的产物"①。周围环境的知识就是教师与各种事物和他人的交互关系，这种关系的理解和运用就形成周围环境的知识。

埃尔巴兹周围环境的知识也受到杜威经验教育的影响，她把周围环境的知识分为课堂环境的知识、与教师及行政人员的关系的知识、政治环境的知识以及社会情境创建的知识。② 关于课堂环境知识，埃尔巴兹认为莎拉把课堂看作一种不同寻常的组织，比如莎拉认为"学习课有一种特殊的情调，一种非常明确的风格和个性，有特殊的特征"，她认为她就是要为这样的课创造特殊的特征。关于与教师及行政人员的关系，总体来说莎拉一般也会处理好与他们之间的关系，当然与自己的基本价值观相冲突的话她也会坚持自己的做法。莎拉与教师及行政人员的关系取决于自己的个人关系，而不是强有力的组织氛围。关于政治环境，莎拉认为人们不关注教师的罢课，教师作为专业人员是弱势群体。这些都是莎拉对自己以及周围环境的政治维度的考虑。关于社会情境的创立，莎拉试图为自己的工作创建一个小规模的、友好的社会氛围，比如在学习课，她能够逃避学校的压力，与她尊敬的同伴一起密切合作。另外，她在午饭时间保持教室门开放，以方便同学在教室里吃饭和学习。这些都是莎拉基于学校社会情境的知识。

3. 学科知识(subject of knowledge)

虽然学科知识不像其他知识那样与情境密切相关，但是它却是一个十分模糊的概念，埃尔巴兹试图通过英语中的学科、作为学习和学习技能的学科、作为阅读和写作的学科三种教学实践活动中对学科的理解来归纳出教师的学科知识。

针对英语中的学科理解，莎拉对英语文学的概念有两个：一个是把英语文学作为一门学术学科；另外一个观点是她把英语文学视为开启学生经验的

---

① ［美］约翰·杜威. 我们怎样思维·经验与教育［M］. 姜文闵，译. 北京：人民教育出版社，2005：262.

② Elbaz, F. (1983). *Teacher Thinking: A Study of Practical Knowledge*［M］. New York: Nichols Publishing Company：50-53.

途径。把英语视为一门学科的观点来源于她的学术经历和她对文学理论研究的结果，把英语作为表达经验的渠道的观点则是在莎拉教学经验中主动生成的。莎拉能够同时兼顾这两种英语的价值取向，但是在访谈过程中莎拉在不断地平衡这两种英语教学观：她把英语视为人们的表达媒介，但是这种英语教学观受到相关部门"回到基础"（back to basics）的压力，她所在的部门认为她的英语教学过于激进。于是，莎拉不得不关注英语教学的学术性。不过，莎拉始终还是把英语作为一种交流的技能来进行她的英语教学。莎拉在实际的教育教学中更倾向于把英语教学视为一种经验表达的途径，是一种交流的工具，而不是一门学术学科。这是她日常生活世界的组成部分。在理解作为学习和学习技能的学科时，莎拉要根据每个学生在学习中认知及情感的关系和差异来调整自己的教学技能，她把学生的学习兴趣作为教学的出发点。在理解阅读和写作的学科时，莎拉倾向于把阅读和写作作为人类的交流工具来培养。

总之，埃尔巴兹的学科知识思想主要集中在把（英语）学科视为人类经验的表达工具和途径，而不是一门学术学科。埃尔巴兹的这种学科知识思想不是来源于外界的理论灌输，而是莎拉自己在教学实践中逐渐摸索出来的。这种知识是自下而上获得的，也是莎拉坚信不疑的教育信念。

4. 课程知识

相对来说，自我的知识、周围环境的知识和学科知识属于教师实践性知识构成元素中的静态知识，而课程知识和教学知识则属于教师实践性知识中的动态过程知识。埃尔巴兹把教师的课程知识分为五个发展阶段，即问题的概念化、确定学生的需求、组织、材料的开发、评估。① 这五个发展阶段构成课程知识。

关于问题的概念化，学习课委员会把阅读课定位为思维的功能，它在本质上是实践的。因此，该委员会在对课程目标概念化后确定学生的需求。莎拉把学科课描述为从"思维"（thinking）、"学习"（learning）到"应付学校"（coping with school）的过程。这一过程最后发展为关注学生的问题和材料。我们把这个过程看作课程发展经验的过程，这一过程从理论基础（"思维"的概念），转到与学校相关的但仍然是理论的起始点（"学习"），然后形成一个实践目的

---

① Elbaz，F.（1983）. *Teacher Thinking：A Study of Practical Knowledge*[M]. New York：Nichols Publishing Company：70-74.

（应对学校），最后重新形成一个与学生相关的目的。对于基于学校实际情况及需求的教师莎拉来说，这一过程代表了课程发展过程中恰当的角色。

针对课程材料的开发，莎拉认为课程材料应该来源于实践中的常识。比如莎拉与同事、学校环境互动的结果，也包括莎拉自我对课程的理解。在评估课程时，莎拉也往往是凭借经验来进行评估，她并没有开发详细的课程评估方案。莎拉对课程评估还是存在一定的偏见，那就是她认为课程评估是专家关注的领域，能够采用精确的标准工具来实施。

5. 教学知识

教学是一件混沌活动(chaotic activity)。埃尔巴兹认为莎拉的教学实践性知识包括以下几个方面：学习观、学生观、教学观、师生交往及评估。[①] 教师的教学知识不是孤立的，而是与教师的其他方面的知识融合在一起共同构成教师的知识。这些方面共同构成莎拉教学的实践性知识。

埃尔巴兹实践性知识的学习观。莎拉认为学习是一项与日常生活世界相联系的活动，教师的教学只有与学生的生活意义联系在一起时，学生的学习效果才会最好。学生的生活世界既包括认知因素，也包括情感因素。学生的学习是一个既包括认知因素也包括情感因素的有序过程，在这一过程中要把学习者看作一个积极参与其中的个人。

埃尔巴兹实践性知识的学生观。莎拉最显著的学生观是对学生的支持和热爱。在访谈初期，莎拉表现出消极的学生观，比如她认为学生缺乏必要的技能、不能处理学校对他们的要求，没有意识到他们的学习过程，等等。这些学生观反映了莎拉技术主义或者工具主义的理性观。后来，莎拉意识到不能仅仅关注教学的技能层面，更要关注教学的人文主义特性，要关注学生对成功的情感需求，要让学生带着愉快的心情进入课堂，因此到后来莎拉的学生对于她的学习观保持了一致，都表现得很积极。莎拉强调学生要认同他们需求的重要性，并且能够管理自己的学习。

埃尔巴兹实践性知识的教学观。埃尔巴兹的教学观是建构主义的教学观，她认为教师的教学就是在日常生活世界中根据学生的需要不断建构的过程，教学在传递学科知识方面的功能是次要的。教师应摒弃"大水罐倒入小水罐"的教学意象。

---

① Elbaz, F. (1983). *Teacher Thinking：A Study of Practical Knowledge*[M]. New York：Nichols Publishing Company：83.

埃尔巴兹关于与学生的互动的教学实践性知识。莎拉与学生互动的具体方式(specific form)也是其教学实践性知识的重要表现。莎拉主要关注与学生的交往，为此莎拉需要掌握交往方面的知识，需要了解学生的需要和兴趣，并基于学生的需要和兴趣来安排学习内容和材料。

埃尔巴兹的教学评价观。莎拉对教学的评价十分清晰，评价分为"优秀""良好""及格"和"不及格"。不过莎拉一般给学生评价"良好"。莎拉如此评价学生的目的是激发学生的学习动力，而且避免给学生带来不必要的竞争压力。

(二)教师实践性知识的取向

教师实践性知识的内容是静态的知识，然而具体指导教师行动的知识是动态的。这就需要考虑教师实践性知识与周围世界的关系，埃尔巴兹引入"取向"(orientation)概念，它表明了实践性知识与日常生活世界之间的关系。教师实践性知识的取向是指教师的实践性知识是如何形成的(oriented)。埃尔巴兹把教师实践性知识的取向分为理论取向、情境取向、个人取向、社会取向、经验取向。①

1. 教师实践性知识的理论取向

实践性知识的理论取向是其他取向的条件和基础。理论被认为是一些广泛的、一般的、综合的东西，它高于实践，并且作为实践的指导。对教师来说，理论与他们的教学实践相去甚远，他们很难将理论运用于实践。对他们来说可以提出实践的理论，但是很难做到理论建构。埃尔巴兹的研究对象——教师莎拉也认为理论的地位高于实践。但是在莎拉的教学实践中，理论知识对莎拉的教学实践起到限制的作用。莎拉虽然没有刻意关注理论的解释力或者它前瞻性的力量，也没有强调理论解决问题的力量，但是莎拉往往在经验中自觉不自觉地运用理论，只是很难表征出来。比如当她谈论理论概念时，往往使用"观点"(view)、"图式"(map)、"取向"(orientation)这样的词汇。这些词汇其实就是日常话语词汇，是教师使用的通俗话语。像"思维"(thinking)、"学习"(learning)这样的词汇就是理论话语，它们是心理学与哲学学科的学术用语。埃尔巴兹举例说明了理论取向下莎拉实践行动的调整过程。

---

① Elbaz，F. (1983). *Teacher Thinking：A Study of Practical Knowledge*[M]. New York：Nichols Publishing Company：101-102.

数月来我们在我们的头脑中称为课程，"这种课程是关于思维的"（This course is about thinking），直到八月末九月初我们才意识到我们对于思维束手无策，因为我们关于思维一无所知。但是在处理孩子们的需求时我们可能在细微之处提供一些帮助。所以我们将其称为"关于学习的课程"（This course is about learning）。我认为最好将其视为"在你的四年高中生活中处理孩子生活中事情的课程"（This course is about coping with the kind of work you get in our high school during the four years you're here）。我认为对课程的称谓非常的恰当，我认为我更能够把握课程实践了，因为我们任何人真的对"思维"（thinking）一无所知，甚至对"学习"（learning）也都一无所知。①

总之，莎拉在处理理论问题时往往显得不知所措，她可能阅读了一些心理学家或者哲学家有关自己教学中存在问题的相关理论，但是在解决自身问题时她还需要不断地调整对理论的认识。教师实践性知识的理论取向是实践的理论（theory of practice）或者叫作实践的运用（practical application）。埃尔巴兹认为："理论取向对教师决定如何使用理论知识、如何寻求扩展他的理解、他将接受什么样的理论以及如何建构与理论的关系等方面均具有重要的意义。"②

2. 教师实践性知识的情境取向

根据埃尔巴兹的思想，教师的知识产生于具体的实践需要。教师实践性知识不是源自其他领域的实践建议，而是源自具体实践背景的知识主体（a body of knowledge）。埃尔巴兹的情境取向受到许茨和卢卡曼（Thomas Luchmann）的影响。许茨和卢卡曼认为："日常生活世界的实在不仅包括我们经验的'自然'世界，而且也包括我们经验的社会世界（因此具有文化的特性）。生活世界不仅仅是由物质客体创造的，而且是我们遭遇的环境的综合体，它们共同构成我们的生活世界。"③埃尔巴兹关于教师实践性知识的情境取向就类

---

① Elbaz，F.（1981）．The teacher's "practical knowledge"：Report of a case study[J]．*Curriculum Inquiry*，11（1）：60.

② Elbaz，F.（1981）．The teacher's "practical knowledge"：Report of a case study[J]．*Curriculum Inquiry*，11（1）：60.

③ Schutz，A.（1973）．*The Structures of the Life-World*[M]．Evanston：Northwestern University Press：5.

似于许茨与卢卡曼所说的教师所经验的日常生活世界情境。埃尔巴兹将这一情境分为两个方面，即情景语境和文化语境。"情景语境"包括说话时的具体场景、说话人的感情色彩、听话人的具体处境以及语言的上下文关系，等等；"文化语境"包含某个特定时代的文化氛围、民族心理差异、个体的文化修养，等等。我们要注意的就是一种话语在不同的语境之中的意义究竟是什么，以及同样一种话语在不同的语境中可能表达不同的意思。这样，"真理"一词被不同的语境之下的意义所取代，没有了那种绝对的真理，有的只是在具体的历史情境下的话语表述。① 这样教师的实践性知识就需要根据不同的情境来决定。埃尔巴兹的情境取向也与杜威的"情境"(situation)概念一脉相承。杜威认为，情境与"交互作用"存在着密切关系，二者的相互作用构成人的经验。"所谓个人生活在世界之中，就是指生活在一系列的情境之中。当我们生活在这些情境之中时，'在……之中'这个词的含义就是指个人和各种事物以及个人和其他人们之间进行着的交互作用。"②埃尔巴兹汲取了杜威的情境概念，她认为教师实践性知识的情境主要包括课堂情境(in the class)、学校情境(in the school)和课程发展组情境(in the curriculum planning group)。莎拉寻找和使用的学科概念(学习技能)和教学概念(交往)使她容易与学生及同伴进行有效的沟通。莎拉情境知识的来源是她每天面临的情境。

3. 教师实践性知识的个人取向

埃尔巴兹的教师实践性知识的个人取向所表达的是教师如何运用实践性知识使教师的工作产生意义。埃尔巴兹关注教师实践性知识的个人取向的思想受到波兰尼个人知识理论的影响。波兰尼认为知识具有默会的成分，它在一定程度上是不可言传的，从这种意义上说，知识也是具有个人性的。而且波兰尼认为知识的个人性质受到过去个人经验的影响，也就是个人知识是在受到特定群体语言熏陶的特定自然、文化与社会环境下习得的，与个人的生活史存在着密切的关系。波兰尼甚至认为科学家的知识也不纯粹是客观的，科学家如果没有纯粹的科学兴趣，没有充满热情的参与，没有把其一生精力的一点一滴作为赌注的投入，任何具有重大意义的科学发现(知识)都是不可能取得的。埃尔巴兹受此影响，认为教师的实践性知识的个人性质也非常突出，教

---

① 张正明. 年鉴学派史学范式研究[M]. 哈尔滨：黑龙江大学出版社，2011：146-147.
② ［美］约翰·杜威. 我们怎样思维·经验与教育[M]. 姜文闵，译. 北京：人民教育出版社，2005：262.

师的实践性知识与教师的个人生活经验发生着不断的交互作用，并影响和形成教师的实践性知识。埃尔巴兹的研究对象莎拉老师认为身体语言和缄默知识存在于教学实践当中，这些身体语言和缄默语言很难用语言来表达，学校教学中的经验也很难用语言来表达。不过莎拉还是能够通过栩栩如生地描述她的教学工作，与他人分享她的感受。她试图努力理解作为教师所起的作用。埃尔巴兹在与她的研究对象莎拉老师交谈时，莎拉表达了她的两个核心价值观："人际交往（interpersonal contact）和责任感（responsibility）"①。这种人际交往和责任感的价值观反映了莎拉的个人知识。莎拉认为孩子在学校中的个人经验可能成为孩子将来走向社会的一笔重要财富，甚至会影响孩子的一生。

4. 教师实践性知识的社会取向

知识不仅仅是个人的，同时也是社会的。知识社会学家就非常关注知识与社会的关系问题。比如罗蒂的实用主义知识论就持一种社会知识论的立场，认为知识的我们是社会的个人，如果能够成功地指导我们与世界打交道，我们的认识就是真的。社会知识论在本质上将知识看作一种社会现象，将知识的产生、接受过程看作知识在社会中评价的过程。社会知识论往往使用社会学的范畴（如共识、规范、团体、权威、权力、利益等）对知识重点进行社会关系、社会结构和社会环境等方面的研究。②

埃尔巴兹采取了批判社会学家的知识立场，认为"教师的知识具有社会的性质，教师将不断地考虑影响学生期望、利益关系和能力的种族或者经济因素，从而不断地形成对学科知识的理解方式"③。埃尔巴兹将学校看作一个社会系统，教师是这一系统的社会人，教师实践性知识是教师在与人的交往中形成的。具体来说，教师实践性知识的社会取向涉及教师实践性知识与课堂民主、教师实践性知识与社会阶级流动、教师实践性知识与课堂公正等社会因素之间的关系。在埃尔巴兹看来，教师实践性知识在促进课堂民主、课堂公正，促进不利阶层群体孩子的学业进步等方面应该做出贡献。

---

① Elbaz, F. (1983). *Teacher Thinking: A Study of Practical Knowledge* [M]. New York: Nichols Publishing Company: 120-124.

② 顾林正. 从个体知识到社会知识——罗蒂的知识论研究 [M]. 上海：上海人民出版社，2010：140.

③ Elbaz, F. (1981). The teacher's "practical knowledge": Report of a case study [J]. *Curriculum Inquiry*, 11(1): 55.

5. 教师实践性知识的经验取向

埃尔巴兹教师实践性知识的经验取向是通过莎拉的时空观来展现的。时空观随着情境的变化而变化。在时间观方面，在学习课中，莎拉把时间看作商品，几乎是货币的形式。因此，莎拉把花费在学习课程中的时间视为一种自己发展的投资。她的使命在于有效地使用时间建构她在紧张而有序的活动中的经验。当她进入阅读中心后，她持有另外一种时间观，她放慢了自己的工作步调，她开始花时间计划和观察，开始通过非正规的谈话了解学生。她现在把时间看作一种情境或者人与人交往的组织框架。第一种时间观是静止的时间观，她把时间视为一件物品，消费掉之后就要促进其发展；第二种时间观是把时间看作一种人与人互动交流的媒介和平台，从而使时间有了更多的交流功能。空间观（space perspective）主要涉及莎拉的智力空间经验（experience of intellectual space），莎拉在最初英语教学中智力空间受到威胁，因此她说在英语课上自己"无地自容"（no place to hide）。但是在埃尔巴兹对莎拉系列访谈接近尾声的时候，莎拉的空间观发生了变化，她认为自己更像是一扇为孩子们开启的窗户，希望一直为孩子的成长敞开。莎拉在与周围经验的互动中生成自己的实践性知识。

（三）教师实践性知识的结构

教师实践性知识是一个模糊的概念，而且捉摸不定。施瓦布曾说："实践性决定是对具体情境的反映，它不能运用于其他的实践中去。"[1]但是埃尔巴兹认为需要对教师实践性知识的结构进行研究，以便澄清教师实践性知识的一些特征。埃尔巴兹把教师实践性知识的结构分为三个方面，即实践规则（rules of practice）、实践原理（practical principles）、意象（images）。[2] 实践规则、实践原理与意象，这三个概念包容性依次增强，包括的含义也更广，其意义也更加模糊。

1. 实践规则

实践规则（简单来说）就是指在实践中面对具体的情境准确地表达做什么

---

① Schwab, Joseph J. (1969). The practical: A language for curriculum[J]. *The School Review*, 78(1): 1-23.

② Elbaz, F. (1983). *Teacher Thinking: A Study of Practical Knowledge*[M]. New York: Nichols Publishing Company: 132.

和如何做的实践性知识。实践规则是高度具体的，它是指导教师处理在课堂上遇到的冲突的行动指南。实践规则表现为多种形式，可以表现为一段简短的陈述，一些相关规则的实践描述。比如在课程材料的组织方面，莎拉的实践规则表述为：

在假期前的一周或者在六月末，你不想做繁重的、费力的作业，在孩子没有写作任务的时候也不想布置比较轻松的学习任务，比如交流互动活动。

关于团体背景下的课程开发工作，莎拉的实践规则表述为：

团体中的问题可以通过简单的努力尝试满足开放性时间表。

在讲授阅读课时，莎拉的实践规则表述为：

当孩子在写作的时候要积极地反馈，这些反馈包括个人的评论和对发音及语法错误的细致纠正。

以上三个例子共同组成实践规则，它们都可以将莎拉的不同的知识领域转化为实践中有价值的形式。莎拉另外一个关于实践规则的陈述为：

我十分努力地、积极地倾听孩子们，并给予解释，鼓励孩子们解释，在绝大部分时间中允许他们表达自己的观点，讨论他们关注的东西，但是并不给予他们评判。

在这段陈述中，莎拉陈述了一些确切的规则：积极倾听、解释、鼓励学生解释、不做评判。这些规则共同构成在课堂中实践原理的交流方式。① 因此，实践规则是指引教师的教育目的的方法论规则，这种方法论规则可能有时候不能通过言语清晰地表达出来。

---

① Elbaz，F. (1983). *Teacher Thinking：A Study of Practical Knowledge*[M]. New York：Nichols Publishing Company：136.

2. 实践原理

实践原理与实践规则一样都是来源于经验，并给我们实践的意义。实践原理可能来源于理论视角，也可能产生于经验，也可能从经验与实践的融合中发展出来。实践原理是在既定实践情境下一个人应该做什么或者如何做的说明。莎拉信奉的实践原理涉及她知识的所有方面，在她教学工作中的每一个方面都有所体现。

埃尔巴兹的实践原则主要体现在教学和对教学的评估方面。关于阅读或者技能的补救教学，莎拉通过给予无限制的积极关注以及试图通过孩子高兴地步入教室，从而激发学生的情绪状态，这就是莎拉坚持的实践原则。这个实践原则与一系列不同的实践联系在一起，包括非结构化谈话、与学生密切合作帮助其通过未来的考试。埃尔巴兹另外一个重要的实践原则关注教与学的评估。莎拉指出无论我对孩子期待什么，我都必须把孩子放在第一位。我们必须在我们对孩子做出评价之前教给孩子知识。这个实践原则形成于莎拉的学习课程之中，并且对她后续的教学实践产生了重要的影响。因此，莎拉的实践原则与她的各方面的知识领域都存在关联，能够运用于她工作的方方面面。

3. 意象

意象是最不清晰、包容性最强的概念。它是一种简洁的、描述的，有时是比喻性的陈述。教师的情感、价值观、需求和信念的综合体共同构成教师的意象。埃尔巴兹以师生关系为例，指出莎拉处理师生关系的意象：给予太多，挑战太少（giving too much, challenging too little）。莎拉虽然 31 岁了，但是她仍然把自己视为年轻教师，这种自我认知意象使她与学生保持一种同龄关系（ally of students），从而保持一种良好的师生关系。莎拉的实践性知识是依靠并且围绕一些意象建构的，这些意象反映了莎拉的整个知识体系，并且融合了实践原理和实践规则。

比如莎拉信奉将自己看作这样的意象："一个好的、有能力的教师。"[1]这个短语有效地捕捉到了莎拉作为一种资源和作为一个人为他人服务的双重自我意象。莎拉将自己的工作环境看作自己与学生的关系环境，称这种关系环境为"一个共同的、允许学生冲破任何体制限制的工作环境"。在这个意象中，莎拉将学校看作一个"系统"（system），并且将自己与学生定位在系统的关系之中。关系性

---

[1]　Elbaz, F. (1983). *Teacher Thinking: A Study of Practical Knowledge*[M]. New York: Nichols Publishing Company: 138.

是埃尔巴兹的实践性知识的重要特性。马丁·布伯也论述过教师与学生的关系特性，他说："真正的教师与其学生的关系便是这种'我—你'关系的一种表现。为了帮助学生把自己最佳的潜能充分发挥出来，教师必须把他看作具有潜在性与现实性的特定人格，更准确地说，他不可视他为一系列性质、追求和阻碍的单纯聚合，而应把他的人格当作一个整体，由此来肯定他。这就要求教师随时与学生处于二元关系中，把他视作伙伴而与之相处。"①总之，意象作为个人实践性知识的结构组成，其抽象性、概括性更高，包含着实践性知识的价值取向。

4. 教师实践性知识结构组成的内部关系

埃尔巴兹认为，教师实践性知识的内部结构，即实践规则、实践原理以及意象三者之间是一个相互关联的整体。首先，三者是相互关系、互为联动的关系。实践原则或者意象可能产生一些相关实践规则，意象可能生成指向意象的实践原理和实践规则。三者之间的关系不是单向的，也并不总是涉及三者。其次，三者并不总是分离的，但是，通常情况下实践规则、实践原理和意象主要在相应的背景下使用。再次，实践规则和实践原理常常表达教学指导知识，而意象涉及莎拉实践性知识的方方面面。② 关于实践性知识组成结构的内部关系，有的研究者勾画出它们内部的关系图，如图 2-1 所示。

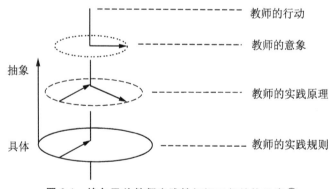

图 2-1　埃尔巴兹教师实践性知识三级结构示意③

① ［德］马丁·布伯. 我与你［M］. 陈维纲，译. 北京：生活·读书·新知三联书店，2002：114.

② Elbaz，F. (1983). *Teacher Thinking：A Study of Practical Knowledge*［M］. New York：Nichols Publishing Company：138.

③ 张立新. 教师实践性知识形成机制研究——基于教师生活史的研究［D］. ［博士学位论文］. 上海：上海师范大学，2008：147.

在图 2-1 中，教师的实践性知识贯穿在教师的行动中，张立新用"｜"表示教师的行动，并以实线的圆形表示"教师的实践规则"，作为行动的指导纲领，起着推的作用，并以"→｜"来表示；以虚线的圆形表示"教师的意象"，是行动的方向，起着拉（pull）的作用，并以"｜→"来表示；而"教师的实践原理"处于两者之间，以半实半虚的圆形来表示，可能兼以两种方式调节着思想和行动，以"→｜←"来表示。从教师的实践原理到教师的意象基本上体现了由具体到抽象的过程。张立新对埃尔巴兹教师实践性知识三级结构关系的构建在一定程度上把教师实践性知识的内部关系勾勒了出来，较好地说明了它们内部的相互关系。不过，实践规则到实践原理再到意象，这是一个由具体到抽象的递进关系，而且这种递进关系并不是一种线性的关系，它可能从实践规则直接跳到意象，也可能从一个领域的实践规则转化为另一个领域的实践原理。因此实践规则—实践原理—意象—行动的关系既可以是一个螺旋上升、从具体到抽象的关系，也可以是从实践规则到意象或行动、从实践原理到行动的开放交互关系，它们内部之间的相互关系构成教师实践性知识的结构，成为指导教师实践的知识形态。莎拉的实践性知识是依靠并且围绕一些意象建构的，这些意象反映了莎拉的整个知识体系，并且融合了实践原理和实践规则。

（四）教师实践性知识的认知风格

教师实践性知识与认知风格（cognitive style）也存在着密切关系。那么何为认知风格？"认知风格，又称认知方式、认知模式，是指个体在认知过程中所经常采用的、习惯化的方式，具体说是在感知、记忆、思维和问题解决过程中个体所偏爱的、习惯化了的态度和方式。"[①]

埃尔巴兹提出"认知风格"概念作为与"使用中的实践性知识"（practical knowledge in use）等同的概念。埃尔巴兹通过认知风格来理解实践性知识有以下几方面的原因：首先，它意味着"根据知识来行动"，因此它会在信奉的知识与使用的知识之间寻找一种平衡。其次，认知风格在认知个性理论方面平衡了认知和情感因素。再次，"风格"（style）是一个美学概念，它建立起埃尔巴兹与莎拉的个人世界沟通的桥梁。最后，"认知风格"这一概念不仅仅是

---

① 沃建中，闻莉，周少贤. 认知风格理论研究的进展[J]. 心理与行为研究，2004（4）：597-602.

一个实践性知识的表达形式，它更代表着一种方法论，因为认知风格是描述性的，而不是分析性的，它是整体性的、综合性的概念，是对许多行为综合和提炼的结果。在埃尔巴兹看来，认知风格的整体性和综合性决定了很难对其进行剖析，对此，埃尔巴兹通过莎拉意象的描述来表达莎拉的认知风格。意象是莎拉构建自己实践性知识的重要方式，埃尔巴兹这样解释："其一，是因为风格与意象存在显著的联系，风格是对从行为到态度的概括，意象是对从实践规则和原则导引到行为的隐喻的概括。其二，我们已经发现，意象对于莎拉构建她的知识非常重要，这样她所使用的具体意象显然是表述她的认知风格。"①埃尔巴兹描述了莎拉的课程意象、学科意象、教学意象、社会意象、自我意象，在此基础上归纳出莎拉的认知风格。

在埃尔巴兹看来，认知风格反映了一种美学的和实践的本质，莎拉的风格是她重要的个人关切的表达。莎拉的认知风格主要反映在她的教学领域，她希望教给学生长久有用的技能以及与别人交往的方式——这两种任务是困难的，但同时又是密切相关的。莎拉不仅仅把学科教学看作知识的传授过程，更把学科教学作为一种传播知识的媒介，把学科教学这种媒介与学生的生活密切联系起来，通过这一媒介来培养学生的能力。这种认知风格体现了莎拉的教师实践性知识。

总之，莎拉的工作不是理论的，而是实践的、个人的和艺术的。她通过行动来表达自己。莎拉的认知风格在许多方面是艺术家的风格。莎拉有一种自发性的意识。她能够意识到教学形式与内容的关系。她创造性地使用张力来促进她的理解与发展。

第三节　对日常生活经验的教师实践性知识思想的评价

埃尔巴兹作为早期从事教师实践性知识研究的重要代表，她的教师实践性知识思想对后来的学者产生了重要的影响。笔者认为，埃尔巴兹的教师实践性知识思想至少从两个方面影响了后来的研究。一方面，她的实践性知识思想注重教师的日常生活世界，这使得后来的从事该研究的学者从科学的、客观的、普适的、显性的教师知识思想回到情境的、经验的、个人的、缄默

① Elbaz, F. (1983). *Teacher Thinking: A Study of Practical Knowledge*[M]. New York: Nichols Publishing Company: 148.

的教师知识思想；另一方面，埃尔巴兹的教师实践性知识思想开启了教师实践性知识的微观叙事研究，自此，教师知识思想由单一的、纯粹的、理论的宏大叙事研究转向微观叙事研究，微观叙事成为教师实践性知识生成的重要渠道。不过，埃尔巴兹作为研究教师实践性知识的早期代表人物，她不可避免地受到她所处的时代背景、她的"现有的知识储备"以及她的认知水平的影响，因此她的教师实践性知识思想具有一定的局限性，具体表现为两个方面：一方面，她忽视了理论理性在教师实践性知识中的价值；另一方面，她忽视了教师实践性知识的价值维度。

一、推动了教师实践性知识研究向日常生活世界转向

胡塞尔把世界分为"科学世界"和"生活世界"。生活世界指的是"唯一现实的、在感知中被现实地给予的、总能够经验到的世界"①。生活世界是非课题的世界，它在科学世界产生之前就已经存在，它是科学世界的基础。对生活世界最直观明了的态度是一种朴素的自然态度，这个生活世界就是人们日常生活的周围世界，这是人们感性行动的经验世界，它与人们的生存息息相关。② 人们并不总是具有科学的兴趣，即使科学家也并不是始终都处于工作中。胡塞尔提出生活世界的真理与科学世界的真理之间的区别，前者是日常实践的处境真理，纵然这是相对的真理，但是，正如我们已经强调的那样，这种真理确切地说每一次都是实践在其意图中所发现和使用的真理。后者是科学的真理，对这种真理的论证恰好可以追溯到处境真理，但是在如下一种方式上，科学方式按照其固有的意义并未受到损害，因为它恰好也要使用并且必须使用这些真理。③

现象学社会学家许茨抛弃了胡塞尔"生活世界"概念的先验部分，把生活世界概念发展为关注人们日常经验的、文化的生活世界理论。许茨的日常生活世界是一个经验的世界，是现实中给予的世界，我们的一切交往活动都发生于斯、存在于斯。埃尔巴兹认为，教师知识就是教师在日常生活世界中与

---

① ［德］胡塞尔. 生活世界现象学［M］. 倪梁康，张廷国，译. 上海：上海译文出版社，2005：242.

② 张彤. 从先验的生活世界走向文化的日常生活［M］. 哈尔滨：黑龙江大学出版社，2011：35.

③ ［德］胡塞尔. 生活世界现象学［M］. 倪梁康，张廷国，译. 上海：上海译文出版社，2005：277.

这一被给予的经验世界实践交往的结果。项贤明根据胡塞尔的生活世界理论把教育世界划分为生活世界的教育和科学世界的教育。① 他认为科学世界的教育是经过一个很长、很复杂的演化过程，它是一种体系化的教育。不过，笔者认为，科学世界的教育从来就没有、将来也不可能从生活世界的教育中脱离出来，科学世界的教育是生活世界教育的"子集"。埃尔巴兹的教师实践性知识是扎根于教师的日常生活世界的，同时也需要上升到科学世界的领域，形成系统的、稳定的"现有的知识储备"，最终形成教师的理论理性。埃尔巴兹的教师实践性知识思想就是教师实践理性与理论理性的统一。

二、开启了教师实践性知识的微观叙事研究

埃尔巴兹开启的教师实践性知识思想的微观叙事是在当代人文社科学术领域研究范式转型的背景下产生的结果。受 20 世纪以来的生活世界理论、日常生活批判理论、西方马克思主义、新史学等各种学派的影响，人文社会科学领域研究的微观化成为一个明显的趋势。特别是 20 世纪 70 年代末以来，教育叙事作为这一潮流的一个分支成为教育领域的一个发展趋势。

埃尔巴兹敏锐地捕捉到这一研究发展趋势。埃尔巴兹绕开了传统上对教师知识研究的科学化趋势，从教师的日常生活世界入手捕捉教师的实践性知识。可以说，教师的实践性知识是教师日常生活世界中不可缺少的，是教师"现有的知识储备"，教师在日常的交往过程中拥有"现有的知识储备"，在"现有的知识储备"下展开自己的教育教学工作，并在与日常生活世界交往过程中不断调整自己的实践性知识。实际上，教师的实践性知识发生在日常生活世界中，并且从未离开过日常生活世界的知识。正如有学者对人类生存和活动的描述："实际上，在漫长的传统农业社会和自然经济时代，人类生存和活动的主要寓所和平台是自在自发的衣食住行、饮食男女、婚丧嫁娶、生老病死、礼尚往来的日常生活世界，这个世界，以及那时尚未从日常生活世界中彻底分化出来的政治、经济以及精神生产等非日常生活世界，都主要是由异常丰富的、日常的、微观的文化权力和政治权力编织而成的。"②因此，教师的实

---

① 项贤明. 泛教育论——广义教育学的初步探索［M］. 太原：山西教育出版社，2004：231-267.

② 衣俊卿. 自觉地开启社会历史理论的微观视域［A］//张正明. 年鉴学派史学范式研究［M］. 哈尔滨：黑龙江大学出版社，2011：总序 7.

践性知识就是教师与日常生活世界的各种政治的、经济的、文化的等生活世界元素交往的结果。

法兰西学院的社会学院院士布迪厄(Pierre Bourdieu)曾揭示过"学究谬误"(scholastic fallacy)，即用逻辑的实践代替实践的逻辑。① 埃尔巴兹从教师的日常生活世界入手，对教师的实践性知识进行了叙事探究。可以说，教师实践性知识的叙事方式是一种"实践的逻辑"。在埃尔巴兹看来，教师实践性知识是与情境、经验密切相关的知识类型，因此很难对其进行精确的描述。不过教育研究越是精确，其与人类经验的联系则越少。丁钢教授指出："教育叙事探究(narrative inquiry in education)是从质的研究(qualitative research)出发，相对以往所谓科学化的研究而言，强调与人类经验的联系，并以叙事来描述人们的经验、行为以及作为群体和个体的生活方式。"② 可以说，埃尔巴兹对教师实践性知识的探究正是教育叙事探究的具体运用，这种教育叙事探究方法能够把焦点放在教师基层的教育经验上，包括她的成长历程、教育教学生涯和专业发展等。教育本质上是一门关于人类教育生活实践的学科，人类的生活与经验息息相关，而叙事就是人类生活经验的基本表达方式，我们总是在寻找如何去诠释经验的理论方式，对于叙事的探究实质上在于寻找一种能够更好呈现乃至穿透经验的语言方式或理论方式。③ 埃尔巴兹的教师实践性知识思想是对教师日常生活世界经验表达的探究，她的教师实践性知识的微观叙事研究不仅是反对传统科学化知识的结果，而且也是教师教育微观研究范式的具体体现。

三、忽视了理论理性在教师实践性知识中的价值

教师实践性知识涉及认识论中争论不休的经验主义和理性主义。在认识对象方面，"如果把认识对象看作可触可见的感性存在，对它的认识就必须通过感官的经验感受；反之，如果把认识对象看作抽象的一般规律、本质或共相，那么对它的把握就要运用理性的抽象思维"④。在认识的起源和途径方面，"凡认为对于实施的普遍必然性知识，要是人能够获得的话(因为还有不

---

① ［法］皮埃尔・布迪厄. 实践感［M］. 蒋梓骅，译. 南京：译林出版社，2003：23.
② 丁钢. 声音与经验：教育叙事探究［M］. 北京：教育科学出版社，2005：9.
③ 丁钢. 声音与经验：教育叙事探究［M］. 北京：教育科学出版社，2005：88.
④ 陈修斋，主编. 欧洲哲学史上的经验主义和理性主义［M］. 北京：人民出版社，2007：30.

可知论者是否认人能够获得这种知识的），必须起源于感觉经验的，或者说，承认'凡是在理智中的没有不先在感觉中'这一古老原则的，就是经验主义者；反之，凡认为具有普遍必然性的知识不可能来自感觉经验而只能来自理性本身，从而也必然这样那样地否认了上述古老原则的，则是理性主义者"①。从经验主义和理性主义的差异可以看出，埃尔巴兹的教师实践性知识思想具有明显的经验主义色彩。埃尔巴兹重视教师的经验在教师实践性知识形成中的作用，甚至认为教师的经验就是教师的实践性知识。然而，教师的实践性知识既是一个经验理性的过程，也是一个理论理性的过程。康德曾经对经验的知识和理性的知识进行过相关的论述。他把知识分为"经验的知识"和"先天的知识"，经验的知识是指通过经验获得的知识，先天的知识是"完全不依赖于任何经验所发生的知识"②。显然根据康德对知识的论述，经验性知识不是知识的全部，它仅仅是知识的一种形式而已。埃尔巴兹的教师实践性知识思想关注到教师日常生活世界中的经验性知识，而忽视了先天的知识同样是教师实践性知识的重要组成部分。

四、忽视了教师实践性知识的价值维度

真正的实践活动与单纯的日常生活世界的经验活动有着根本的区别。单纯的日常意识支配下的活动完全是一种自发的、非反思的意识和活动。而真正的实践活动是一种有意识的、自觉的理性活动。实践哲学的鼻祖亚里士多德把人类的行为分为"实践"与"制作"。亚里士多德认为，实践是一种德性的实现活动，而制作在于依据自然的原理去制作，实践重在"行"，制作重在"知"。实践的理性是"明智"，明智就是善于策划对自身的善及有益之事，明智的"善"和"益"应当理解为对于整个美好生活之"善"和"益"。用亚里士多德的话说，明智就是"对一种好生活总体上有意……所以，在总体上明智的人就是善于考虑总体的善的人"③。实践是自由的、无条件的活动，它以自身为目的，它本质上是一种终极的道德关怀。因此，从亚里士多德对实践的理解来看，教师实践性知识不仅体现在认识论层面，而且体现在价值论层面，它体

---

①　陈修斋，主编. 欧洲哲学史上的经验主义和理性主义[M]. 北京：人民出版社，2007：213-214.

②　[德]康德. 康德三大批判合集[M]. 北京：人民出版社，2009：1-2.

③　[古希腊]亚里士多德. 尼各马可伦理学[M]. 廖申白，译注. 北京：商务印书馆，2003：172-173.

现了一种道德关怀。这种道德关怀在于对教师、对学生乃至对整个教育中存在的人的道德关怀。正如丁立群教授所指出的："实践作为人的本质的存在方式具有总体性，它是'practice'和'praxis'的统一，实践意识理所当然地内涵着本能意识、功利意识，也内涵着超验理念乃至终极关怀；实践行为相应地既包括日常本能的、功利性活动，也包括伦理、艺术、审美等文化活动，更包括人类追求自由和解放的现实的历史运动。"①

　　教育作为一个价值领域，其根本目的在于培养人。因此，教师实践性知识不仅仅关乎教师实践性知识是什么以及教师如何获得知识的问题，更重要的是教师如何更好地获得知识以及如何更好地运用知识促进人（学生）的发展问题。然而，埃尔巴兹的教师实践性知识思想更多地关注教师的日常生活经验对教师实践性知识的重要作用，以及教师在日常生活世界是如何获取知识的，而对教师如何获取知识并运用知识促进学生的发展以及教师自身专业发展的关注不够。埃尔巴兹的教师实践性知识是"practical knowledge"，而不是"knowledge of praxis"。按照丁立群教授的研究，教师实践性知识应该是"practical knowledge"和"knowledge of praxis"的统一，而埃尔巴兹仅仅关注到前者，忽视了后者，而后者恰恰体现了亚里士多德"实践"概念最根本的理解，这种根本在于教师实践性知识应该关注知识的价值论和存在论意义，也就是人类学的实践论，并发展教师的实践性知识。

---

①　丁立群，等. 实践哲学：传统与超越[M]. 北京：北京师范大学出版社，2012：16.

第三章 反思行动的教师实践性知识思想

反思行动的教师实践性知识思想将行动中的知识视为实践性知识，将反思行动看作一个认知过程。反思行动的教师实践性知识思想的代表人物有美国麻省理工学院的教育学家、哲学家唐纳德·舍恩(Donald A. Schon)和美国哈佛大学的教育学及组织行为学家克里斯·阿吉里斯(Chris Argyris)。舍恩一生受杜威哲学思想的影响，致力于帮助教育者教导专业工作者胜任实践工作，提出"在行动中反思"(reflective in action)和"对行动的反思"(reflective on action)的"反思行动"的教师实践性知识思想。[①] 他将教师视为"反思性实践者"，并区分了专业工作者的信奉理论与使用理论。教师的使用理论是教师在行动中反思行动所获得的知识，这种知识也是教师实践性知识的表现形式。舍恩"反思性实践者"理论在欧美特

① 舍恩的核心概念是"在行动中反思"(reflection in action)和"对行动的反思"(reflection on action)，本书把舍恩"在行动中反思"和"对行动的反思"的思想统称为"反思行动"思想。关于翻译为"反思行动"还是"反映行动"，这里面涉及对"reflection"的翻译问题。国内学术界既有把"reflection"概念翻译为"反思"，也有翻译为"反映"的。比如"反思教学""反映性实践者""唯物主义反映论"等。舍恩代表作 *The Reflective Practitioner：How Professionals Think in Action* 的翻译者——我国台湾学者夏林清把"reflection"翻译为"反映"，并认为舍恩的"reflection"概念涉及的不只是"思考"，而是涵盖了思想、情感与行为表现的对话活动。她认为这一理解与现代汉语中的"反映"更贴近，因此把舍恩的"reflection"一词翻译为"反映"。详见[美]唐纳德·A. 舍恩. 反映的实践者——专业工作者如何在行动中思考[M]. 夏林清，译. 北京：教育科学出版社，2007：译者序. 不过笔者认为，一方面"反思"一词已经成为约定俗成的话语，特别是已经成为中小学教师日常生活世界中的话语方式；另一方面"反思"一词也不仅仅涉及思考，一个人的反思过程往往掺杂着个人的人生观、世界观和价值观，正如哲学解释学所说的"前见"，因此本书倾向于把"reflection"翻译为"反思"。

别是在北美教师教育领域产生了深远的影响，比如出现了反思性教学(reflective teaching)、反思性实践(reflective practice)、探究取向的教师教育(inquiry-oriented teacher education)、行动中反思(reflection-in-action)，教师作为研究者(teacher as researcher)等概念。阿吉里斯是舍恩的学术挚友，他与舍恩有过长期的学术合作，他致力于行动科学(action science)的研究，提出"行动性知识"(actionable knowledge)的概念，把行动性知识看作指导人类行动的知识形态，阿吉里斯与舍恩一样都反对技术理性对知识的渗透，强调反思在人类行动中的重要地位。不过舍恩关注到教育领域中教师的行动性知识，而阿吉里斯则涉及整个人类行动。

第一节　教师实践性知识与反思行动

在《反映的实践者》的第 1 编中，舍恩提出一种新的实践认识论，即把技术实践本身具有的能力和技艺(artistry)作为专业知识的出发点，尤其是实践者有时在不确定的、独特而矛盾的情境下所表现出的行动中的反思[the reflection-in-action(在行动过程中实践者表现出的思考)]。舍恩的教师实践性知识思想正是建基于这种实践认识论。舍恩反思行动的教师实践性知识思想的主要理论基础有杜威的经验中反思理论、赖尔的"知道什么"和"知道怎么做"的理论以及波兰尼的默会知识理论。

一、教师实践性知识是反思思维的结果

舍恩认为反思行动的教师实践性知识是教师专业实践的知识基础。杜威的经验中反思理论是在对传统认识论批判的基础上发展起来的。他认为传统认识论对确定性的寻求是不可能达到的，于是他建立了自己的实践认识论或者经验认识论。他的实践认识论或者经验认识论的"经验"是动词意义上的经验，即"如何经验"，而不仅仅是名词意义上的经验，即"经验是什么"。① 这种动词意义上的"如何经验"包括对经验的反思，其中加入反思、思维的要素，因此杜威的实践认识论或者经验认识论的核心就是经验中的反思。杜威的经验中反思理论主要体现在他对反思思维(reflective thinking)的论述。杜威指出

---

① 常宏. 杜威的经验自然主义及其宗教观[M]. 北京：中央民族大学出版社，2011：222.

反思思维是对某个问题进行反复的、严肃的、持续不断的深思。对此，杜威对反思思维进行了明确的界定："反思思维指现有的事物暗示了别的事物（或真理），从而引导出信念，此信念以事物本身之间的实在关系为依据，即以暗示的事物和被暗示的事物之间的关系为依据。"①杜威的反思思维作为一种对疑难问题的探究过程发生在经验过程中，而经验过程本身就是反思思维的过程。杜威以孩子把手指伸进火焰为例来界定经验与反思思维的关系。他说："一个孩子仅仅把手指伸进火焰，这还不是经验；当这个行动和他遭受的疼痛联系起来的时候，才是经验。从此以后，他知道手指伸进火焰意味着灼伤。一个人被灼伤，如果没有觉察到是另一行动的结果，就只是物质的变化，像一根木头燃烧一样。"②在这个过程中这个孩子把手伸进火焰感觉疼痛的过程就是发生了反思思维的过程，这一过程所产生的指导类似行动的知识就是实践性知识。

思维发生在仍在进行的而且还不完全的情境中，也就是说，思维是在事物还不确定或者可疑或者有问题时发生的。思维乃是一个探究的过程，一个观察事物的过程和一个调查研究的过程。在这个过程中，获得结果总是次要的，它是探究行动的手段。探究行动的过程就是探究本身的目的。杜威把反省经验的一般特征归结为以下几方面："①困惑、迷乱、怀疑，因为我们处在一个不完全的情境中，这种情境的全部性质尚未确定；②推测预料——对已知的要素进行实验性的解释，认为这些要素会产生某种结果；③审慎调查（考察、审查、探究、分析）一切可以考虑到的事情，揭示和阐明手头的问题；④详细阐发实验性的假设，使假设更加精确、更加一致，因为与范围较广的事实相符；⑤把所有规划的假设作为行动的计划，应用到当前的事态中去，进行一些外部的行动，造成预期的结果，从而检验假设。"③杜威称这种困惑的、困难的或混乱的情境为反思前的（pre-reflective）情境，称思维结果清晰的、一致的、确定的情境为反思后的（post-reflective）情境。从反思前到反思后的整个过程都是经验中反思的过程。这种经验中反思对舍恩的反思实践性知识具

---

① ［美］约翰·杜威. 我们怎样思维·经验与教育［M］. 姜文闵，译. 北京：人民教育出版社，2005：11-18.

② ［美］约翰·杜威. 我们怎样思维·经验与教育［M］. 姜文闵，译. 北京：人民教育出版社，2005：153.

③ ［美］约翰·杜威. 我们怎样思维·经验与教育［M］. 姜文闵，译. 北京：人民教育出版社，2005：165.

有重要影响。

二、教师实践性知识是"能力之知"

英国分析哲学牛津学派的创始人和主要代表人物赖尔的"知道什么"和"知道怎么做"理论对舍恩的教师实践性知识思想产生了重要的影响。赖尔在理智和理性的范围内区分了智力和理智这两个范畴，分别称为"知道怎样做"和"知道那个事实"。智力活动是可以用"聪明""愚蠢""熟练"等语词加以形容的活动，如下棋、开玩笑、打结等。理智活动则主要指理论思维活动，即"下判断""推理""形成抽象概念"等所描述的活动。理论思维活动的目标是获得关于真命题或事实的知识。作为智力的"知道怎么做"不同于作为一种理论思维活动的"知道那个事实"。"具有智力的"不能用"理智的"来定义，"知道怎么做"不能用"知道那个事实"来定义；"思考我正在做的事情"并不意味着"既在思考所做的事情又在做这件事情"。① 赖尔认为，在专门的教学工作中以及在日常生活中，"我们对于人的能力比对于他们认识多少东西要关心得多，对于人的活动比对于他们闻知什么真理要关心得多"②，因此"知道怎么做"比"知道什么"对人的生活和工作关系更加密切和重要。

赖尔重点论述了"知道怎么做"这一人类的智力活动。赖尔认为，智力的运用即"知道怎么做"在实践中不能分析为两个前后排列同时进行的一组活动：首先是考虑处方，然后是实施处方。"知道怎么做"是一种素质，但不是像反射或习惯那样的单项素质。它的运用就是对于规则或法规的遵守或对于准则的运用，但这种运用却不是先在理论上承认箴言而后把箴言付诸实践的前后相继的两个活动。而且，它的运用可以是公开的或者是隐蔽的，可以是做出的行为或者是想象的行为，可以是说出声来的言论或者是在头脑中形成的言论，可以是画布上的画或者是心目中的画。或者，这种运用也可以是二者的混合。③

"知道怎么做"虽然显示了人类的智力，但它们的规则并没有明确表述出来。当人们要求富有机智的人举出他借以构作或鉴赏笑话的箴言或准则时，他无法做出回答。他知道怎样构作格调高的笑话，也知道怎样查知趣味低的

---

① ［英］吉尔伯特·赖尔. 心的概念[M]. 徐大建，译. 北京：商务印书馆，1992：30.
② ［英］吉尔伯特·赖尔. 心的概念[M]. 徐大建，译. 北京：商务印书馆，1992：24.
③ ［英］吉尔伯特·赖尔. 心的概念[M]. 徐大建，译. 北京：商务印书馆，1992：50.

笑话，但他却无法对我们或对他自己说出任何构作笑话的方法，因此幽默地实践并不能从它的理论那里得到任何帮助或指导。同样，人们也还没有提出美学鉴赏的标准、得体举止的准则和技术发明的规则，但这并没有妨碍人们借助智力来运用那些天赋。① 因此，在行动过程中，"知道怎么做"的前提不一定能够说出来，也可能根本就没有具备"知道什么"的知识，但是在实际的行动过程中可以根据情境进行实践。

赖尔还区分了纯粹的习惯性行事方式和显示出智力的行事方式。纯粹的习惯性行事方式的本质是，一个行为是它的先前行为的复制品。显示出智力的行事方式的本质是，一个行为靠它的先前行为得到修正。② 舍恩认为，赖尔的这种实践方式的划分对作为专业人员的教师具有启发作用。教师的教学不是纯粹习惯性的行事方式，而是在与周围环境和人互动过程中不断修正与建构的结果。因此，教师的专业工作是一种智力性的工作，在专业工作中教师使用的知识是反思行动知识。

三、教师实践性知识是个人默会的知识

舍恩的反思行动知识也与默会知识理论存在密切的关系，舍恩曾经多次提到默会知识理论。他在其反思行动知识理论的重要代表作品——《反映的实践者——专业工作者如何在行动中思考》一书的前言中曾给出这样的假设："有能力的实践工作者所知道的通常多于他们所说的。他们展示了一种'实践中的认识'（knowing-in-practice），而他们之中多数人对于其实践中的认识是隐晦不明的。"③默会知识理论成为舍恩反思行动的教师实践性知识思想的重要组成部分。

默会知识理论的代表人物当属英籍奥地利物理化学家和哲学家迈克尔·波兰尼。波兰尼指出，人们通常对认识的关注只是限于言传认识，实际上，在言传认识的背后还存在着真正在认识活动中处于主导地位、起着决定作用的默会知识。"我们所知道的远比我们能说出来的多得多"（we know more

---

① ［英］吉尔伯特·赖尔. 心的概念［M］. 徐大建，译. 北京：商务印书馆，1992：27.
② ［英］吉尔伯特·赖尔. 心的概念［M］. 徐大建，译. 北京：商务印书馆，1992：44.
③ ［美］唐纳德·A. 舍恩. 反映的实践者——专业工作者如何在行动中思考［M］.
夏林清，译. 北京：教育科学出版社，2007：2.

than we can tell)成为默会知识理论核心话语方式。① 波兰尼还举出现实生活中的例子来说明默会知识在我们的日常活动中所发挥的重要作用。比如我可以骑上自行车且一言不发，或在二十件雨衣中挑出我自己的那一件且一言不发。虽然我无法清楚地说出如何骑自行车，也不能清楚地说出我如何认出自己的雨衣（因为我并不清楚地知道），然而这并不妨碍我说我知道如何骑自行车，如何认出自己的雨衣，因为我完全清楚地懂得如何做这样的事情，虽然我对我知道的东西的细节只按工具的方式知道并在焦点上忽视了这些细节。所以波兰尼指出："我知道这些东西，尽管我无法清楚地说出或几乎无法说出我知道的是什么。"②这就是波兰尼缄默知识理论的惯常表达。造成默会知识无法说清楚以及几乎无法说出的根本原因在于，默会知识是一种身心合一的认识活动，是一种对对象的整体认识活动。默会知识存在于人的实践活动中。这里的实践指的是主体的行为、行动。波兰尼以科学发现为例，指出科学家要做出科学的发现，就必须将那些一般意义上的科学技巧如观察、记录、描述、资料分析等个性化、实践化，并转化为他自己独特的知识，这种个性化、实践化的过程就是默会认识的过程。③ "一门本领的规则可以是有用的，但这些规则并不决定一门本领的实践。它们是准则，只有跟一门本领的实践知识结合起来才能作为这门本领的指导。它们不能代替这种知识。"④因此，缄默知识是一种实践性知识，它是人们在实践行动中与周围环境和人交互互动过程中不断生成并不断完善的过程。

总之，默会知识理论特别是波兰尼的默会知识理论对舍恩的反思行动的教师实践性知识思想产生了重要影响，舍恩把缄默知识理论应用于专业人员的实践工作，从而形成独具特色的反思行动的教师实践性知识思想。

---

① Sternberg，R. J. & Horvath，J. A. (1999). *Tacit Knowledge in Professional Practice*[M]. Mahwah：Lawrence Erlbaum Associates：ix.

② ［英］迈克尔・波兰尼. 个人知识——迈向后批判哲学[M]. 许泽民，译. 贵阳：贵州人民出版社，2000：131.

③ 李白鹤. 默会维度上认识理想的重建——波兰尼默会知识论研究[M]. 北京：中国社会科学出版社，2009：43.

④ ［英］迈克尔・波兰尼. 个人知识——迈向后批判哲学[M]. 许泽民，译. 贵阳：贵州人民出版社，2000：94.

第二节　反思行动的教师实践性知识思想的内容

反思行动的教师实践性知识是舍恩在批判技术理性的基础上，结合专业实践工作的特点所提出来的。舍恩认为，科技理性已经渗透社会生活、专业工作等领域的方方面面。那种追求标准化、统一化、确定性的科技理性思维模式在面对专业实践工作时越来越显得苍白和无力。专业化虽然支配了当前的各行各业，但是专业知识面临越来越大的危机。专业实践工作（如医学领域、建筑领域、教育领域、法学领域等）的复杂性、不确定性、不稳定性、独特性和价值性已经不符合科技理性的思维方式。科技理性的实证主义认识论在解释专业实践工作的问题过程中越来越缺乏信心。正是在这样的背景之下，舍恩基于反思行动的实践认识论，形成他的反思行动的教师实践性知识思想。

一、教师是"行动中认知"的反思性实践者

舍恩"反思性实践者"理论在欧美特别是在北美教师教育领域产生了深远的影响，比如出现了反思性教学、反思性实践、探究取向的教师教育、行动中反思，教师作为研究者，等等。

（一）反思行动的教师实践性知识是基于行动科学的知识形态

反思行动的教师实践性知识思想家认为教师专业实践是一种行动科学（action science）意义上的实践。行动科学是一门探究人类相互间的行为是如何被设计并付诸行动的科学，因此，行动科学是一门实践的科学。行动科学的先驱包括约翰·杜威及库尔特·勒温。

行动科学关注一些具有高独特性、不稳定性及不确定的情境。在这种情境中，无法援用从科技理性模式发展出来的理论与技术。行动科学的目标在于发展一些主题，让实践者在特定情境下能够建构他们自己的理论与方法。①行动科学将人们看作自己行动的设计者。当在行动的层面来看待人类行为时，这些行为乃是由行动者的意义及意图所建构形成的。每个人在行动时都储存

---

① ［美］唐纳德·A. 舍恩. 反映的实践者——专业工作者如何在行动中思考［M］. 夏林清，译. 北京：教育科学出版社，2007：253.

了许多概念、图式及基本模型，并学会在面临一个独特情境时，从经验库中取出一套程式来设计出自己对环境的了解与行动。阿吉里斯称这种设计的程式为"行动理论"(theories of action)。① 阿吉里斯提出行动科学，目的是希望表达一种科学的特性，它可以生产出有用的、正当的、描述性的有关世界的知识，这个知识同时还蕴涵着有关这个世界如何改变的信息。教师实践性知识就是阿吉里斯所说的这种有关世界和改变世界的知识形态。从阿吉里斯及舍恩的论述可以看出，教师的行动等同于教师的实践。教师实践性知识就是教师行动中使用的知识。国内学者杨国荣也将"行动"看作"实践"的代名词："历史地看，作为类的'人'的存在形态，总是相应于他们在不同历史时期的行动(实践)。"②阿吉里斯还对主流科学将实证理论与规范理论分离的现象进行了抨击，强调了行动科学的规范立场，试图将实证理论与规范理论融合起来，而反思行动就是将此融合起来的实践。

(二)"行动中认知"与实践性知识

反思行动的教师实践性知识思想家提出"行动中认知"(knowing-in-action)的概念，并把"行动中认知"看作日常实践性知识特有的一种形式。③ 那么"行动中认知"与实践性知识是一种什么样的关系？其实质内涵有何不同？

1969 年，施瓦布发表题为《实践》(The Practical)的四篇论文，阐明了教育中的"实践性话语"的特征，并为唤醒这种话语奔走呼号。在施瓦布看来，"理论样式"的目的在于形成新知，形成以新知内容为特定事实的严密知识；其方法的特征是从已知知识到可能解决的未知知识的过渡。而实践样式的目的在于实践问题之解决的决策，而不是形成特定的知识；其方法的特征是立足于不确定前提从事未知问题的解决。④ 阿吉里斯认为，实践性知识是为行动服务的知识。我们的认识通常是内隐的(tacit)，内隐于我们行动的模式中，潜在于我们处理事务的感受里。可以恰当地说，我们的认识存在于行动中。"认知(knowing)是一种行动中认知(knowing-in-action)的动态品质，当我们

---

① [美]克里斯·阿吉里斯，等. 行动科学：探究与介入的概念、方法与技能[M]. 夏林清，译. 北京：教育科学出版社，2012：58-59.
② 杨国荣. 成己与成物——意义世界的生成[M]. 北京：北京大学出版社，2011：317.
③ [美]唐纳德·A. 舍恩. 反映的实践者——专业工作者如何在行动中思考[M]. 夏林清，译. 北京：教育科学出版社，2007：44.
④ [日]佐藤学. 课程与教师[M]. 钟启泉，译. 北京：教育科学出版社，2003：296.

描述它时，它就转化成为实践中的知识（knowledge-in-action）。"①在舍恩看来，行动中认知是一种实践行动，对这种实践行动的反思认识的结果就是实践性知识。舍恩以儿童玩积木为例来阐述行动中认知与实践性知识的关系。对于行动中的认识，儿童可能是以"对积木的感觉"来呈现的，而观察者以理论进行再描述。观察者在陈述实验发现时，将儿童的"行动中认知"转变成行动中的知识。通过作者对儿童行为的观察，作者用语言描述了他们对儿童的直觉理解，这些便成为作者有关儿童行动中认识的理论。②

总之，反思行动的实践性知识思想家将教师视为在行动中认知的反思实践者。日本著名教育家佐藤学也非常赞赏反思行动的教师实践性知识思想家对反思行动以及实践认识论的论述，并把反思性实践者的实践性认识概括为五个部分：①行为过程的认知（knowing-in-action），即"默会知识"（tacit knowledge）；②行动中的反思（reflective-in-action）；③同情境的对话（conversation with the situation）；④关于行动过程的认识与省思的反思（reflection on knowing-and-reflection-in-action）；⑤同反思性情境的对话（reflective conversation with the situation）。在"反思性实践者"模式中，实践、认识与实践主体的成长从某种意义上说是三位一体的，构成同一种过程。③

二、教师实践性知识是教师专业实践的知识基础

知识与实践的关系不仅是日常生活领域实际存在的问题，而且也是理论界经久不衰的话题。④ 教师是不是一个专业？如果是的话，其专业知识基础是什么？

---

① Donald A. Schon. (1987). *Educating the Reflective Practitioner：Toward a New Design for Teaching and Learning in the Professions*[M]. San Francisco：Jossey-Bass Inc. Publishers：26.

② [美]唐纳德·A. 舍恩. 反映的实践者——专业工作者如何在行动中思考[M]. 夏林清，译. 北京：教育科学出版社，2007：48.

③ [日]佐藤学. 课程与教师[M]. 钟启泉，译. 北京：教育科学出版社，2003：242.

④ Cochran-Smith, M. & Lytle, S. (1999). Relationships of knowledge and practice：Teacher learning in communities[J]. *Review of Research in Education*，(24)：249-305.

（一）反思行动的教师实践性知识思想家对学院派理论知识的质疑

反思行动的教师实践性知识思想家首先对科技理性为代表的学院派理论进行了批判。

格莱泽对主要专业和次要专业进行了区分，指出医学、法律是主要专业，而社会工作、图书馆学、教育、神学与城镇规划等属于次要专业。格莱泽有关主要专业和次要专业的区分的背景是系统化、基础性的、科学性的知识。格莱泽的专业分类是对科技理性的最佳勾勒。舍恩针对格莱泽的专业分类，认为一门专业的系统化知识基础，需要具备四项基本属性：专精化、界限明确、科学化与标准化，其中标准化尤为明显。因为依据科理性模式，标准化是维持、影响专业知识基础与其实践之间的范式关系的重要成分。① 舍恩认为，科技理性的这种知识观会导致教师专业实践的合法性危机。这一危机深植于无法依照他们自身专业规范行事所带来的失败感，以及无法帮助社会实现目标与解决问题的无力感。教师在教学过程中遇到具体的教学问题，很难找到一种确定的、统一的、普适的问题解决策略，教师只能在那种问题情境下，针对不同的学生选择"好的"策略。教师往往不像医生、律师、工程师、建筑师那样拥有专业的地位，在舍恩看来，这主要在于教学工作缺乏一个明确的理论基础。为此，舍恩认为反思行动的实践性知识要受到尊重，这是联系教师专业工作与专业实践的知识基础，是教师的专业知识。② 舍恩将反思行动的教师实践性知识作为教师专业实践的知识基础。教师教育似乎依赖于这样一个前提，即从听课和书本上得来的现成知识可以直接转化为实践行为。这个前提是经不起推敲的，因为它无法解释新教师如何利用教学行为获得实践性知识。当新教师着手教学工作时，当新教师开始教学时，他们分明排斥在教育学院所学的知识，然而他们的教学能力的确在发展、在提升。③

---

① ［美］唐纳德·A. 舍恩. 反映的实践者——专业工作者如何在行动中思考［M］. 夏林清，译. 北京：教育科学出版社，2007：20-22.

② Stephen Newman. (1999). *Philosophy and Teacher Education：A Reinterpretation of Donald A. Schon's Epistemology of Reflective Practice*［M］. Aldershot：Ashgate Publishing Limited：56-57.

③ ［美］唐纳德·A. 舍恩. 反映回观：教育与咨询实践的案例研究［M］. 夏林清，译. 北京：教育科学出版社，2010：183.

(二)反思行动的教师实践性知识作为教师专业实践的知识基础

基于此，舍恩把专业实践分成两大层次：一个层次是属于"高硬之地"的层次上，在这一层次上，情境和目标都是清晰的，实践者能够有效地运用科学理论和技术去解决问题；另一个层次是"低湿之地"，这一层次充满着"复杂性、模糊性、不稳定性、独特性和价值冲突"，是实践的"不确定地带"。① 前者属于规范教育学领域的传统知识观，后者属于反思行动的实践性知识的领域。舍恩对传统的知识论进行了批判，传统的知识论是"学术领域所尊重的知识"，舍恩认为，大学对基本知识的生产与分配并无贡献，绝大多数的大学体制着眼于一种特定的认识论，一种培养选择性地忽略实践能力和专业艺术性(professional artistry)的知识观点。舍恩所提倡的是民间教育学(folk pedagogies)。这种民间教育学受到一些学者的关注，他们认为民间教育学实际上成为支配教育发展的教育学。② 这种教育学的默会性和直接性使得这种教育学具有认知的和文化的特性，它实际上是教师实践性知识发生和生成的场域。舍恩认为，针对那种民间教育学的"低湿之地"领域应该采用的是反思行动的实践认识论，而不是实证主义的实践认识论。

实证主义的实践认识论关乎工具性的问题，而反思行动的实践认识论关乎的不仅是工具性的问题，同时还有价值性的问题。当目标固定而清楚时，如何行动便是一个工具性的问题。但当目标是令人困惑的及充满冲突时，这里就变得好像没有"问题"要解决了。目标的冲突性质是不能靠应用型发展出的技术来解决的，它反而要依靠问题情境的非技术过程，协助我们组织与澄清目标以及实现目标的可能途径。③ 舍恩以筑路为例子来阐明专业实践工作知识与价值的密切关系。要修筑一条道路，他们通常需要处理复杂而又模糊的情境，地理、地形、经费、经济以及政治等诸如此类的问题纠结在一起。当一群专业工作者下决心要建一条什么样的路之后，接着便要思索如何才是修筑道路最好的方法。他们可能应用各种科技知识解决这一问题，但当路筑

① [美]唐纳德·A. 舍恩. 反映的实践者——专业工作者如何在行动中思考[M]. 夏林清，译. 北京：教育科学出版社，2007：35.

② Sternberg, R. J. & Horvath, J. A. (1999). *Tacit Knowledge in Professional Practice*[M]. Mahwah：Lawrence Erlbaum Associates：195-211.

③ [美]唐纳德·A. 舍恩. 反映的实践者——专业工作者如何在行动中思考[M]. 夏林清，译. 北京：教育科学出版社，2007：34.

好后却意外破坏了附近小区原有的生态环境，专业工作者发现他们再一次地处于一种不确定情境之中。① 也就是说，修筑一条道路并不是仅仅按照既定的目标并配备足够的条件就可以完成，而是在筑路过程中根据具体的情境要不断地加以调整。

三、教师实践性知识是反思行动的"视域融合"结果

反思行动的教师实践性知识思想家将教师实践情境中表现出来的实践能力视为"专业艺术技巧"（professional artistry），这种专业艺术技巧涉及意识（awareness）、鉴别（appreciation）和调整（adjustment）。专业艺术技巧是一种反思行动能力，这种能力既存在于正规教育系统，也存在于非正规系统。布迪厄也注意到反思行动的专业艺术技巧在教育中的存在："在那些没有文字、没有学校的社会里，我们能明显地发现有许多思维方式和行动类型，经常还是一些至关重要的东西，是以教授者和学习者直接的、长期稳定的接触为基础的，通过总体全面、实践可行的传递方式，从实践到实践地传递，这些技艺被传承下来。不过，即使在具有正规学校体系的社会里，甚至在这些学校内部，传授知识的方式在很大程度上也仍然如此。"②笔者认为，对这种专业艺术技巧的反思结果就是反思行动的教师实践性知识，这种知识形态是教师与周围环境"视域融合"的结果。

（一）视域融合

反思行动的实践认识论是一种理解的视域融合。"视域融合"是德国哲学家伽达默尔（Hans-Georg Gadamer）的诠释学概念。在伽达默尔的实践哲学话语体系中视域融合就是一种反思行动，真理即知识就是在视域融合的过程中产生和形成的。

"视域"概念最初由尼采和胡塞尔引进哲学中，用来表示思维受其有限的规定性束缚的方式，以及视野范围扩展的规律的本质。从此词的本义上来看，"视域"就是指视看的区域，它包括人从某个立足点出发所能看到的一切。伽

---

① ［美］唐纳德·A. 舍恩. 反映的实践者——专业工作者如何在行动中思考［M］. 夏林清，译. 北京：教育科学出版社，2007：33.

② ［法］皮埃尔·布迪厄. 实践与反思——反思社会学导引［M］. 李猛，李康，译. 北京：中央编译出版社，1998：343-344.

达默尔对视域赋予更多的意义："首先，视域的基础是历史性的，人如果不把他自身置于这种历史性的视域中，他就不能真正理解历史遗留物及历史文本的意义。其次，也是最重要的，理解者和解释者的世界不是封闭的和孤立的，它是理解在时间中进行交流的场所。视域同历史一样，总是不停地运动，当这一视域与其他视域相遇、交融，于是就形成新的理解。"①在伽达默尔看来，理解者与诠释者在与文本接触中不断扩大自己的视域，我们要对任何文本有正确的理解，就一定要在某个特定的时刻和某个具体的情境里对它进行理解，理解在任何时候都包含一种只在过去和现在进行沟通的具体应用。"诠释学知识是与那种脱离任何特殊存在的纯粹理论知识完全不同的东西，诠释学本身就是一门现实的实践的学问，或者说，理解本身就是解释，它将文本与其当前境域联系起来。"②

行动中反思的本质就是能从习以为常的现象中"听"出或"看"出不同的东西来，也就是舍恩所提出的"重新框定"。重要的是，重新框定的反思方式，根本不同于我们更为熟知的方式，这正是舍恩所提的"对行动反思"。③ 反思行动的实践是一个理解与诠释的过程，作为实践者的教师不断地在行动中理解与诠释，即反思行动的教师实践性知识思想家所说的反思行动中的认知、行动中反思和对行动的反思。教师实践性知识就是在这样的理解与诠释中不断形成的视域融合。

（二）教师实践性知识是教师反思行动中的视域融合

反思行动的教师实践性知识是教师与周围环境及人的"视域融合"的结果。视域融合作为理解与诠释的方式发生在具体的情境之中。舍恩认为，反思行动的过程就是将过去的经验应用于独特情境的过程。

舍恩对反思行动的教师实践性知识的关注并不在于结果，而在于反思行动的过程，即视域融合的过程。也就是说，反思行动与视域融合在某种程度上存在着很大的相似性。舍恩注重教师实践性知识的情境性，认为"不同的专

---

① 严平. 走向解释学的真理——伽达默尔哲学述评［M］. 北京：东方出版社，1998：130-131.

② 洪汉鼎. 当代西方哲学两大思潮［M］. 北京：商务印书馆，2010：517.

③ ［美］唐纳德·A. 舍恩. 反映回观：教育与咨询实践的案例研究［M］. 夏林清，译. 北京：教育科学出版社，2010：161.

业隐含着实践艺术中的相似性，尤其是这些专业在面对不确定、不稳定与独特的情景时所展现出的艺术性探究"。这种行动中反映的模式，舍恩称之为"与情境的反映性对话"①。这种与情境的反映性对话往往是给予一定的"前见"或"前理解"，教师往往带着一定的"前见"或"前理解"与周遭的人与环境进行反思行动或者说视域融合。伽达默尔肯定了"前见"或"前理解"在认识事物中的积极意义，认为"前见"或"前理解"是历史赋予理解者或解释者以生产性的积极因素，它为理解者或解释者提供了特殊的"视域"（horizont）。这种基于"前见"的与情境的反映性对话的过程是实践性知识生成的过程，而这种过程是一个无止境的过程。在教师遇到类似情境时，这种实践性知识又成为与情境的反映性对话的"前见"。这就涉及情境的相似性问题。舍恩以物理系新生看钟摆的例子来说明这种反思行动的教师实践性知识。他说一个物理系的新生看到钟摆时，就会联想到斜坡的问题，他就会设定新问题进而解决它们，而在解题的过程中，他们采用的可能是与先前类似问题同中有异的问题解决方式。正因为他把新问题看成是旧问题的类似题，因此他的新解决办法是旧解决办法的变体。正是由于他一开始无法勾勒出问题间的异同，因此也无法在一开始就勾勒出问题解决过程的异同。维特根斯坦将"由重叠交叉的相似点组成的复杂网络系统""在总体上相似，在细节上相似"的特征称为"家族相似性"。② 在这方面，舍恩受到维特根斯坦的"家族相似性"概念的影响，他将这种类似情境的问题解决办法称为"相似地看待着"（seeing-as）和"相似地解决着"（doing-as），并认为"相似地看待着"和"相似地解决着"的整个过程是在不知不觉中进行的。③ "相似地看待着"和"相似地解决着"的能力，就是现象学所说的"前见"在起作用，"相似地看待着"就是舍恩所说的反思行动的教师实践性知识。

舍恩重视教师在情境中反思行动，对教师的"前见"给予了充分的重视，其实在舍恩看来这种反思行动的"前见"就是教师的实践性知识。实践者即教师的实践性知识作为"前见"不断地进行着视域融合。"情境会通过行动的意外

---

① ［美］唐纳德·A. 舍恩. 反映的实践者——专业工作者如何在行动中思考［M］. 夏林清，译. 北京：教育科学出版社，2007：215.

② ［奥］路德维希·维特根斯坦. 哲学研究［M］. 涂继亮，译. 北京：北京大学出版社，2012：42-43.

③ ［美］唐纳德·A. 舍恩. 反映的实践者——专业工作者如何在行动中思考［M］. 夏林清，译. 北京：教育科学出版社，2007：116.

结果，反馈给实践工作者。实践工作者会思考这些反馈，也许会在情境中发现新的意义，而重新进行框定。于是他便凭借反映性对话的质量和方向，来判断问题该如何设定。"①

四、教师实践性知识是教师身心合一的使用理论

反思行动的教师实践性知识思想家对教师信奉理论与使用理论进行了区分，认为指导教师行动的是教师的使用理论。使用理论摒弃了身与心、理论与实践、知识与行动的分离，它是一种行动中的理论。

（一）信奉理论与使用理论

在反思行动的教师实践性知识思想家看来，信奉理论是指个体宣称他所遵循的理论，使用理论则是指那些由实际行动推论出来的理论。阿吉里斯和舍恩认为，人类的行动可以没有信奉理论，但是有有效的使用理论。出色的反省者无法明确地说明成功诊断一个很难鉴别的疾病的临床判断过程，他可能也无法给学生模仿这个行动过程。具有创造性的建筑师不能提供设计的信奉理论，但是他可以设计出富有创造性的新结构。当学校处于困难当中时，学校管理者不能基于面谈和非正式的讨论提出他感受到的信奉理论，但可以机敏地诊断学校出了什么问题。② 阿吉里斯认为，信奉理论与使用理论和"说一套，做一套"不一样。阿吉里斯认为，人们所做的一定和他所具有的使用理论一致，但不一定和他的信奉理论一致，这一论点支持我们形成这一看法——人们的作为都不是偶然的，他们不会"恰好"就这么做。③

使用中的理论是一种情境性的知识形态。人们针对各种情境使用截然不同的使用理论，但这些情境在外人看来往往并无区别。例如，学校咨询师对待男孩和女孩的方式可能不同，此外，即使他能用同样的方式对待每一类学生，但在面对另一个异质群体的成员时，他可能会采用不同的行为方式。在这种情况下，他可能需要根据不同的学生类型，用一种高级别的理论控制子

---

① [美]唐纳德·A. 舍恩. 反映的实践者——专业工作者如何在行动中思考[M]. 夏林清，译. 北京：教育科学出版社，2007：113.

② [美]克里斯·阿吉里斯，唐纳德·A. 舍恩. 实践理论：提高专业效能[M]. 邢清清，赵宁宁，译. 北京：教育科学出版社，2008：168.

③ [美]克里斯·阿吉里斯，等. 行动科学：探究与介入的概念、方法与技能[M]. 北京：教育科学出版社，2012：59-60.

级别的使用理论。① "因材施教"恐怕说的就是这个意思。科恩伯莱斯(Catherine Cornbleth)强调知识的情境性(context),知识应该放置到具体的情境中才有意义。使用中的知识就是这样的情境性知识,他阐述了"使用中知识"的定义:"从广义上说,使用中的知识包括与学生有关的技能、意向、态度或者价值观,也包括日常知识、对世界的认识以及对相应学科的学术知识。更具体来说,使用中的知识涉及教师在课堂实践中如何选择、组织、看待以及配置知识。"②

阿吉里斯和舍恩以学习骑自行车为例来说明技能与使用理论的差异。他说即使把骑自行车的全部程序都教给学生,而且学生也的确认真研读了所有步骤,最终学生能够复述在不同情况下需要哪些程序。然而,能够复述程序并不意味着技能的习得。原因在于:①骑自行车的程序与具体操作之间存在巨大的差异。程序从来就不能全面地描述具体的行为。②骑自行车需要一系列自如、连贯的反应。③一些程序指导的行为可能需要某些感官能力、肌肉力量、身体灵敏性或者感觉的配合,但没有一项能够通过学习骑自行车的程序获得。③

(二)反思行动的教师实践性知识是身心合一的使用理论

反思行动的教师实践性知识打破了身心、主客等的二元世界,这种知识观是一种身心合一的使用理论。舍恩认为,专业实践人员是一种社会的动物,所有的人类活动依赖于人们共同生活的事实,但只有行动在人类社会之外是无法想象的。只有行动才完全依赖他人的持续在场。教师的教学行动如果离开了教育教学活动、离开了学生,那么就没有也不能有存在的必要了。教师的反思行动是教师身心与周遭世界交互活动的结果,正如哈贝马斯所说的,"交往行动"。在"交往行动"情境下,专业实践工作者(包括教师)的教师实践性知识是什么?舍恩认为,反思行动的教师实践性知识是身心合一的使用理论。舍恩区分了教师的信奉理论和使用理论。舍恩指出:"当我们问某人在某

---

① [美]克里斯·阿吉里斯,唐纳德·A.舍恩. 实践理论:提高专业效能[M]. 邢清清,赵宁宁,译. 北京:教育科学出版社,2008:8.

② Catherine Cornbleth. (1991). *Capturing Contexts of Curriculum Knowledge-in-use*[M]. Buffalo:Graduate School of Education Publications:2.

③ [美]克里斯·阿吉里斯,唐纳德·A.舍恩. 实践理论:提高专业效能[M]. 邢清清,赵宁宁,译. 北京:教育科学出版社,2008:11-12.

种情境下会如何行动时，答案往往是此人在那种情境下的信奉理论。这种理论是他（她）信仰并且对外宣称的理论。但是，事实上指导他（她）行动的是使用理论。使用理论不一定与信奉理论一致；更重要的是，人们往往意识不到这两种理论之间的不一致。"①舍恩认为，指导教师日常教育教学工作的是使用理论，而不是信奉理论。其实有很多案例说明，没有信奉理论，但是具有有效的使用理论。使用理论就是所谓的实践性知识。这种身心合一的教师实践性知识具有默会性，比如一位走钢丝的表演者在走钢丝时随时应用着"怎么做"的知识；篮球比赛中球员之间的默契也没有具体的、固定的规则指导他们，但是他们仍然娴熟地进行配合；一位教师在进行课堂教学时随时都持有"怎么做"的知识。不过这些行动中的知识很难被行动者觉察，而是被作为一种无意识的常识。

实际上，行动本来就是一个身心合一的实践行为。有学者区分了行动与普通位移之间的区别："行动既不同于单一的意念活动，也有别于纯粹的身体变移，而是表现为身与心的互动。单纯的意念活动仅仅限于精神之域，对外部的存在没有发生实质的影响，从而不同于现实的行动。单一的身体变移情况较为复杂，既可以由外力造成被动移动，也有可能是无意识的行为。唯有既出于内在意愿，又用手按下开关，才是行动，行动的过程是身与心的统一。"②对行动的反思就是一种有意识的行为，这种行为就表现为对自己的行动进行不断监控并不断调整的过程，是身与心的统一。对此，英国著名社会学家吉登斯对行动也有类似的看法。他指出："人类总是与他们所做事情的基础惯常地'保持着联系'，这本身就构成了他们所做事情的一种内在要素。在其他地方我把这称为'行动的反思性监测'，我之所以使用这个短语是为了让人们注意到相关行动过程中始终存在着这个特征。人类的行动并没有融入互动和理性聚集的链条，而是一个连续不断的、从不松懈的对行为及其情境的检测过程。"③思想与行动总是处在连续不断地彼此相互反映的过程之中。其实，赖尔在《心的概念》一书中区分了"知道什么"（knowing what）与"知道如何"（knowing how），并将人的能力主要与 knowing how 联系起来，这一看法

①　[美]克里斯·阿吉里斯，唐纳德·A.舍恩. 实践理论：提高专业效能[M]. 刑清清，赵宁宁，译. 北京：教育科学出版社，2008：6.
②　杨国荣. 成己与成物——意义世界的生成[M]. 北京：北京大学出版社，2011：320.
③　[英]安东尼·吉登斯. 现代性的后果[M]. 田禾，译. 南京：译林出版社，2011：32-33.

被广泛地认同和接受。事实上，"知道什么"和"知道如何"无法截然分开，人的能力也并非仅仅涉及"知道如何"。"知道什么"与"知道如何"存在密切的关联性。反思行动的教师实践性知识是身心合一的使用理论，这种反思行动是一种有意义的行动，行动离开了意义也不会被称为行动。正如哈贝马斯所说："行动就某种意义来说，是通过身体的运动体现出来的，但是只有当行动者遵循一种技术的行动规则或者一种社会行动规则同时进行这种运动时，这种行动才能体现出来。这意味着行动者有意完成一种行动计划，而不是有意进行借以体现他的行动的身体运动。一种身体运动是一种行动的因素，但不是行动。"①

第三节　对反思行动的教师实践性知识思想的评价

反思行动的教师实践性知识思想将反思、行动、反思行动等核心概念融入教师实践性知识，丰富了当代西方教师实践性知识思想，成为当前教师教育领域中具有影响力的思潮。"反思性教学""反思性研究者""反思性实践者"等已经成为教师教育领域的话语方式。笔者认为，舍恩反思行动的教师实践性知识思想超越了技术理性的实证主义认识论，形成了独具特色的反思行动的实践认识论。另外，反思行动的教师实践性知识思想也遭到学术界的批评，表现出一定的学术局限性，这表现为它秉持科技理性与实践理性二元思维方式，以及具有明显的经验主义色彩。

一、批判技术理性对专业实践的僭越

近代以来，随着科技力量的不断增强，科技理性作为一种思维方式逐渐支配了世界的行为方式，乃至渗透人类的日常生活。正如胡塞尔所言："在19世纪后半叶，现代人的整个世界观唯一受实证科学的支配，并且唯一被科学所造成的'繁荣'所迷惑，这种唯一性意味着人们以冷漠的态度避开了对真正的人性具有决定意义的问题。单纯注重事实的科学，造就单纯注重事实的

---

① ［德］哈贝马斯. 交往行动理论（第一卷）［M］. 洪佩郁，蔺青，译. 重庆：重庆出版社，1994：138.

人。"①科技理性所形成的理性思维方式是"绝对的""永恒的""超时间的""无条件的"。这种科技理性的思维方式拓展到了专业实践领域。

舍恩是在专业知识面临危机的社会时代背景下展开对教师实践性知识的探究的，他认为科技理性已经渗透社会生活的方方面面，专业实践领域同样如此。然而，科技理性在面对专业教育领域的问题时往往束手无策。对此，舍恩提出由科技理性到行动中的反思。"如果科技理性的模式在面对实践的多样情境时，是无法胜任、不完整的甚至更糟的话，那么，让我们重新来寻找替代的、较符合实践的富有艺术性及直觉性的实践认识论，而这样的艺术性和直觉性确实是有些实践者，在不确定、不稳定、独特的及价值冲突性的情境中所展现的。"②舍恩认为，实践认识论能够有效地弥合手段与目的、研究与实践、认知与行动之间的分离。舍恩虽然反对在处理专业实践问题时采用技术理性（technical rationality）的思维方式，但是舍恩也明确反对把自己的认识论视为"认识论相对主义"（epistemological relativism）。③ 舍恩对技术理性的不满是因为技术理性对问题解决关注太多，而对解决问题的情境关注不够。舍恩认为面临问题解决时需要考虑实践问题的情境。

二、秉持一种超越技术理性的实践认识论

反思行动的教师实践性知识思想是一种行动科学意义上的知识思想，行动科学的目标是生产为行动服务的知识，这种状态需要实践的认识论（epistemology of practice），也就是与行动有关的知识理论。教育学科作为人文学科，需要行动科学意义上的实践认识论。阿吉里斯等认为，"这可能意味着人文科学是建立在实践性知识的认识论（an epistemology of practical knowledge）上的"④。

实际上，科技理性与行动理性或者说实践理性的讨论受到许多哲学家及

① ［德］胡塞尔. 欧洲科学的危机与超越论的现象学［M］. 王炳文，译. 北京：商务印书馆，2001：15-16.

② ［美］唐纳德·A. 舍恩. 反映的实践者——专业工作者如何在行动中思考［M］. 夏林清，译. 北京：教育科学出版社，2007：39-40.

③ Schon, A. D. (1968). Psychiatry and the history of ideas［J］. *International Journal of Psychiatry*，5(4)：320-327.

④ ［美］克里斯·阿吉里斯，等. 行动科学：探究与介入的概念、方法与技能［M］. 夏林清，译. 北京：教育科学出版社，2012：16.

社会学家的关注。哈贝马斯把人类活动的兴趣分为技术的兴趣、实践的兴趣和解放的兴趣。技术的兴趣是人们试图通过技术占有或支配外部世界的兴趣。实践的兴趣是指维护人际的相互理解以及确保人的共同性的兴趣。解放的兴趣是指人类对自由、独立和主体性的兴趣，其目的就是把主体从依附于对象化的力量中解放出来。① 哈贝马斯的认识论是一种以自我反思为基础的、具有强烈社会性的、把认识与兴趣密切结合起来的、批判的社会认识论。哈贝马斯批判了技术的兴趣，提出他的著名的交往行动理论。交往行动理论就是一种反思行动，教育专业领域工作涉及的就是一种交往行动的教师实践性知识。舍恩抛弃了科技理性的实证主义认识论，提出反思行动的实践认识论，教师奉行的是反思行动的实践认识论。这种实践认识论摒弃了实证主义的认识论，在行动过程中根据不同的情境来做出相应的判断，这种判断不是价值无涉的，是包括一定的价值因素。这样知识与价值就成为不可分割的部分。不过，舍恩反思行动的教师实践性知识对科技理性进行了批判，奉行的反思行动的实践认识论，对科技理性的弊端进行了扬弃，但是其思想也表现出经验主义的倾向。

　　另外，反思行动的教师实践性知识思想关注到知识的文化维度和伦理维度，将反思性实践看作人类学意义上的行动。舍恩说："当代人类学的一个重要部分是，把文化视为一个论述与行动的复杂且动态的领域，这个观点强调了反映性实践概念的一个特定维度。"②舍恩将反思性实践建立在一个组织的文化系统之上，认为反思过程是一种多元的、多样性的、理解的过程，甚至是一段时期的密切合作。阿吉里斯的行动理论也融入了亚里士多德的经典"实践"（praxis）思想，也就是说行动不只关切手段，同时也注重目标与结果，而且它包含价值或道德的元素。③ 同时，它也是一种规范性判断（normative

---

① ［德］哈贝马斯. 认识与兴趣［M］. 郭官义，李黎，译. 南京：学林出版社，1999：译者前言 12-14.

② ［美］唐纳德·A. 舍恩. 反映回观：教育与咨询实践的案例研究［M］. 夏林清，译. 北京：教育科学出版社，2010：94.

③ ［美］克里斯·阿吉里斯，等. 行动科学：探究与介入的概念、方法与技能［M］. 夏林清，译. 北京：教育科学出版社，2012：33.

judgments），涉及"对"与"错"的价值判断。①

三、存在科技理性与实践理性二元思维方式缺陷

舍恩对科技理性的认识论方式进行了猛烈的批评，认为专业实践奉行的是实践认识论，教师实践性知识是在反思行动中获得的。教师的专业实践是一种"教学艺术技巧"，在情境中具有不确定性、不稳定性、独特性以及价值性。

然而在现实教育实践中，大多数教师是能够以融合技术与反思、理论与实践、一般与具体的方式为一体进行教学的，大多数的教学不能被归于极端的类型。正如赖尔把人类的认识分为"知道什么"和"知道如何做"一样，人类的行动实践既包括"知道什么"的事实性知识，也包括"知道如何做"的能力性知识。科技理性的实证主义认识论强调"知道什么"的事实性知识，认为"知识就是证实了的真的信念"（knowledge is justified true belief）。② 虽然这一观点遭到很多人的反对特别是怀疑论者的反对，但是毫无疑问的是，人类的认识是基于一定的事实性知识的，离开了基本的事实性知识，人类的实践恐怕是难以想象的。正如教师的教学一样，教师完成教学工作首先要对基本的教学事实性知识有一个基本的把握，在此基础上认识教学工作和实施教学实践。如果教师对教学的事实性知识一无所知，他也不可能完成教学工作。然而，舍恩过于强调"不确定性"（indeterminate）和"惊异"（surprise）等在教学过程中的作用，他认为惊异首先包含着对事物的认识和期盼，只有对确定性的寻求才能使人产生对不确定性（indeterminate）的理解，否则将陷于混乱无章（chaotic）的理解中，只有对那些落入界限之外的事物，才能运用凭经验办事的规则，因此，不以"技术理性"的事实性知识为基础，惊异是不可能产生的。不过，把理论和实践划分为"技术理性"和"行动中反思"截然不同的两大阵营是毫无裨益的。

总之，反思行动的实践性知识思想的"反思行动"是基于一定的事实性知识，将实践认识论与科技理性的实证主义认识论对立起来无助于认识教师实

---

① Donald A. Schon. (1987). *Educating the Reflective Practitioner：Toward a New Design for Teaching and Learning in the Professions*[M]. San Francisco：Jossey-Bass Inc. Publishers：22-25.

② 胡军. 知识论[M]. 北京：北京大学出版社，2006：66.

践性知识。

四、呈现明显的经验主义色彩

舍恩反思行动的教师实践性知识注重教师在行动中的反思，注重根据具体实践情境的复杂性、不确定性、不稳定性、独特性和价值性等特征，在信奉理论与使用理论的重要性上更关注后者对行动的指导作用。然而舍恩忽视理性知识在指导教师行动方面的作用，认为相似情境、经验对解决类似问题发挥作用，这无疑给舍恩的教师实践性知识思想留下了经验主义的烙印。经验主义与理性主义作为人类认识的两种分歧自古希腊就已经出现，后来成为哲学史上争论不休的话题。经验主义与理性主义争论的一个焦点是人的普遍必然性知识的可能性和途径问题。① 经验主义把可以耳闻目见所获得的知识看成是唯一可信的知识。"存在就是被感知"，这句经验主义的口号成为经验主义的最好宣言。然而，我们的知识既有来自我们经验的直接认知，也有来自思维的理性推理。英国哲学家罗素（Bertrand Russell）把知识分为认知的知识和描述的知识，其中前者是关于事物的知识，后者是关于真理的知识。认知的知识是我们直接觉察的，不需要任何推论过程或是任何有关真理的知识作为中介；而描述的知识实际上是关于物体全部真理的知识。② 描述的知识的根本重要性是它能够使我们超越个人经验的局限，我们可以凭借描述对从未经验过的事物具有知识。根据对认知的知识和描述的知识的划分，罗素把世界分为共相的世界和存在的世界。"共相的世界是永远不变的、严格的、确切的……""存在的世界则转瞬即逝、模糊不清，没有确定的界限、没有任何明显的计划或安排；但是它却包罗着所有的思想和感情，所有的感觉材料和所有的物质客体：林林总总、有益而又有害、可以影响人生现世价值的各种事物。"③事实上，共相的世界和存在的世界对教师的专业实践来说都很重要，教师的专业世界既包括永恒不变的、严格的、确切的客观物质世界，也包括模糊不清的、情境的、价值的生活世界。这是因为教师作为专业人员同样也是人类的一员，所以他就要面对客观物质世界，要处理人与自然之间的关系，

---

① 陈修斋，主编. 欧洲哲学史上的经验主义和理性主义[M]. 北京：人民出版社，2007：257.

② ［英］罗素. 哲学问题[M]. 北京：商务印书馆，2007：35-36.

③ ［英］罗素. 哲学问题[M]. 北京：商务印书馆，2007：82.

这显然离不开与存在的客观物质世界进行交往。同时，教师作为教育专业人员，要处理的是人与人(学生、同事、教育研究专家、教育官员、家长等)、人与社会(学校系统、教育管理机构系统、社区系统)之间的关系，这就需要教师处理与存在世界的关系。因此，教师实践性知识不仅需要关注存在的世界，同样也需要关注共相的世界。因此教师的理性知识与经验知识都是重要的。而舍恩反思行动的教师实践性知识思想却关注到前者，对后者有所忽视。

第四章 个人叙事探究的教师实践性知识思想

个人叙事探究的教师实践性知识思想主要是对教师经验的叙事性知识的重视和认可。传统的教师知识理论往往把知识看作理论的，并且被专家所拥有。教师拥有的经验知识不被认同。教师往往被认为是知识的传播者。教师往往被认为拥有经验但是不拥有知识。教师作为专业人员不被认为拥有知识，教学不像其他专业那样拥有崇高的地位。教师往往被认为拥有像科学、阅读这样的学科知识，而不拥有教学专业知识。克兰迪宁认为，造成这种状况的部分原因在于忽视对教师实践性知识的关注。①

个人叙事探究作为一种实践方式日益成为教师实践性知识思想的一个流派。个人叙事探究的教师实践性知识思想是个人知识、叙事学、探究反思理论综合影响下的产物。在当代西方教师实践性知识思想领域，个人叙事探究已经成为最有影响力的教师流派。这一流派的主要代表人物是加拿大多伦多大学安大略教育研究院教师发展中心主任康纳利教授和加拿大阿尔伯塔大学教师教育和发展研究中心主任克兰迪宁教授。他们创造性地提出教师个人实践性知识(teachers' personal practical knowledge)和教师专业知识场景(teachers' professional knowledge landscapes)的概念，并提出意象(image)、个人哲学(personal philosophy)、隐喻(metaphor)、叙事主题及节奏等个人叙事探究的教师实践性知识思想，他们

---

① Clandinin，D. J. (1986). *Classroom Practice*：*Teacher Images in Action* [M]. Philadelphia：The Falmer Press：3.

的教师实践性知识思想使叙事探究成为教师实践性知识的生成方式和存在方式。

第一节　教师实践性知识与个人叙事探究

康纳利和克兰迪宁的教师实践性知识思想是叙事探究（narrative inquiry）的知识思想，叙事探究是康纳利和克兰迪宁教师实践性知识的生成方式，也是实践性知识的存在方式。康纳利和克兰迪宁的叙事探究的教师实践性知识思想深受叙事学理论和杜威哲学的经验探究影响，并在此基础上提出叙事探究的教师实践性知识思想。以下将从叙事和叙事探究这两个角度来论述康纳利和克兰迪宁叙事探究的实践性知识思想。

一、叙事是教师日常生活世界中的基本实践方式

从历史发展的脉络追溯，学术思想界已经实现从思辨到分析再到目前叙事的话语转化。20 世纪之初，西方历史哲学领域发生了从思辨的历史哲学到分析的（或批判的）历史哲学的转型，这是近现代学术思想界话语方式的首次转变；20 世纪六七十年代分析的历史哲学又转向了叙事的历史哲学，从而叙事的历史哲学取代分析的历史哲学而成为当代历史哲学的主流形态，这样叙事的话语方式已经逐渐成为当下主流的话语方式之一。①

那么何为叙事？叙事（narrative）也称叙述，它是文学和哲学领域的核心概念。叙事是人类社会基本的社会现象之一。人与人之间因为有事情、有思想要表述、要传达给其他人，就需要寻找叙述的方法、表达的媒介。有学者指出："叙事的本质是信息的传递，是交流过程中一个单方面的发射过程，叙事文本是一个被发射的信息集。"②也有学者强调叙事的时间和空间因素，强调叙事的关系性，即叙事必须涉及两个或两个以上的事件或状态，指出"叙事就是叙述事情，即通过语言或其他媒介来再现发生在特定时间和空间里的事件"③。比如一句简单的"我开车上班"就可以称为叙事，这句话涉及"开车"和

---

① 彭刚. 叙事的转向：当代西方史学理论的考察［M］. 北京：北京大学出版社，2009：1-2.

② 董小英. 叙述学［M］. 北京：社会科学文献出版社，2001：23-24.

③ 申丹，王丽亚. 西方叙事学：经典与后现代［M］. 北京：北京大学出版社，2010：2.

"上班"两件不同的事件。还有学者强调叙事的交往互动性，认为叙事从根本上说是一种交流活动，它指的是信息发送者将信息传达给信息接收者这样一个过程。① 因此，只要是存在人类的地方就有叙事活动。另外，作为生活中的每一个人，都会从各种各样的途径获取各种各样的信息，比如通过互联网、电视、报纸、图书、电影、会议、谈话等。可以说叙事是人类实践活动的基本方式之一。对此，法国符号学家和文学评论家罗兰·巴特（Roland Barthes）曾经指出：

> 世界上的叙事作品数不胜数。叙事首先表现为差异悬殊的各种类型，这些类型分布于不同的载体中——就好像任何材料都适合表达人类的故事一样。叙事能够通过清晰的书面或口头语言、固定或移动的图像、手势以及所有这些方式的有序组合来表达；叙事存在于神话、传说、寓言、童话、小说、史诗、历史、悲剧、戏剧、绘画……彩色玻璃窗、电影、漫画、新闻、会话等各种不同的形式之中。而且，在这些无穷的形式中，叙事几乎出现在所有时代、所有地方、所有社会；它起始于人类历史的开端，从没有人能离开叙事……如果抛开叙事的好坏，那么叙事则是跨国界的、跨历史的、跨文化的；它时刻在那里，正如生活本身。②

叙事作为人类活动的基本方式的"事"可以指过去发生、现在正发生或者将来要发生的事，叙事既可以是真实意义、事实意义上的叙事，也可以是虚构意义上的叙事。真实意义上的叙事出现在广泛的日常生活中，比如教师的日常教学实践活动就属于真实意义上的叙事活动。因此，我们可以说我们生活在叙事中，故事中不仅有叙述者，也有被叙述者，而且在不同的情境下叙述者与被叙述者可能发生角色的转换。新月派诗人的代表人物之一卞之琳曾写过著名的《断章》：

> 你站在桥上看风景，看风景的人在楼上看你。明月装饰了你的窗子，

---

① 谭军强. 叙事学导论：从经典叙事学到后经典叙事学[M]. 北京：高等教育出版社，2008：16.

② [法]罗兰·巴特. 叙事作品结构分析导论[A]. 张寅德，译//张寅德，编选. 叙述学研究[M]. 北京：中国社会科学出版社，1989：2.

你装饰了别人的梦。

诗人意在表现人与人之间、物与物之间的一种相辅相成的关系。自然、社会、人生是一幅幅滚动的风景，人生风景，层出不穷。而这就是一个非常经典的叙事案例。在这个故事中，我们每个人都可能处在嵌套的故事网中，我们的和他们的故事中。

康纳利和克兰迪宁汲取了叙事理论，认为对于教育和教育研究来说，叙事是呈现和理解经验最好的方法，经验就是我们所研究的东西。我们叙事地研究经验，因为叙事的思考是经验的一个关键形式，也是撰写和思考经验的关键方法。实际上，叙事的思考是叙事现象的一个部分，也许可以说，叙事的方法是叙事现象的一部分，或者叙事现象的一个方面。因此，我们说，叙事既是社会科学的现象，又是社会科学的方法。① 也就是说，叙事既是一种现象，也可以作为一种研究方法。那么对于教师而言，教师的专业实践活动是一种人与人（主要是师生之间）的信息传递过程，是发生在特定时间和空间中的人与人关系性实践方式，所以教师的专业实践活动就是一种叙事实践，而且是经验性的叙事实践。叙事主义者认为，人类经验基本上是故事经验；人类不仅依赖故事而生，而且是故事的组织者。进而，他们还相信，研究人的最佳方式是抓住人类经验的故事性特征，在记录有关教育经验的故事同时，撰写有关教育经验的其他阐述性故事。这种复杂的撰写的故事就被称为叙事（narrative）。写得好的故事接近经验，因为它们是人类经验的表述，同时它们也接近理论，因为它们给出的叙事对参与者和读者有教育意义。②

二、叙事是教师实践性知识的表达方式

叙事探究是康纳利和克兰迪宁教师实践性知识思想的核心概念，康纳利和克兰迪宁通过叙事探究来研究教师的个人实践性知识，并形成他们独具特色的个人叙事探究的教师实践性知识思想。瑞典学者查尔尼亚维斯卡（Barbara Czarniawska）也指出，叙事探究已经成为社会科学研究中的一种普

---

① ［加］克兰迪宁，康纳利. 叙事探究：质的研究中的经验和故事［M］. 北京：北京大学出版社，2008：20.

② ［加］康纳利，克兰迪宁. 叙事探究［J］. 全球教育展望，2003(4)：6.

遍方法，并且认为行动化叙事是社会生活的基本形式。① 那么何为叙事探究（narrative inquiry）？ 康纳利和克兰迪宁对"叙事探究"进行了这样的描述：

> 叙事探究是理解经验的一种方法。它是研究者和参与者在一定时间内，在一个或一系列的地点，以及在与周围环境的社会互动中的合作。一个研究者在开始进入这个矩阵，在研究进展中都要秉承这样的精神，研究结束时仍处在经历和讲述，再经历和重述构成生活的个人和社会的经验故事的过程中。简而言之，叙事探究是经验的和讲述的故事。②

从康纳利和克兰迪宁对叙事探究的界定中我们可以看出叙事探究与经验存在密切的关系。叙事探究是教师实践性知识的基本现象和表达方式。也可以看到杜威经验概念对康纳利和克兰迪宁叙事探究思想的影响。叙事探究的一个出发点就是研究者自己的经验叙事、研究者自传。我们自己经验的叙事写作任务，是叙事探究的重心。③ 叙事是人类生活经验的基本表达方式，是一种意义的诠释。叙事研究是一种以意义诠释为核心的教育经验的理论方式。④ 丁钢指出叙事是一种思维模式，那么这是不是知识获得的一种方式呢？这种获得知识的方式其实就是一种建构主义的知识获得方式，也就是说，把经验提升为理论。这也是一种人文理解主义的教师知识获取方式。在叙事探究中，研究者需要"叙事地思考"（think narratively），即用一种有着内在意义联系的方式来思考人类的生活经验和叙事探究活动本身。"叙事是呈现和理解经验最好的方式。经验就是我们所研究的东西，我们需实地研究经验，因为叙事地思考不但是经验的一种主要形式，而且也是撰写和思考经验的主要方法。其实，叙述地思考是叙述现象的一部分。或者可以说，叙事方法是叙事现象的一部分或一个方面。因此，叙事既是社会科学现象，又是社会科学方法……叙事探究

---

① ［瑞］芭芭拉·查尔尼亚维斯卡. 社会科学研究中的叙事［M］. 鞠玉翠，译. 北京：北京师范大学出版社，2010：4.

② ［加］克兰迪宁，康纳利. 叙事探究：质的研究中的经验和故事［M］. 北京：北京大学出版社，2008：22.

③ ［加］克兰迪宁，康纳利. 叙事探究：质的研究中的经验和故事［M］. 北京：北京大学出版社，2008：75.

④ 丁钢. 教育经验的理论方式［J］. 教育研究，2003(2)：25-26.

是学习叙事地去思考、叙事地关注生活。"①康纳利和克兰迪宁认为，人总是处在关系中，总是处在社会情境中。关系性是人在经验世界中存在的基本特征。叙事探究就是要努力去揭示经验的这些方面，从而达到对经验的理解和解释。叙事探究不仅是理解经验的一种方法，而且还是一种体验形式（a form of living）、一种生活方式（a way of living）。康纳利和克兰迪宁认为在叙事探究中，叙事与研究者和教师对经验的理解相关，"探究"则表明研究者和教师接近"经验"的方式是"到生活中去询问、追问（inquiry）"。因此，"叙事探究"强调参与实际生活去思考，去"经历经验"，去对经验的过去、现在及未来进行探求、询问，即怀有理解他人和自我以及改变现状的旨趣。

叙事探究是教师实践性知识的基本现象，同时也是教师实践性知识的表达方式。教师是专业实践的叙事主题，教师的专业实践活动是一种叙事探究的过程。这一叙事探究的过程是教师实践性知识发生的专业知识场景。叙事探究强调研究是一个共同构建生活的过程，这个过程包括现场、现场文本（包括后来的回忆）和研究文本。康纳利和克兰迪宁认为，叙事探究的过程围绕三个事件：现场、现场经验文本和研究文本。现场是一个具有时空、地点以及个人与社会互动的三维结构。研究文本与前两者相结合，它代表评判研究之社会意义的问题。现场、现场文本和研究文本以及它们之间的关系，是叙事研究的主要焦点，即从一个中立的观察者到一个积极的参与者的研究者和现场的关系。② 康纳利和克兰迪宁受到杜威的经验连续性、互动性和整体性思想的影响，并与传统叙事所要求的时间、地点和人物事件三要素结合起来，提出以时间性为第一维度、人和社会为第二维度、地点为第三维度的"三维叙事探究空间"（three dimensional narrative inquiry space）概念。任何叙事都包括个人的和社会的互动，过去、现在和将来的连续性以及结合地点（情境）的概念。③ 在教育领域，教师的专业知识场景是教师的现场和现场文本，作为参与者的研究者就需要把这种现场文本转化为研究文本，从而构建教育的意义。这也为教师把工作逻辑转化为研究逻辑提供了途径，那就是把现场文本转化为研究文本。

---

① Clandinin, D. J. & Connelly, F. M. (2000). *Narrative Inquiry：Experience and Story in Qualitative Research*[M]. San Francisco：Jossey Bass：18.

② ［加］康纳利，克兰迪宁. 叙事探究[J]. 全球教育展望，2003(4)：7.

③ ［加］克兰迪宁，康纳利. 叙事探究：质的研究中的经验和故事[M]. 北京：北京大学出版社，2008：54.

　　康纳利和克兰迪宁试图寻找介于叙事探究思维方式和宏大叙事思维方式之间的中间道路。叙事探究思维方式和宏大叙事思维方式两者之间存在着一定的张力。叙事探究思维方式在时间性、人、行为、确定性和情境等方面与宏大叙事思维方式有明显的不同。在时间性张力方面，叙事探究思维方式认为当我们看到一个事件，我们不是把它当作一个当时发生的孤立事件去思考，而是作为一个在时间过程中的表达。任何事件、任何事物都有过去，有展现出的现在，也有蕴涵的将来；宏大叙事思维方式论者认为，事件和事物在时间中被看作"存在"(to be)，有永恒的意义。在人的张力方面，叙事探究思维方式论者认为，人在任何一个时间点上都处在个人变化的过程中，人以前是什么样，现在是什么样，将来是什么样，这都是叙事探究对人的关注；而宏大叙事思维方式基本上不考虑人的概念，人的叙事历史被看作是无关紧要的。在行为的张力方面，叙事探究思维方式论者认为一个行为是一个叙事的符号，课堂行为是教师和学生叙事历史的课堂表达，行为与意义存在着密切的关系；宏大叙事思维方式则认为行为是可以被证明的，行为越复杂，认知水平的目标越高级。在确定性的张力方面，叙事探究思维方式总是尝试对事件进行解释，这种尝试总是表达着一种不确定性，对事物的解释总是存在着其他可能性；宏大叙事思维方式论者则认为事物之间存在着确定性的因果关系。在情境的张力方面，叙事探究思维方式论者认为环境永远在场，这种情境包括时间情境(temporal context)、空间情境(spatial context)及他人情境(context of other people)。情境对任何人、时间或者事物都是有意义的；宏大叙事思维方式论者则认为情境可以分解为与各种情境因素重要性相一致的、带有确定性的变量和测度。叙事探究思维方式把情境中的人看作首要的，而宏大叙事思维方式则把通用案例(the universal case)看作首要的。①

　　总之，克兰迪宁把教师思维涉及教师知识的研究分为两个类型：其一，是对我们关于教师知道什么的研究(research on what we know about teachers)，其二，是对教师知道什么的研究(research on what teachers know)。克兰迪宁的教师实践性知识思想属于第二种研究范式。克兰迪宁又把第二种研究范式——教师知道什么的研究划分为四种类型：①教师知道什么理论(what teachers know of theory)的研究；②在实践中教师知道什么(what teachers

　　① ［加］克兰迪宁，康纳利. 叙事探究：质的研究中的经验和故事[M]. 北京：北京大学出版社，2008：32-35.

know in practice)的研究；③（通过了解）教师知道什么检查教师信奉的知识类型（what teachers know examines the kind of knowledge teachers hold）的研究；④教师实践性知识（practical knowledge）的研究。① 克兰迪宁的研究属于第四种类型，即对实践性知识的研究。

第二节　教师实践性知识：行动中的意象

在现实教育领域中，知识往往被认为是理论的，并且被专家所拥有。教师往往被认为拥有经验但是不拥有知识，但是教师拥有的经验知识不被认同。教师作为专业人员不被认为拥有知识，教学不像其他专业那样拥有崇高的地位。教师往往被认为拥有像科学、阅读这样的学科知识，而不拥有教学专业知识。这样的状况在逐渐发生变化，比如埃尔巴兹、舍恩关注的是教师的经验知识。基于此，康纳利和克兰迪宁对教师的经验知识进行了考察，认为教师的实践性知识应该得到承认并且需要对教师的实践性知识进行探究，提出个人叙事探究的教师实践性知识思想。他们认为，知识在个人叙事中表达出来。康纳利和克兰迪宁使用"表达"（express）一词来表现个人实践性知识的品质，而不是通常意义上把知识的品质看作被运用和传播。教师的行动是教师个人实践性知识的源头活水，教师不断地从课堂经验中采用他们行动的方法和手段。康纳利和克兰迪宁把行动看作工作中的个人知识。在通常情况下，人们可能还没有意识到正在使用的个人实践性知识。② "个人实践性知识"中的"个人"并不意味着教师的实践性知识是个人私自拥有的、隐秘的，而是说教师的实践性知识具有个人特性和个人经验特性。对教师实践性知识的研究可以采取不同的视角，比如从研究的视角（the research perspective）、研究者的视角（the role of the researcher）、研究中教师的视角（the view of the teacher in the research）、教师思想中经验的视角（the role of experience in teachers' thought）等，克兰迪宁从研究的视角来研究教师的实践性知识，并采用教师实践者的视角（the perspective of the teacher practitioner）来呈现自己的教师实

---

① Clandinin, D. J. (1986). *Classroom Practice：Teacher Images in Action* [M]. Philadelphia：The Falmer Press：18.

② Connelly, F. M. & Clandinin, D. J. (1984). *The Role of Teachers' Personal Practical Knowledge in Effecting Board Policy. Volume Ⅲ：Teachers' Personal Practical Knowledge*[M]. Toronto：Ontario Inst. for Studies in Education：1-3.

践性知识思想。以下将从教师专业知识场景与教师实践性知识的关系、教师实践性知识的意向表达和教师实践性知识的比喻等角度探究教师的实践性知识思想。

一、教师专业知识场景是教师实践性知识的发生场域

"专业知识场景"（professional knowledge landscapes）是康纳利和克兰迪宁个人叙事探究的教师实践性知识思想的时空基础。康纳利和克兰迪宁用"场景"这一隐喻来建构了教师生活与工作的认识论与道德的视域。个人叙事探究的教师实践性知识是教师在其专业知识场景下支配教师专业实践的知识形态。

(一)教师专业知识场景

康纳利和克兰迪宁的"教师专业知识场景"概念的提出受到芬斯特马彻（Fenstermacher）的影响。芬斯特马彻在《认识者与认识：教学研究中知识的本质》(The knower and the known：The nature of knowledge in research on teaching)一文中提出教学与知识之间存在的四个问题："①关于有效教学知道什么？②教师知道什么？③对教学来说什么知识是必要的？④谁生产教学知识？"[1]康纳利和克兰迪宁对芬斯特马彻的上述观点进行了批判，并认为在学校教学实践中个人的叙事也是教师知识生成的重要途径，甚至是教师知识的存在方式。他们在芬斯特马彻教师知识理论的基础上，提出知识与教学实践的第五个关系，即"在教师工作的专业知识背景中教师知识是如何形成的？"康纳利和克兰迪宁认为这个关系包括芬斯特马彻提出的四对关系，指出教师专业情境是一个复杂的、历史的、个人的、交互的、专业的场域，构成教师专业实践的时空环境，并进而提出教师专业知识场景（teachers' professional knowledge landscapes）的概念。[2]

那么康纳利和克兰迪宁的"专业知识场景"的内涵是什么？在康纳利和克兰迪宁看来，每个人都生活在某种背景之中，教师同样生活在一定的时空背

---

① Fenstermacher, Gary D.（1994）. The knower and the known：The nature of knowledge in research on teaching[J]. *Review of Research in Education*，20：5.

② Clandinin, D. J. & Connelly, F. M.（1996）. Teachers' professional knowledge landscapes：Teacher stories, stories of teachers, school stories, stories of schools[J]. *Educational Researcher*. 25（3）：24-30.

景之中。那么教师的"场景"就是一个"统摄了教师工作极其复杂的、智慧的、个人的和物理的环境"。① "场景"（landscapes）这一比喻不仅是教师生活与工作的认识论场域，更是教师生活与工作的道德场域，康纳利和克兰迪宁引入这一概念的目的在于提供一个沟通教师知识与教师专业实践的新视角。康纳利和克兰迪宁把教师场景看作教师个人叙事的场景，在这个场景中具有叙事的要素。根据个人叙事探究的教师实践性知识思想理论渊源的探究，叙事的维度包括空间（space）、时间（time）和地点（place）。专业知识场景是一个涵盖丰富的概念，它包括在不同关系中各种各样的人、事情、事件及它们之间的关系。因为康纳利和克兰迪宁把专业知识场景视为包括人、地点和事件的关系。这样，个人叙事探究的教师实践性知识就与叙事的这些要素联系起来了，而"专业知识场景"概念的构建就成为个人叙事探究的教师实践性知识的发生场域。康纳利和克兰迪宁给教师的专业场景进行过相关的界定：

> 场景（landscape）的隐喻……让我们能够谈论空间、场所和时间。而且，它有一种开阔感，能够在不同的关系中为不同的人、物和事件提供可能性。作为构成场景组成部分的教师专业知识包含着各种各样的人、物和事件，而且这些人、物和事件又反过来对专业知识产生影响。因为我们把专业知识场景看作是由人、场所和事物关系组成的，所以我们把它视为既是智力的又是道德的场景。②

康纳利和克兰迪宁进而指出教师实际生活在不同的场景中，既有课堂内的场景，也包括课堂外的场景。他们把教师专业实践分为两种场景：课堂外专业知识场景和课堂内专业知识场景。教师专业实践的两种场景都是个人叙事探究的教师实践性知识的发生场域。

（二）教师专业知识场景为教师实践性知识提供时空场域

康纳利和克兰迪宁提出教师专业知识场景的概念，并将教师的专业知识

---

① ［加］康纳利，［加］克兰迪宁，何敏芳. 专业知识场景中的教师个人实践知识[J]. 华东师范大学学报（教育科学版），1996(2)：12-13.

② Clandinin, D. J. & Connelly, F. M. (1995). *Teachers' Professional Knowledge Landscapes*[M]. New York：Teachers College Press：4-5.

场景分为课堂内专业知识场景和课堂外专业知识场景。其中课堂内专业知识场景与学生相联系，课堂外专业知识场景与其他人联系在一起。教师每天都在专业知识场景的两个空间穿梭。康纳利和克兰迪宁认为，对教师在课堂内的专业知识场景的关注程度远远高于对教师在课堂外的专业知识场景的关注程度。但是教师将更多的时间用在与课堂外的人与事进行交往。因此，学界需要对教师在课堂内的生活与教师在课堂外的专业生活进行区分和研究，并对这种专业知识场景的矛盾进行思考。① 因此，可以说这两个专业知识场景对教师的专业实践生活都是很重要的。

康纳利和克兰迪宁将教师的专业知识场景分为课堂内外两部分，这一方面反映了教师专业知识场景的空间差异；另一方面反映了教师在这两个不同的空间中的实践差异。美国社会学家戈夫曼的"台前台后"戏剧理论能够很好地解释这一现象。戈夫曼认为世界是一个舞台，每个人都是这个舞台上的一个演员，并扮演不同的角色。戈夫曼认为每个人都存在台前和台后两种不同角色。其中"台前"指"个体表演中能够以一种普遍的、固定的方式来对观察者进行情景定义的部分"②。当个体扮演一种确定的社会角色时，他常常发现人们已经为这种角色确定了一种独特的台前。教师在课堂内的专业知识场景类似于戈夫曼所说的"台前"，在课堂中，教师需要按照人们对教师角色的期待而扮演相应的角色。然而，在"剧场"的幕后，"演员"可能会与台前的表演很不一样。因此"演员"台前与台后的表演共同构成演员的生活。康纳利和克兰迪宁的教师专业知识场景理论类似于戈夫曼的剧场理论，教师在专业知识场景这样的"剧场"中扮演着自己的角色，课堂内的专业知识场景类似于"台前"，课堂外的专业知识场景类似于"台后"，教师的"台前"与"台后"的表演共同构成教师的专业实践生活。

教师在专业知识场景中生活，同时专业知识场景也塑造着教师的生活。教师的生活与知识是联系在一起的，与教师个体生活相联系的是教师个人实践性知识，与教师群体生活相联系的是教师专业知识场景。教师实践性知识就是在教师的个人叙事探究中逐渐生成的。在专业知识场景中，教师是教育

---

① Clandinin, D. J. & Connelly, F. M. (1995). *Teachers' Professional Knowledge Landscapes*[M]. New York：Teachers College Press：5.

② ［美］欧文·戈夫曼. 日常生活中的自我表演[M]. 徐江敏，译. 昆明：云南人民出版社，1988：5.

专业实践的叙事主体，叙事性的知识成为这一场景下的知识状态。利奥塔尔指出知识不仅包括科学知识，而且也包括叙事知识，后现代状态下宏大叙事理论已经逐渐被微观叙事性的知识形态所取代。康纳利和克兰迪宁所关注的就是教师在专业知识场景中的叙事性知识。康纳利和克兰迪宁把教室看作教师叙事的场所，在教室中教师叙述他们生活的故事，重述可能发生变化的故事，回味变化的故事。康纳利和克兰迪宁认为，教师叙事是一种表达自己的手段或途径，更意味着叙事是课堂的存在方式。教师以他们的角色在叙述他们的教学故事。他们是叙事者。① 人类是叙事的动物，不管是个体的人还是社会的人，都进行着叙事的生活。麦金太尔说："人不仅在他的小说中而且在他的行为与实践中，本质上都是一种讲故事的动物。"②教师作为教育专业人员，叙事成为沟通理论与实践或者说知识与实践的方式，支配教师个人叙事探究的是教师的叙事性知识，这种叙事性知识即教师实践性知识。教师在专业知识场景中，通过叙事来沟通师生交往关系，为学生的发展建立教育意义，而不仅仅是知识的传递。教学变成理解教师专业生活的部分。③

二、教师实践性知识是教师行动中的意象

意象（image）④是康纳利和克兰迪宁个人叙事探究的教师实践性知识思想的核心概念，在康纳利和克兰迪宁看来，个人叙事探究的教师实践性知识就是教师行动中的意象。康纳利的学生克兰迪宁的博士学位论文——《意象作为

---

① Clandinin，D. J. & Connelly，F. M.（1995）. *Teachers' Professional Knowledge Landscapes*［M］. New York：Teachers College Press：12.

② ［美］阿拉斯戴尔·麦金太尔. 追求美德：道德理论研究［M］. 宋继杰，译. 南京：译林出版社，2011：274.

③ Clandinin，D. J. & Connelly，F. M.（1995）. *Teachers' Professional Knowledge Landscapes*［M］. New York：Teachers College Press：25.

④ 克兰迪宁的论述是，有两个与意象相关的单词，即 image 和 imagery。根据《牛津高阶英汉双解词典》（第 7 版），image 的含义有：①形象，印象，声誉（the impression that a person，an organization or a product，etc. gives to the public）；②（心目中的）形象，印象（a mental picture that have of what sb/sth is like or looks like）；……⑤比喻，意象（a word or phrase used with a different meaning from its normal one，in order to describe sth in a way that produces a strong picture in the mind）。imagery 指的是"形象的描述，意象"（language that produces pictures in the minds of people reading or listening）（1007）。从以上来看，image 侧重从无声的"词语或短语"的角度来体现"意象"，而 imagery 侧重从有声的"语言"的角度来体现"意象"。

教师个人实践性知识组成部分的建构》(A conceptualization of image as a component of teacher personal practical knowledge)——就是论述意象与教师个人实践性知识的关系，这篇博士学位论文出版后的书名为《课堂实践：教师行动中的意象》(Classroom Practice：Teacher Image in Action)。可见，个人叙事探究的教师实践性知识与教师行动中的意象具有密切关系。两者的密切关系在于教师行动中的意象是教师个人实践性知识的核心组成部分，教师意象的表达是教师个人实践性知识的表达。从参与教师的角度来看，教师的个人实践性知识建构是对他们立场的解释，是他们的(their)叙事。① 以下将在"意象"概念的基础上分析康纳利和克兰迪宁的关键意象思想，并对意象的维度进行分析，试图通过康纳利和克兰迪宁的意象思想揭示出他们的个人叙事探究的教师实践性知识思想的实质。

(一)"意象"的内涵

何谓意象(image)？在《牛津高阶英汉双解词典》中，意象(image)的含义有：①形象，印象，声誉；②(心目中的)形象，印象；③比喻。② 从词典工具书的界定来看，意象是对外界形象的比喻。康纳利和克兰迪宁的意象概念受到西方意象主义流派的影响。西方意象主义的代表人物有庞德(Ezra Pound)等人。在 1913 年 3 月哈利特·门罗主编的《诗刊》上庞德阐述了"意象"定义，他说"一个'意象'是在瞬间呈现出的一个理性和感情的复合体"(An 'image' is that which presents an intellectual and emotional complex in an instant of time)。③ 虽然西方学术界对意象的研究十分丰富，但是西方诗学界对"意向"概念还没有形成共识。正如有学者指出的那样："'意象'概念……在诗学理论中被运用得最为广泛，其意义也最为模糊不清。'意象'概念被运用在太多不同的语境中，似乎不太可能系统地、理性地将它们的用法总结

---

① Clandinin，D. J. (1986). *Classroom Practice：Teacher Images in Action* [M]. Philadelphia：The Falmer Press：15.

② [英]霍恩比. 牛津高阶英汉双解词典(第 7 版)[M]. 北京：商务印书馆，2009：1007.

③ Pound，Ezra. (1972). *"A Retrospect" in Twentieth Century Literary Criticism：A Reader* [M]. David Lodge. Longman：59.

出来。"①

在中国文学中，意象也是一个重要的概念，它是诗学理论的基础性命题。"意象"一词，在中国语言发展史上，萌芽于先秦，成词于汉代，六朝用于文学，唐宋沿用，到明清而大行。在我国古代的历史文献中，就有许多经典的意象故事：

> 天子射熊，诸侯射麋，卿大夫射虎豹，士射鹿豕，示服猛也。名布为侯，示射无道诸侯也。夫画布为熊麋之象，名布为侯，礼贵意象，示意取名也。②

以上射箭仪式的表象背后蕴藏着文化象征意义，即隐含着政治文化密码。这种射箭仪式（具体来说就是不同身份的官员射什么样的动物，从而体现一种君臣、臣臣之礼）就是一种意象。另外，在我国古代的诗歌中蕴涵了大量的意象，都表达了叙事者蕴藏在行动实践背后的意义。意象经过作者的选择和组合，达到象与意互相蕴涵和融合的状态，它自然成为一种文化意义的审美载体，一种人文精神的感观现象。根据组成意象的物象不同来源，可以把意向分为"自然意象、社会意象、民俗意象、文化意象、神话意象等"③。

总之，中外古今，意象都成为人们表达行动背后的某种意义，这种意义可能是政治、经济、文化或者教育的意义。这些意象背后所蕴涵的意义就是叙事者个人实践性知识的呈现形式。

(二)康纳利和克兰迪宁个人叙事探究的意象

在克兰迪宁的研究中，对教师的解释不仅仅是试图通过教师的眼睛来看待周遭的世界，在一定程度上，克兰迪宁也试图建构教师的个人实践性知识（teacher's personal practical knowledge），它是教师专业实践中教师信奉的意向的表达。

---

① Preminger, Alex. & Brogan, T. V. F. (1993). *The New Princeton Encyclopedia of Poetry and Poetics*[M]. Princeton University Press：556. 转引自：黎志敏. 诗学构建：形式与意向[M]. 北京：人民出版社，2008：98.

② 黄晖. 论衡校释(第三册)[M]. 北京：中华书局，1990：704-705.

③ 杨义. 中国叙事学(图文版)[M]. 北京：人民出版社，2009：305.

1. 康纳利和克兰迪宁的教师意象

克兰迪宁汲取了文学中意象的意义，汲取了文学领域特别是诗学领域中意象的思想，将意象与教师实践性知识联系了起来，认为教师的意象是教师个人实践性知识的重要组成部分："意象是个人实践性知识的组成部分，它建立在个人生活的叙事统一体上，是理解教师知识的核心概念。"①

杜威认为，孩子的经验源于家庭和学校，孩子是家庭和学校经验的融合体。克兰迪宁借鉴了杜威的经验概念，认为教师意象的本质是教师的教育生活和私人生活的融合体，是教师的教育生活和私人生活的纽带(link)。② 意象作为个人实践性知识的组成部分，是一个人的个人经验和专业经验的联合体。意象是组织和重组过去经验的过程。用克兰迪宁的话说就是"意象存在于经验之中，是具体的和现场的。它是情感的、道德的和审美的表达"③。教师的行动和实践是他们意象的表达，这些表达和意象通过课堂实践以及经验而不断得以发展和变化。意象是过去经验和观点的融合。

康纳利和克兰迪宁研究教师个人实践性知识的过程也是自己意象表达的过程。通过对研究过程的反思，克兰迪宁在实践中表达了自己的意象。康纳利和克兰迪宁也重建了她的经验，这也是她个人经验的重建过程。④ 克兰迪宁的个人实践性知识思想是经验的、价值负载的、意义的和面向实践的。个人实践性知识被认为是不确定的(tentative)、易变化的(subject to change)、转瞬即逝的(transient)，而不是固定的(fixed)、客观的(objective)和不可改变的(unchanging)。

2. 克兰迪宁的"关键意象"的概念

克兰迪宁有关教师实践性知识内容的分类受到埃尔巴兹的影响。实践性知识内容包括课程材料和开发的知识(knowledge of curriculum materials and development)、学科知识(knowledge of subject matter)、指导程序性知识

---

① Clandinin，D. J.(1985). Personal practical knowledge：A study of teachers' classroom images[J]. *Curriculum Inquiry*，15(4)：363.

② Clandinin，D. J. (1986). *Classroom Practice*：*Teacher Images in Action*［M］. Philadelphia：The Falmer Press：130-131.

③ Clandinin，D. J.(1985). Personal practical knowledge：A study of teachers' classroom images[J]. *Curriculum Inquiry*，15(4)：363.

④ Clandinin，D. J. (1986). *Classroom Practice*：*Teacher Images in Action*［M］. Philadelphia：The Falmer Press：171-172.

（knowledge of instructional procedures）、课堂环境知识（knowledge of class-room milieu）、学校和父母的知识（knowledge of school and parents）、自我的知识（knowledge of self）。① 克兰迪宁受到埃尔巴兹教师实践性知识思想的影响，但是她又试图超越埃尔巴兹的思想，她提出关键意象的概念，教师的意象植根于教师的经验，并与他们私人以及专业实践生活密切相关，克兰迪宁提出五个关键意象。②

（1）"课堂是一个合作的微型社会"

"课堂是一个合作的微型社会"（the classroom as a mini-society of coopera-tion），这一意象反映了克兰迪宁对课堂中教师实践性知识的人际关系知识。马丁·布伯就对这种关系性的师生关系进行过相关的论述："真正的教师与其学生的关系便是这种'我—你'关系的一种表现。……这就要求教师要随时与学生处于二元关系中，把他视作伙伴而与之相遇。"③

克兰迪宁认为，教师的实践性知识包括教师关于课堂教学中人际关系（师生和生生）的理解，即把人际关系视作一个合作的微型社会。克兰迪宁把关系看作人类生活的基本结构，关系是每个人生活中存在的一种现象，而这种现象正是克兰迪宁的教师个人实践性知识思想的一个分析维度，即教师个人实践性知识的关系特性。在合作的微型社会中，教师对学生尊重，学生反过来也尊重教师，同学之间也是一种互相尊重的关系。尊重是这一意象最核心的要素。"课堂是一个合作的微型社会"这一意象源自访谈和课堂观察，它包括教师个人实践性知识内容的元素，教师的指导策略性知识、教学环境的知识以及自我的知识等都可以在这一意象中发现。"课堂是一个合作的微型社会"这一意象从某种程度上是来自教师对社会的一种看法，每个人的行动都会对身边其他人造成影响，因此教师需要人与人之间的社会关系。"课堂作为微型社会"的意象把教师的个人生活与专业生活联系在一起，教师的课堂意象孕育在教师的日常生活之中，在这样的过程中教师形成人与人之间的交往方式。

---

① Clandinin，D. J.（1986）. *Classroom Practice*：*Teacher Images in Action*［M］. Philadelphia：The Falmer Press：45.

② Clandinin，D. J.（1986）. *Classroom Practice*：*Teacher Images in Action*［M］. Philadelphia：The Falmer Press：55-64.

③ ［德］马丁·布伯. 我与你［M］. 陈维纲，译. 北京：生活·读书·新知三联书店，2002：114.

（2）"作为小岛的自我"

师生关系是教师专业实践工作中最重要的关系，师生关系是一种教育关系。艾伦(Aileen，一位拥有 12 年教龄的学前教育教师，是克兰迪宁的研究对象)把自己看作一座孤立无援的小岛，从而表现出自己的师生、同事以及与周围环境之间的关系。"作为小岛的自我"(yourself as a little island)处理的是人与周围环境之间的关系。艾伦在接受克兰迪宁访谈时说，自己在学校中感到很孤独，是一个小岛，或者说是一个孤岛。这一意象代表了艾伦在学校中自我的知识。艾伦在学校中感到很孤单，于是她积极参与早期儿童活动协会举办的相关活动，积极与学校的其他老师进行互动，也愿意让克兰迪宁分享自己对教育和孩子的理解。因此，当教师意识到自己在学校中的状态时，教师会基于自己的状态调整自己，比如当自己感到孤独时，他(她)会寻求和别人进行交流从而与别人分享自己在教育教学中的困惑。艾伦为此把对孩子和教育感兴趣的人视为自己心灵倾诉的对象。

（3）"语言即钥匙"

"语言即钥匙"(language as the key)体现了意象的交流(communication)与关爱(caring)特征，体现了人与人给予与接受的互惠关系。克兰迪宁认为课堂中的语言是师生沟通的媒介，因此她选择通过对教师的语言艺术实践来探究他们的实践性知识。

克兰迪宁的一位合作教师——艾伦的语言艺术实践开始于她的课堂的客观组织描述，从对语言艺术材料的种类和角色的探索，到对学生与物质材料互动的种类，以及同学之间的互动的种类的探索。艾伦的课堂分为六个中心，包括图书馆中心、磁带录音中心、听力中心、故事创作中心、打字中心和绘画中心。孩子每天花一半时间在这些中心参与活动。在绘画中心，艾伦鼓励孩子们给图画着色、绘画、涂彩，然后告诉他们关于图画的故事。她鼓励孩子们在打字中心创造单词和句子。她鼓励年长的孩子到教室里为感兴趣的孩子读书。在其他管理活动中，艾伦也鼓励孩子们使用语言。语言活动是艾伦课堂客观组织中的关注焦点。在时间管理方面，语言活动也受到重视。每组活动都有核心的语言结构。每个班级的课堂教学都始于讨论。讨论的话题有时候由艾伦提出来，有时候由孩子们提出来。这些讨论的焦点是富有表现力的语言。鼓励孩子们口头表达他们的想法，有时是对艾伦话题的回应，有时是对其他孩子的回应。

克兰迪宁强调关怀与交流是艾伦参与关系的核心。艾伦鼓励孩子们彼此发展关怀关系，但是对艾伦来说，关系中的交流是语言的交流。语言对交流是必要的，交流和关怀对关系来说是必要的。克兰迪宁把艾伦的语言艺术实践视为关系结构中的实践。

(4)"撒播小种子"

艾伦在对学生开展实践活动时，提出"撒播小种子"的意象。"撒播小种子"(planting the little seed)这一意象体现了艾伦对管理孩子活动的认识，克兰迪宁把这一意象描述为"撒播小种子看看孩子们是否感兴趣"①。在这一意象下，艾伦认为需要放手让孩子们做自己喜欢的事情，关注孩子兴趣是这一意象的核心表达。

(5)"孩子的面孔"

"孩子的面孔"(the child's face)这一意象反映了艾伦公平的学生观。艾伦认为应该让孩子们有公平参与的机会，教师要让孩子们感到自己受到重视，感到教师对自己的爱。② 因此，艾伦在课堂教学中会充分关注每一个孩子的面孔，通过观察孩子们的面部表情来理解孩子对教师的期待和需求，从而对其进行相应的教育活动。因此，教师对孩子的面部表情的理解与回应，就成为一种教育关系，教师如果能够及时抓住这种教育关系，就可能产生良好的教育意义。克兰迪宁认为教师实践性知识就是在理解与回应孩子的面部表情的教育实践中生成的，并指导着教师的实践行动。

总之，克兰迪宁的五个意象反映了不同的关系类型。克兰迪宁以上五个意象的认识就是她构建的教师个人实践性知识的主要组成部分。以上五个意象并不能涵盖教师个人实践性知识的全部，但是这些意象是克兰迪宁教师个人实践性知识思想中高度精选的解释性描述。

(三)教师意象的维度和表达方式

意象是经验的融合(coalescence)，经验是一个包括情感和道德因素的综合体，因此意象包括情感和道德维度。克兰迪宁把意象的情感维度和道德维

---

① Clandinin，D. J.（1986）. *Classroom Practice：Teacher Images in Action*［M］. Philadelphia：The Falmer Press：62.

② Clandinin，D. J.（1986）. *Classroom Practice：Teacher Images in Action*［M］. Philadelphia：The Falmer Press：63.

度比作连接教师的教育生活和私人生活的黏合剂(gule)。①

1. 教师意象的维度

(1)意象的道德维度

意象不是中立的,意象表明了好的或者坏的行动。在斯蒂芬妮"高中数学经验"的意象中,道德维度就表现得非常明显。道德维度为斯蒂芬妮的实践提供了判断标准。斯蒂芬妮不想令任何人处于可怕的处境之中。在某种程度上,意象的道德维度源自个人的经验判断。在斯蒂芬妮高中数学经验中,道德判断就源自斯蒂芬妮作为负面经验的判断。意象的道德维度最终归根于在关系中如何看待自己以及在大的社会关系背景中如何看待自己。②

在斯蒂芬妮的意象口头表达中,意象的道德色彩感就呈现出来了。课堂应该像个家,课堂和家应该有某些特征。在意向口头表达中,存在着"应该"与"不应该"的道德判断。"善"与"恶"的行为意识出现了。对斯蒂芬妮来说,好的行动使她生活在这儿(课堂中),并把学生视为具有个性的人类个体。

在实践表达中,也存在意象的道德维度。例如,在课堂上斯蒂芬妮举行派对为9月份一些同学的离开送行,这就是"课堂即是家"的意象的表达。这种意象的行动就表现了一种善的道德维度,就是把孩子们当作家庭成员来看待。意象的道德维度为斯蒂芬妮提供了实践的判断标准。这一标准对斯蒂芬妮来说是独一无二的。

课堂即是家的道德维度在一定程度上来源于斯蒂芬妮在读书时布袋式的学校经验,这种布袋式的学校经验给斯蒂芬妮带来了伤害,这种伤害有助于斯蒂芬妮建立一种意象的道德维度。

(2)意象的情感维度

意象的口头表达以及课堂实践中意象的表达都表现出明显的情感维度。例如,在斯蒂芬妮高中数学经验的意象中,"恐怖的""最糟的班级"等话语都表现出很强的情感色彩。艾伦的"自己是一座小岛"的意象也表现出类似的情感维度。艾伦使用的"总体上感到孤独的""沮丧的""令人窒息的"等词语都表现了意象的情感色彩。意象的情感色彩源自生成意象的个人经验。艾伦孤立

---

① Clandinin, D. J. (1986). *Classroom Practice*: *Teacher Images in Action* [M]. Philadelphia: The Falmer Press: 130-131.

② Clandinin, D. J. (1986). *Classroom Practice*: *Teacher Images in Action* [M]. Philadelphia: The Falmer Press: 147.

于周围同事的经验是情感负载的。这种情感使艾伦感到自己像一个孤岛。①

（3）意象的个人私人维度和专业维度

意象连接了它的来源及功能，连接了私人和专业的教育经验。斯蒂芬妮的"课堂即是家"的意象以及艾伦"语言即钥匙"的意象就体现了这种连接。艾伦的"课堂即是微型的合作社会"也连接了艾伦的个人经验和她的专业教育经验。这一意象源自艾伦个人的经验，这种经验包括社会是什么以及它对人们基本的正直的感觉，包括与孩子们在一起的专业经验。意象表达了艾伦如何组织她的课堂教学、如何鼓励孩子们彼此建立联系以及她如何与孩子们建立联系。课堂实践中的意象表达有助于与孩子们建立联系，并最终促进孩子教育经验的发展。意象在课堂实践中的表达也有助于艾伦与她个人的经验建立关系。②

2. 教师意象的表达方式

意象有口头表达和行动中表达两种表达方式。意象既可以通过口头语言表达出来，也可以通过实践表达出来。

（1）意象的口头语言表达

在意象口头表达时，意象偶尔翻译为隐喻。比如艾伦把自己比喻为"一座小岛"。对艾伦来说，意义就是她的经验与隐喻的联合体。艾伦的"语言即钥匙"意象表现在她的专业教育实践中，包括她的课堂和专业发展实践以及个人实践。在学校中，参与项目的顾问和其他老师被邀请到她的课堂中，艾伦能够与他们分享自己的思想和教学困惑。通过这种讨论，艾伦提升了自己教育孩子的水平。艾伦试图使自己成为其他老师的资源，其他老师也试图珍惜与艾伦的合作机会。为此艾伦还组织了早期儿童教师协会（association of early childhood teachers）。因此，她和其他老师形成一个合作共同体，从而讨论他们遇到的困惑。个人生活与专业同时建立起友好的合作关系，她与合作同事组织社会生活方面的 party，并且计划与其他亲密的同事组织研讨会（study sessions），从而反思他们遇到的教育问题。

（2）意象在实践行动中的表达

意象是在行动中、在实践中、在个人私人实践和教学实践中表达出来的。

---

① Clandinin, D. J. (1986). *Classroom Practice：Teacher Images in Action* [M]. Philadelphia：The Falmer Press：147-148.

② Clandinin, D. J. (1986). *Classroom Practice：Teacher Images in Action* [M]. Philadelphia：The Falmer Press：148.

口头表达仅仅是意向表达的一种形式。教师的世界从本质上来说是行动的世界。讨论做什么并不是生活的必要组成部分。意象在口头表达之前往往体现在实践中。斯蒂芬妮的"课堂即是家"就是这样的意象。然而，斯蒂芬妮最终提供了意象的口头表达。斯蒂芬妮"授人以渔"以及"自己成为渔夫"的意象就体现在实践中，只有当斯蒂芬妮说要"展示"给我而不是"告诉"我时才体现为意象的口头表达。

克兰迪宁的教师个人实践性知识思想受到埃尔巴兹"实践性知识"（practical knowledge）的影响。不过埃尔巴兹的教师实践性知识思想是口头表述的，而口头表述只是克兰迪宁的教师个人实践性知识思想的一种表述形式，教师个人的和专业的生活实践也是教师个人实践性知识的表述形式。

(四)教师实践性知识个案

1. 斯蒂芬妮的意象表达

克兰迪宁通过对一个名为斯蒂芬妮的（Stephanie）小学教师的叙事探究过程呈现教师意象与教师实践性知识之间的关系。斯蒂芬妮是一位拥有 12 年教龄的小学教师。克兰迪宁认为研究教师实践性知识的过程就是一个与教师共享探究的过程（a shared inquiry）。以下通过对斯蒂芬妮"课堂即是家"的意象表达来探究克兰迪宁个人叙事探究的教师实践性知识思想。

斯蒂芬妮的个人叙事探究的教师实践性知识通过许多意象表达了出来，比如"教学第一年"（the first year teaching）、"与孩子们在一起很轻松"（being free to go with the children）、"课堂即是家"（the classroom as house）、"秋季的乐园"（the fall house）、"作为周期的学年"（the school year as a cycle）、"自己作为践行者"（herself as a maker）、"教学就是教孩子们成为实践者"（teaching as teaching children to be makers）、"高中数学经验"（the high school math experience）、"警察"（the policeman）。

斯蒂芬妮强调"做"（making）而不是"口语交流"（verbal communication）在师生关系中的重要性。斯蒂芬妮的课堂物理环境十分典型，这是由她和她的学生亲自创设的，这一课堂环境与学校其他课堂是不一样的。在这一课堂上，充满了温馨。斯蒂芬妮像旋风一样，和孩子们在教室里不断地活动，从而在教学实践开展的同时也与孩子们建立了一种融洽的关系。

斯蒂芬妮重视自己和学生的创造力，她通过给学生制作并展示自己作品的途径与学生交流思想。斯蒂芬妮不仅利用其制作的道具作为邀请他人参与活动的工具，而且这种工具也是一种交流媒介。斯蒂芬妮在制作世界中游刃有余，她认为她能够通过她制作的产品（products）与他人进行有效的交流。斯蒂芬妮允许学生通过制作进行交流和表达自己，她关心孩子们并允许他们发展一种使自己成为有价值的人的意识。

斯蒂芬妮认为师生关系不应该是监督与被监督的关系，如果教师扮演警察的角色，那么人人被尊重的师生关系将不复存在。

2. 意象个案：斯蒂芬妮"教师即是家"的意象

意象是连接个人生活与教育专业经验的纽带。在与斯蒂芬妮讨论她的教学时，她说她把课堂视为家，"意思就是把课堂当作家来对待。我的意思是……一个家是什么样，那么课堂就是什么样"。在斯蒂芬妮意象的口头表达中，已经涉及个人生活和教育生活，已经把家与课堂联系起来。

克兰迪宁从意象的产生和意象所发挥的作用来探究意象概念。在克兰迪宁看来，意象源自斯蒂芬妮的私人生活。斯蒂芬妮自己在读书时就对学校布袋式的生活经验（packaging experience）十分厌倦，因此她在教学中想重建自己的课堂，从而给孩子们一个合作和互动的课堂环境，这样的课堂环境是一个适合学生生活的地方（living area）。

同时，意象也源自斯蒂芬妮的专业经验。斯蒂芬妮的经验包括专业经验，接受专业培训的经验，她自己的学校经验以及她自己的私人生活经验。在教师学院，她经常在课堂中昏昏欲睡，斯蒂芬妮对师范生的微型教学风格及内容不感兴趣，而且认为自己所经历的课堂对自己的发展产生了不良影响。因此，她在走上教学岗位后就需要给孩子们创造一个舒适的而且富有关爱的课堂环境，总之，就是一种家的感觉。

对许多人特别是对斯蒂芬妮来说，家应该是一个花园或者至少是能够生长东西的地方。斯蒂芬妮强调"家"的"生命"（living）元素。能够种植东西对斯蒂芬妮来说是重要的。她的兴趣在于种植和发展活动，因为这两项活动在她个人和专业生活中发挥重要作用。通过种植豆类、花卉、鳄梨树、天竺葵等植物，她营造家的环境氛围。另外，斯蒂芬妮通过在学校课堂中的种植活动学会了不少种植技术，从而也在院子里种植了一些植物，这样课堂中的"家"成为其自己的"家"的实验基地，从而将教育生活与个人生活联系了起来。

节律（rhythm）也是斯蒂芬妮表达自己个人实践性知识的概念。"学年节律"就是斯蒂芬妮表达学校生活周期性地发生变化，并且表现出一定的规律。学年节律就如圣诞节、感恩节、万圣节等传统节日一样年复一年地进行着，

"课堂即是家"同样也表现为教师教学的年复一年。

总之，"课堂即是家"的意象源于斯蒂芬妮个人的家庭、学校、专业培训和教学经验。斯蒂芬妮不仅将她的个人生活以及她的教育专业生活连接起来，她将所有的经验都与意象连接在一起，最终形成她的个人实践性知识。

第三节 教师实践性知识：个人哲学和叙事统一体

康纳利和克兰迪宁把个人哲学（personal philosophy）和叙事统一体（narrative unity）看作个人实践性知识的组成部分。

一、个人实践性知识是一种个人哲学

康纳利和克兰迪宁的教师实践性知识思想受到波兰尼个人知识理论的影响，提出教师的"个人哲学"的概念。康纳利和克兰迪宁把教师的个人哲学作为教师的实践性知识的组成部分，甚至他们将教师实践性知识也冠以"个人实践性知识"（personal practical knowledge）。康纳利和克兰迪宁的个人哲学与波兰尼的个人知识理论的附属意识存在一致性。波兰尼区分了两种觉知，即焦点觉知和附属觉知。波兰尼以用锤子钉钉子为例来区分这两种觉知：

> 当我们用锤子钉钉子时，我们既留意钉子，又留意锤子，但留意的方法却不一样。我们看着锤子击打钉子的效果，并力求用锤子最有效地敲打钉子。当我们往下锤时，并不觉得锤柄打着我们的手掌，而是觉得锤子击中了钉子。然而，在某种意义上我们肯定对把握这锤子的手掌和手指很警觉。这些感觉引导我们有效地把钉子钉上，我们对钉子的留意程度与对这些感觉的留意相同，但留意的方式却不一样。其不同可以用这样的话来叙述：感觉本身不是被"看着"的；我们看着别的东西，而对感觉保持着高度的觉知。我们对手掌的感觉有着附属觉知，这种觉知融汇于我对钉钉子的焦点觉知之中。①

在钉钉子的过程中，对有效钉钉子的注意是焦点觉知，而对手掌的感觉

---

① ［英］迈克尔·波兰尼. 个人知识——迈向后批判哲学［M］. 许泽民，译. 贵阳：贵州人民出版社，2000：83.

是附属觉知。康纳利和克兰迪宁借鉴了波兰尼的附属觉知理论，对贝街学校教师的个人哲学进行了探究。他们指出贝街学校校长的个人哲学通过两个途径实现：一方面对人的身体语言的理解与诠释；另一方面是创设客观物理环境。康纳利和克兰迪宁提到有思想的身体知识（minded bodily knowledge）的重要意义。比如教师站在课前的点头、眼神交流、手势等身体运动，这些身体运动都代表着行动的意义，这些身体运动组成教学实践的有思想的身体知识。这些身体语言的表达展示了具体教师的个人特性。康纳利和克兰迪宁对贝街学校校长费尔（Phil）的身体运动的附属意识进行了考察，发现他身体运动所蕴含的个人哲学。费尔提出六点自己的个人哲学：①他人的重要性；②交流；③在一个爱的关系或氛围中（他把爱理解为关怀）；④一个可行的自我概念；⑤能够自如地人际交往；⑥创造力。①

　　康纳利和克兰迪宁还对贝街学校的各种仪式（ritual）活动进行了考察，认为学校中的各种仪式也蕴涵了大量的个人哲学。仪式是社会学、人类学、文化学等领域的研究对象之一，特别是与宗教的联系最为紧密。比如跪拜是一种仪式，它代表着对于至高无上的权威的敬仰与服从。其实，在我们的日常生活包括学校的教育生活中，仪式作为一种社会现象也是十分普遍的。每年的开学典礼是一种仪式，它预示着新学年的开始。在开学典礼上，领导与嘉宾依次轮流讲话，讲话者的顺序昭示着讲话者的身份和地位。在传统课堂上课前，同学们起立向老师齐声说"老师好"，这种仪式代表着对教师权威的尊重……康纳利和克兰迪宁也对贝街学校校长费尔的讲话仪式进行了考察，从而发现他的个人哲学。康纳利和克兰迪宁认为，这些仪式其实都反映着仪式实施者的实践性知识。当然这种个人哲学也是与教师所在专业知识场景联系在一起的。

　　客观物理环境的设置也可能是教师个人哲学的表达手段。比如学校校园的布置、教室的布置都是教师个人实践性知识的表达。贝街学校校长费尔从小生活在加拿大的一个小岛上，在那里人与人之间的友善关系给费尔的心灵上打上了深深的烙印。因此，学校环境的布置，处处体现着费尔关于温馨校园氛围的个人哲学，注重人与人、学校与社区之间的融洽关系。在课堂上，

---

　　① Connelly，F. M. & Clandinin，D. J.（1984）. *The Role of Teachers' Personal Practical Knowledge in Effecting Board Policy. Volume Ⅲ：Teachers' Personal Practical Knowledge*[M]. Toronto：Ontario Inst. for Studies in Education：34.

费尔也注重让老师们创设家一般温馨的教室。比如斯蒂芬妮把教室布置得像家一样温馨，就体现了"课堂即是家"的个人哲学。

二、教师实践性知识是历史性与文化性的叙事统一体

康纳利和克兰迪宁把叙事统一作为教师实践性知识的组成部分，认为教师的个人实践性知识是在自己的生活历史中和文化环境中产生的，具有历史性和文化性。康纳利和克兰迪宁认为人是叙事的动物，一个人的生活总是与其他叙事存在联系或者是嵌入其他叙事。①

叙事统一体的历史性。人首先是生活在历史中，人只能在历史中理解历史。不论是马克思还是狄尔泰都对人的历史性曾经有过经典的论述。② 道德哲学家麦金太尔也把人的叙事统一体看作历史的存在，他说：

> 我之所是主要就是我所继承的东西，一种以某种程度呈现在我的现在之中的特定的过去。我发现自己是一个历史的一部分，并且一般而言，无论我是否喜欢它，无论我是否承认它，我都是一个传统的承载者之一。当我方才描述实践概念的时候，应该注意到，实践总是有其历史，而且，在任何既定时刻，一个实践是什么，取决于一种通常是代代相传的理解模式。③

麦金太尔看到实践的历史性，认为一个人叙事无法脱离历史的影响，它必将成为整个历史叙事的一个组成部分。受此影响，康纳利和克兰迪宁认为，教师的生活史对教师实践性知识的形成具有重要的影响。康纳利和克兰迪宁关注人及环境的整体叙事史，他把这种整体史作为叙事统一体，它包括人或环境的过去、现在和未来。康纳利和克兰迪宁以贝街学校校长费尔为研究对象，对费尔的生活史即叙事统一体进行了探究，从而探究教师的实践性知识思想。费尔校长的叙事统一体包括费尔对贝街学校历史上和当下历史的认识，

---

① Connelly, F. M. & Clandinin, D. J. (1984). *The Role of Teachers' Personal Practical Knowledge in Effecting Board Policy. Volume Ⅲ：Teachers' Personal Practical Knowledge*[M]. Toronto：Ontario Inst. for Studies in Education：57.

② 张汝伦. 历史与实践[M]. 上海：上海人民出版社，1995：32-46.

③ ［美］阿拉斯戴尔·麦金太尔. 追求美德：道德理论研究[M]. 宋继杰，译. 南京：译林出版社，2011：281.

比如对教师、学生及家长的认识，对教学情况、对贝街学校与社区关系的认识等。费尔把学校作为共同体的思想以及注重营造温馨、宽容、自由的校风和班风的实践性知识，缘自他从小的生活环境。费尔的共同体思想就是把学校视为一个有机组织，学校中的每个要素，包括教师、学生、家长、社区人员等都成为学校的组成部分。在这样的共同体实践性知识思想的影响下，学校注重培养人与人之间亲密的关系，以及类似家一样的温馨环境。

叙事统一体的文化性。文化是人类学领域的核心概念。何为文化？根据著名人类学家吉尔兹所言，文化是指"从历史沿袭下来的体现与象征符号中的意义模式，是由象征符号体系表达的传承概念体系，人们以此达到沟通、延存和发展他们对生活的知识和态度"①。因此在吉尔兹看来，知识与文化存在密切的关系。康纳利和克兰迪宁的教师实践性知识思想具有的文化性表现在对叙事统一体的考察，他们把教师的叙事统一体看作一个文化的专业知识场景。叙事统一体的文化要素包括具体的时间、地点、人物、事件等，在这样的场景中教师表达着自己的个人实践性知识。康纳利和克兰迪宁认为，教师的个人叙事是嵌入在一般的文化和历史叙事基础上的。每一个人的叙事都是所在共同体叙事的一个组成部分，每个人的叙事的相互联系共同组成共同体的叙事。共同体的叙事氛围也为个体实践性知识的表达提供了土壤。贝街学校拥有文化传统，学校学生和父母个人的历史都成为学校文化的组成部分。比如贝街学校中每年一度的中国春节庆祝大会就为教师们的周期和节律知识的发展提供了叙事的氛围。

叙事统一体与意象是关注教师实践性知识的两种视角。根据康纳利和克兰迪宁的论述，意象是经验的总结形式，是人们采用有意义的和有效的方式处理他们面临的实践情境过程中的经验方式。根据麦金太尔的叙事统一体，叙事统一体是一个人经验的连续体，是把生活经验赋予意义的统一体。因此，叙事统一体与意象都是来自经验的概念。但是在康纳利和克兰迪宁的教师实践性知识思想中，叙事统一体也不等同于意象。意象是与探究联系在一起的，其理论来源于杜威的经验的探究。而叙事统一体是来源于麦金太尔的道德哲学理论。麦金太尔的叙事共同体给出道德的经验描述。康纳利和克兰迪宁基于意象的经验概念与麦金太尔的叙事统一体概念在本质上是相同的。因此，

---

① ［美］吉尔兹. 文化的解释［M］. 纳日碧力戈，等译. 上海：上海人民出版社，1999：103.

意象和叙事统一体是关注同一现象的两种视角。①

麦金太尔的叙事统一体概念对康纳利和克兰迪宁认识教师的实践性知识思想产生了影响。人的实践不仅仅是一种认识实践，而且也是一种道德实践。麦金太尔把人的实践看作叙事的统一体，这种统一体依靠连接自己从出生到死亡的整个叙事过程，人生的统一性就体现为单一生活中的叙事的统一体，体现为人的叙事的统一体。麦金太尔对人的叙事的统一体进行了详细的论述：

> 我是在我经历从生到死的故事的过程中被他人所合理地认为是的那个存在；我是一个历史的主体，这个历史是我自己的而不是任何别的人的，并且有其自身独特的意义……要成为历经某个从生到死的叙事的主体，就是要说明构成一个可叙事的生活的各种行为与经验。也就是说，对于某人前此的生活中的任何一个时刻的所作所为、遭遇或见闻始终可以被要求给予某种解释。……任何一个生活的叙事都是相互连接的叙事系列的一部分。②

麦金太尔把自我与家庭、邻里、城邦、部族等共同体联系起来，认为自我的身份就源于共同体的经验与理解。我与这些共同体的关系都成为我的叙事统一体。康纳利和克兰迪宁汲取了麦金太尔的叙事统一体的精髓，他们的教师实践性知识思想充分考虑到学校所在的共同体以及教师所在的共同体。康纳利和克兰迪宁把"统一体"（unity）视为特定的人、特定的时间和特定的地点的叙事联合（the union）。教师曾经并正在经历着塑造自己的传统。叙事统一体既不是呈现逻辑的联系性也不是事实上的一致性。相反，叙事统一体是在与个人拒绝自己旧有知识的不断交互过程中形成的。一个人的现有情境不断地打破旧有的个人知识，并重新形成新的知识形式。每个人都生活在冲突的连续体之中。③

---

① Connelly，F. M. & Clandinin，D. J.（1984）. *The Role of Teachers' Personal Practical Knowledge in Effecting Board Policy. Volume Ⅲ：Teachers' Personal Practical Knowledge*[M]. Toronto：Ontario Inst. for Studies in Education：57-59.

② ［美］阿拉斯戴尔·麦金太尔. 追求美德：道德理论研究［M］. 宋继杰，译. 南京：译林出版社，2011：276.

③ Connelly，F. M. & Clandinin，D. J.（1984）. *The Role of Teachers' Personal Practical Knowledge in Effecting Board Policy. Volume Ⅲ：Teachers' Personal Practical Knowledge*[M]. Toronto：Ontario Inst. for Studies in Education：58.

第四节　对个人叙事探究的教师实践性知识思想的评价

个人叙事探究的教师实践性知识思想融合了波兰尼的个人知识理论、文学中的叙事学理论以及杜威的经验探究的理论，站在研究者和实践者的视角从教师微观叙事的日常生活史入手，对教师的实践性知识进行了叙事探究。个人叙事探究的教师实践性知识思想从其 20 世纪 80 年代产生起就受到学术领域的关注，直至今天，它仍然对教师实践性知识的研究以及对教师的实践产生着深远的影响。

一、微观叙事的日常生活被视作专业知识场景

为了探究教师的实践性知识，康纳利和克兰迪宁创造了专业知识场景这一概念，在康纳利和克兰迪宁的教师实践性知识思想中，教师微观叙事的日常生活就是康纳利和克兰迪宁的专业知识场景。日常生活史于 20 世纪 70 年代，兴起于德国和意大利。在意大利，日常生活史被称为"微观史学"。日常生活史之所以受到人们的关注，其原因是"它符合了时代的精神，迎合了今天历史研究的需要，即不再是局限于政治史方面，而且也涉及了人，特别是那些没有推动世界历史（发展）但又与之不可分的'普通'人"①。格茨还介绍，日常生活史的研究内容包括生活状况和生活时段等。前者包括食物、服装、劳动、居住环境、实践的消磨和性生活等，后者包括出生、教育、婚姻生活、死亡。可以说，日常生活史就是要对生活世界进行广泛的分析。② 在人类学领域，这种个人生活史也是一种叙述的方法。人类学家吉尔兹的"深度描述"就是对个人乃至整个群体的一种生活史的探究。所谓"深度描述"，是指"一种对意义的无穷尽的分层次的深入描述。研究者在占有大量调查材料的前提下，通过现代人的历史想象，为某一特定区域的文化构筑出一幅解释性的图景，并力图从细小但结构密集的事实中引出重大结论"。个人生活史往往从人们的日常生活世界入手来探究其实践背后的意义，而实践背后的意义蕴涵着大量

---

① ［德］汉斯·维尔纳·格茨. 欧洲中世纪生活［M］. 王亚平，译. 北京：东方出版社，2002：1.

② ［德］汉斯·维尔纳·格茨. 德国日常生活史研究［A］//衣俊卿，编. 社会历史理论的微观视域［M］. 哈尔滨：黑龙江大学出版社，2011：339.

的实践性知识。

康纳利和克兰迪宁个人叙事探究的教师实践性知识思想形成于 20 世纪 80 年代，这一时期正是微观叙事的日常生活史兴起之时，人文社会科学领域叙事的、微观的、文化的日常生活研究影响各个领域的学术研究，康纳利和克兰迪宁正是在这样的时代背景下形成自己的教师实践性知识思想。康纳利和克兰迪宁对贝街学校教师和校长费尔的教师实践性知识研究就是通过考察他们的日常生活史展开的。比如对费尔家族的迁徙、童年的生活经历、求学经历以及工作经历的描述，从而对费尔的实践性知识做出解释。康纳利和克兰迪宁把这种日常生活史的叙事探究方法融合进了 20 世纪初年鉴学派的长时段理论，从而把教师的实践性知识置于自然生态环境和人文环境的广阔背景中。长时段是指历史事件的最深层，是以世纪为计量单位的、长期不变或变化极慢的、表面甚至几乎不动的历史，比如自然环境、地域条件、文化传统等。长时段的思想是历史学家布罗代尔提出来的。① 长时段是由一系列结构组成的。长时段的"结构"是指社会现实和群众之间形成的一种有机的、严密的和相当稳定的关系。按照布罗代尔的理解，结构由两部分内容组成：第一，指生态环境，如山川、原野、海岸、岛屿、气候以及自然与人的关系等。第二，人文环境、社会组织、文化传统、心态环境、宗教信仰、日常生活的深层结构等。② 康纳利和克兰迪宁的专业知识场景类似于布罗代尔所说的"结构"，专业知识场景中的结构是教师实践性知识形成的条件和土壤，甚至说教师的实践性知识就是教师个人哲学与结构的叙事统一体的混合物。

二、个人叙事探究的教师实践性知识把理解与诠释作为方法论

康纳利和克兰迪宁指出："实践本质上来说是探究的一种形式，这种探究形式不同于自然科学的探究。这种探究是对人类行为的理解与诠释。"③人总是处在关系中，总是处在社会情境中。叙事探究就是要努力去揭示经验的这些方面，从而达到对经验的理解和解释。理解与解释这种方法论始于狄尔泰。

---

① 张正明. 年鉴学派史学范式研究[M]. 哈尔滨：黑龙江大学出版社，2011：74.

② [法]费尔南·布罗代尔. 资本主义论丛[M]. 顾良，张慧君，译. 北京：中央编译出版社，1997：180-182.

③ Clandinin，D. J. & Connelly，F. M.（1986）. The reflective practioner and practioners' narrative unities[J]. *Canadian Journal of Education*，11(2)：193.

狄尔泰提出人文精神科学的研究主题就是生活、表达和理解的相互关系。"这种关系既包含着人们用来进行相互沟通的各种姿态、各种面部表情和词语，包含着各种永恒性的、把创造者的深邃之处展现给能够理解它的人的心理创造过程，也包含着精神在那些——确实可以使人类本性永远表现出来的——社会结构之中的、具有永恒性的客观化过程。"①只有通过各种有关我们自己的生活和其他人的生活的表达，把我们实际上所体验到的东西表现出来，我们才能理解我们自己。狄尔泰把人作为社会关系中的人，人文科学的任务就是对人的经验以及经验表达的理解和解释。从而，狄尔泰把理解与解释上升为人文科学的普遍方法论。

康纳利和克兰迪宁对贝街学校教师的叙事描述了教师的一连串的行为和经历，这些人物在专业知识场景中被再现出来，或在变化的场景，或是人物后面所隐藏的东西，康纳利和克兰迪宁对这种背后隐藏的东西进行了理解与诠释，从而构成个人叙事探究的教师实践性知识。康纳利和克兰迪宁的个人叙事探究的教师实践性知识思想将理解与解释作为其方法论，他们不是平铺直叙地表述事实，而是试图从语言、动作、姿态等实践行为中去揭示其所包含的符号意义。在康纳利和克兰迪宁个人叙事探究的教师实践性知识思想中，如惯例、原则、仪式、节律与周期等，教师这种语言的、动作的、姿态的等实践行为背后的符号意义就是康纳利和克兰迪宁个人叙事探究的教师实践性知识。根据叙事主义的理解，个人实践性知识存在于人的过去经验之中，存在于当前的大脑和身体之中，存在于未来的计划和行动之中。知识并不仅仅"在大脑中（in the mind），它也'在身体中'（in the body），'在我们的实践中'"②。那么叙事探究就是要对这些隐藏在实践背后意义的理解和解释，通过对教师个人叙事探究的理解和解释达到对教师实践性知识的认知。

三、个人叙事探究的教师实践性知识试图融合认识论与价值论

实践性知识本质上是一种知识类型，因此就具有认识论的特性。在哲学

---

① [德]威廉·狄尔泰. 历史中的意义[M]. 艾彦，译. 南京：译林出版社，2011：7.

② [加]康纳利，克兰迪宁. 教师成为课程研究者——经验叙事[M]. 杭州：浙江教育出版社，2004：26.

史上，关于知识的类型可以说是众说纷纭。① 但是不管如何分类，知识问题往往归结为认识论的范畴。在后现代的知识观影响下，知识的客观性、普适性、确定性等特性受到挑战。法国著名哲学家利奥塔尔曾把知识分为科学知识和叙事性知识。他认为科学知识不是知识的全部，叙事性知识在人们的日常生活中普遍存在并且在一定程度上支配着人们的实践行动。这种叙事性知识"是一种批判的、反思的或阐释的知识，它直接或间接地审视价值与目标，抵制任何'回收'"②。也就是说，叙事性知识在一定程度上融合了认识论与价值论，将价值、情感等因素考虑进来。知识问题与价值问题密切联系，并为人的存在提供合法性。根据利奥塔尔的后现代知识理论，康纳利和克兰迪宁个人叙事探究的教师实践性知识属于利奥塔尔所说的叙事性知识。康纳利和克兰迪宁受麦金太尔提出的"人不仅在他的小说中而且在他的行为与实践中，本质上都是一种讲故事的动物"③的实践道德理论的影响，提出教师个人叙事探究的实践性知识也包括道德的和情感的维度。康纳利把专业知识场景看作由人、场所和事物关系组成，所以把它视为既是智力的又是道德的场景。在专业知识场景中，康纳利和克兰迪宁把意象作为个人叙事探究的教师实践性知识思想的重要核心概念，认为意象是经验的融合（coalescence），经验是一个包括情感和道德因素的综合体，因此意象包括情感和道德维度。在贝街学校教师的诸多意象中，如"孩子的面孔"（the child's face）、"课堂即是家"等，就明显体现了意象的道德维度和情感维度。④

---

① 陈嘉明. 知识与确证：当代知识论引论[M]. 上海：上海人民出版社，2003：25-35.

② [法]让-弗兰索瓦·利奥塔尔. 后现代状态[M]. 南京：南京大学出版社，2011：51.

③ [美]阿拉斯戴尔·麦金太尔. 追求美德：道德理论研究[M]. 宋继杰，译. 南京：译林出版社，2011：274.

④ Clandinin, D. J. (1986). *Classroom Practice：Teacher Images in Action* [M]. Philadelphia：The Falmer Press：130-131.

第五章 实践智慧的教师实践性知识思想

　　知识与智慧是人类社会发展过程中与人最为密切的两个概念，两者之间也存在着密切的关系。我国现代哲学家冯契将知识与智慧的关系问题当作其毕生研究的对象。他反对将知识与智慧分裂开来，认为知识与智慧之间存在着辩证关系，而且还可以转化，形成"转识成智"的知识与智慧思想。① 而实践智慧思想作为智慧的一种形态，源自亚里士多德。亚里士多德明确提出实践智慧并对其进行精辟的论述后，实践智慧就成为人文社会科学领域绕不开的话题，特别是成为知与行、理论与实践、工具与价值等话题的核心命题。当代西方教师实践性知识思想也汲取了实践智慧特别是亚里士多德实践智慧的精髓，逐渐形成实践智慧的教师实践性知识思想。加拿大阿尔伯塔大学的范梅南教授汲取了亚里士多德的实践智慧精髓，从现象学教育学的角度研究并形成机智的教师实践性知识思想。

第一节　教师实践性知识与实践智慧

　　教师实践性知识是实践性知识在教师教育领域的具体体现。实践性知识思想与古希腊哲学家亚里士多德的实践智慧思想存在一脉相承的关系。实践智慧的教师实践性知识思想汲取了亚里士多德实践智慧思想，将智慧、实践智慧、教育机智、教育智慧、教育敏感等概念融入教师的教育实践，在

---

① 冯契. 认识世界与认识自己[M]. 上海：上海人民出版社，2011：4-5.

当代西方教师实践性知识思想中占据重要地位。

一、实践智慧是一种有德性的知识

"实践智慧"，对应的英文单词主要有 practical wisdom，prudence，phronesis，practical reasoning，等等。苏格拉底和柏拉图对实践智慧进行过论述，他们把实践智慧看作知识和德性的统一，即实践智慧是一种有德性的知识或有知识的德性。亚里士多德在苏格拉底和柏拉图实践智慧思想的基础上，对实践智慧及相关概念进行了系统的论述，从而成为实践智慧最经典表述的古希腊哲学家。

亚里士多德在《尼各马可伦理学》中把德性分为理智德性和道德德性。其中理智德性包括理智理性和实践理性。理智理性指科学、智慧、神学、形而上学等，是对不变的、恒定有效的逻各斯品质的占有。实践理性指的是实践智慧和技艺，在可变的实践领域发生作用，指导人怎样很好地实践。[①] 实践智慧也可以称为明智。亚里士多德在《尼各马可伦理学》中把人类的实践品质分为技艺、科学、实践智慧（或者翻译为"明智"）、（理论）智慧和努斯。[②] 那么实践智慧与其他人类实践品质有何区别呢？在亚里士多德看来，技艺是一种与真实的制作相关的、合乎逻各斯的品质；科学是与永恒相关的品质，它关乎的是必然性，是可以通过证明的那种品质。科学可以传授，科学的知识可以学；智慧是努斯与科学的结合，是各种科学中的最为完善者，是居首位的科学。努斯是获得实践智慧、科学和智慧的始点。实践智慧与科学的不同在于科学考察不变的事物，实践智慧只考虑可变动的、与实践相关的事物；科学是证明的，实践智慧不包含证明。实践智慧与技艺的不同在于实践与制作在起点上不同；技艺包含德性，实践智慧不包含德性，而是与德性不可分离。实践智慧与智慧的区别在于它们在人类的知识中的地位不同，智慧是高级的，实践智慧低于智慧；智慧即哲学，是研究最高存在的，是神圣的，是首位的科学，而实践智慧是关于人和人的生活实践的知识，因而是低于智慧和哲学的。其次，智慧与实践智慧的区别还在于，智慧是注重普遍性的，而实践智慧则注重差别性。实践智慧就是与理论智慧相区别的关于个人生活特

---

① 丁立群，等. 实践哲学：传统与超越[M]. 北京：北京师范大学出版社，2012：134.

② ［古希腊］亚里士多德. 尼各马可伦理学[M]. 廖申白，译注. 北京：商务印书馆，2003：169.

殊情境的理性知识。再次，智慧是无关功利的，实践智慧是和人类事务相关的，是关于生活世界的知识。① 亚里士多德把伦理性视为实践智慧的本质属性。在亚里士多德看来，实践智慧是一种关于人类践行的知识，并将在具体事物中的践行作为自身的目的，它不是通过单纯学习和传授而获得的，经验在这里起了很大作用，并要求我们身体力行地去实现人类最大的善。②

总之，"实践智慧在于深思熟虑，判断善恶以及生活中一切应选择或该避免的东西，很好地运用存在于我们之中的一切善的事物，正确地进行社会交往，洞察良机，机敏地使用言辞和行为，拥有一切有用的经验。记忆、经验和机敏，它们全都或源于实践智慧，或伴随着实践智慧。或者，其中有些兴许是实践智慧的辅助性原因，例如经验和记忆，但另一些却是实践智慧的部分，譬如深思熟虑和机敏。"③实践智慧是一种生活经验。亚里士多德强调实践智慧与人的经验相关，日积月累的经验使实践智慧成为可能。亚里士多德这里所说的经验比认识论的经验要完整和原始，它是人们完整的生活经历，更明确地说，经验就是一个人的完整的生活和历史。亚里士多德所说的"经验"类似于美国哲学家杜威所说的"经验"。一个人凭借长期的生活经验，可以产生一种对事物的感觉，这种感觉即是对具体事物及其与普遍知识之联系的直觉。④

二、实践智慧是处理具体事务的知识

根据对实践智慧的考察，实践智慧是实践性知识的高级形式。亚里士多德把实践智慧看作处理具体事务的知识。在《尼各马可伦理学》中，亚里士多德把实践智慧的应用领域确定为变化的、可改变的经验领域。实践智慧所面对的领域不同于科学的普遍的必然的领域，而是一个变化的实践生活世界——实践的题材即包含着变化。实践追回就是对杂多、差别和特殊性的考虑。亚里士多德在强调实践智慧关注特殊性的同时，也明确说过，实践智慧同普遍的东西相关，他认为，实践智慧既然是与实践相关的，我们就需要两

① 丁立群，等. 实践哲学：传统与超越［M］. 北京：北京师范大学出版社，2012：26-27.

② 洪汉鼎. 论实践智慧［J］. 北京社会科学，1997(3)：5.

③ 苗力田，主编. 亚里士多德全集（第 8 卷）［M］. 北京：中国人民大学出版社，1994：460.

④ 丁立群，等. 实践哲学：传统与超越［M］. 北京：北京师范大学出版社，2012：24.

类知识，即关于普遍的知识（理论知识）和关于具体的知识（实践的知识），后一种知识即实践的知识是需要一种更高的能力来指导它。这种更高的能力，应当是普遍的知识——这同他（指亚里士多德）在知识分类时，把普遍的知识（智慧和科学）看作高级的知识是逻辑地关联在一起的。如果这个判断正确，那么，亚里士多德所说的实践智慧则主要是关于具体事物的知识，以及变动的具体事物、特殊的情景与普遍的知识之间的关系的知识。① 实践智慧作为高级的实践性知识表现为它善于考虑对于他自身是善的和有益的事情。在总体上有实践智慧的人是善于考虑总体的善的人。实践智慧是与实践相关的，而实践就是要处理具体的事情，所以我们既需要普遍的知识，也需要具体的知识。实践智慧就是融合普遍知识与具体知识的知识综合体。②

国内著名知识与实践研究学者冯契先生提出"化理论为方法"的实践智慧思想，他认为实践智慧就意味着通过理论与具体实践情境的结合，使关于"是什么"的理论性知识，转化为关于"如何做"的实践性知识。③杨国荣继承了冯契先生转识成智的思想，认为实践智慧是融合理论性知识与实践性知识的知识共同体。他认为："实践（行动）过程往往既渗入理论性的知识，又涉及实践性知识。理论性的知识更多地关乎'是什么'（knowing what），其内容通常不限于特定的行动情境：它既形成于该情境，也非仅仅适用于该情境。实践性的知识则较直接地涉及'如何做'（knowing how），其内容与特定的行动情境具有更切近的关系：尽管其中也包含普遍的内涵，但这种内涵往往与具体的情景分析相联系，并融合了对相关情境的认识和理解。"④

总之，实践智慧源自古希腊的亚里士多德，是人们处理具体事务的具体知识形态，这种知识形态同时与人们处理具体事务过程中的德性关联在一起，因此，实践智慧是一种追求善的实践。实践智慧的教师实践性知识思想将古希腊亚里士多德实践智慧运用于教师的认知活动中，形成当代西方教师知识理论中独具特色的流派。

---

① 丁立群，等. 实践哲学：传统与超越[M]. 北京：北京师范大学出版社，2012：23-24.

② [古希腊]亚里士多德. 尼各马可伦理学[M]. 廖申白，译注. 北京：商务印书馆，2003：177.

③ 杨国荣. 论实践智慧[J]. 中国社会科学，2012(4)：12.

④ 杨国荣. 论实践智慧[J]. 中国社会科学，2012(4)：12.

第二节　实践智慧的教师实践性知识思想的内容

当代西方实践智慧的教师实践性知识思想的代表人物是加拿大阿尔伯塔大学的范梅南教授。基于现象学教育学研究方法，他提出教学机智（the tact of teaching）、教育的智慧性（pedagogical thoughtfulness）、教育学关系（pedagogical relations）、教育体验（pedagogical experiences）等实践智慧的核心概念，逐渐形成实践智慧的教师实践性知识思想。那么实践智慧的教师实践性知识的基本内涵是什么？实践智慧的教师实践性知识存在的合法性是什么？实践智慧的教师实践性知识的形成机制是什么？以上问题构成实践智慧的教师实践性知识思想。

一、实践智慧的教师实践性知识的基本内涵

实践智慧的教师实践性知识思想将"机智"视为一种实践性知识，在师生之间的教育学关系中，教师的教育"机智"在促进学生成长过程中发挥了重要的作用，它也构成了教师的教育实践活动的重要组成部分。

（一）机智是实践智慧的特殊形式

在人类的日常生活世界中，机智是人类基本的互动方式之一。可以说，机智支配了实践，没有机智的生活是不可想象的生活。机智要求你能"读懂"或理解社会的情景以便做出恰当的言行。那么何为"机智"？《韦氏大学词典》（*Webster's Collegiate Dictionary*）将"机智"定义为"一种对言行的敏锐感，以及与他人保持良好的关系或者避免触犯别人"①。《牛津高阶英汉双解词典》（第 7 版）将"机智"（tact）定义为"（处事、言谈等的）老练、圆通、得体、乖巧"②。

范梅南把机智作为实践智慧的特殊形式，认为它是教师在面对教育时的实践智慧。机智由一系列的品质和能力构成。首先，机智是一种教育学上的机智和天赋，它使教育者有可能将一个没有成效的、没有希望的甚至有危害

---

① ［美］梅利亚姆-韦伯. 韦氏大学词典（第 10 版）［M］. 北京：世界图书出版公司，1996：165.

② ［英］霍恩比. 牛津高阶英汉双解词典（第 7 版）［M］. 北京：商务印书馆，2009：2054.

的情景转换成一个从教育学意义上来说是积极的事件。一个富有机智的人具有敏感的能力，能从间接的线索如手势、神态、表情和体态语来理解他人内心的思想、感情和愿望。一个富有机智的老师可能会对学生姿势神态的心理或情感状态十分注意。比如一个学生在座位上低垂着头可能是觉得很疲劳了、腻味了或者懒散，另外一个学生坐在自己座位的边缘上则可能是完全投入学习。机智的人能迅速地读懂他人的内心活动。其次，机智还在于具有理解这种内心活动的心理和社会意义。因此，有机智的人知道如何理解在具体的情况下具体的人的诸如害羞、敌意、气馁、鲁莽、高兴、愤怒、温柔、悲痛等情感。机智是一种实践中的规范性智慧，它受见解支配的同时又依赖于情感。机智之所以可能是因为人类具有运用感知、敏感、理解和与对方的经验相互协调的能力。再次，一个富有机智的人表现得有分寸和尺度，因而能够本能地知道应该进入情境多深和在具体的情境中保持多大的距离。最后，机智包含着敏感性，一种全身心的、审美的感知能力。机智还有道德直觉(moral intuitiveness)的特点。一个机智的人似乎能感受到什么才是最恰当的行动。①机智不仅是一种情境性的智慧行动，更是一种具有"他者性"(otherness)的实践。机智表达的是关注一个人的整体存在的智慧，是对他人的主体性，对他人的特殊之处的一种主动的敏感性。施加带有虚伪的和自私的影响的机智是虚假的机智。虚假的机智不受爱护和为他人着想的动机驱使。相反，虚假的机智是为了自我。为了自己的利益的"机智"从本质上说并没有机智。

机智与反思的关系：充满智慧的反思本身就是一种经历。它是一种感知或赋予其所反思的经历以意义的过程。因此，我们通过充满智慧的反思，对过去的经验所赋予的意义就留下了活生生的记忆，与我们通过一种少许的反思方式所习得的身体的技巧和生活习惯相比，这种记忆更是一种包含在身体内而体现在身体外的知识。然而，这一机智行动的、蕴涵着思想的身体知识给我们日常的普通行为和经历赋予了一种关心性的、思维的品质。机智作为一种实践智慧，它不仅是反思的结果，也是一种急中生智的性格表现。通过对孩子们的体验所具有的教育意义进行充满智慧的反思，我们能够变得更加富有智慧和机智。人为的智慧与真正机智的智慧之间存在差异，前者是通过对外在技巧或技术机械地运用而产生的。机智不是我们使用的某种技术，而

①　[加]马克斯·范梅南. 教学机智——教育智慧的意蕴[M]. 李树英，译. 北京：教育科学出版社，2001：166.

是我们所拥有的一部分。因此，当我们谈到机智所包含的智慧、关心时，我们是指人心灵与身体所具有的某种行为方式。①

机智和智慧的关系：机智的行动是充满智慧的、全身心的，它能帮助我们区别充满智慧和富有机智的行动。我们应该看到这两者是同时进行的，相互补充。没有智慧就没有机智，而没有了机智，智慧最多也只是一种内部的状态而已。从某种意义上来说，机智与其说是一种知识的形式，还不如说是一种行动。它是全身心投入的敏感的实践。机智是一种对他人的作用，即机智经常就是停顿、等待。② 有机智就是对你所指向的人的身体上的留意，机智就是在具体情境中体现自己反思性的智慧。如果要我们认识反思性智慧与机智之间的关系的话，我们不妨说机智是智慧的体现，是身体做出的反应。③机智地行动很大程度上是一件涉及整个人的事情：心灵、感情和身体。机智使心与身、智力与感情、理智与情感更紧密地相结合。

机智与礼仪的关系：懂礼仪是指知道什么样的社会准则或行为方式可以运用到什么样的具体环境（如餐桌礼仪）。从表面上看，机智可能看起来像礼仪，因为礼仪与言行举止以及保持良好的社会关系有关。但是，礼仪应付的是社交或正式情景中所要求的规定性行为和程序。运用礼仪可能暗示受过良好的教养。礼仪的规则是由传统或权威所留下来的。礼仪最终是可以预测的、受规则支配的行为。机智则缺乏这样的一套明确的规则。相反，机智是临场发挥的，是一种即兴创作的行为。④

总之，范梅南把机智作为实践智慧的特殊形式，它是教育时机条件下的实践智慧。它具备实践智慧的特征，即人际性和规范性。机智（tact）是在人与人之间的交往中体现的，是在人与人自然的主体间性的交往过程中发生的。

---

① ［加］马克斯·范梅南. 教学机智——教育智慧的意蕴［M］. 李树英，译. 北京：教育科学出版社，2001：271.

② ［加］马克斯·范梅南. 教学机智——教育智慧的意蕴［M］. 李树英，译. 北京：教育科学出版社，2001：168.

③ ［加］马克斯·范梅南. 教学机智——教育智慧的意蕴［M］. 李树英，译. 北京：教育科学出版社，2001：270.

④ ［加］马克斯·范梅南. 教学机智——教育智慧的意蕴［M］. 李树英，译. 北京：教育科学出版社，2001：195.

（二）教育机智是实践智慧的教师实践性知识

最早将机智概念引入教育的议题的学者是德国的教育家约翰·弗雷德里奇·赫尔巴特。赫尔巴特关于机智的演讲的主要内容有：①机智介于理论和实践之间；②在日常生活里我们"作瞬间的判断和迅速的决定"的过程中机智自然地展现出来；③机智是一种行动方式，它"首先依赖于人的情感或敏感性，仅仅从遥远的意义上依赖于由理论和信念形成的判断"；④机智对情境的独特性非常敏感；⑤机智是"实践的直接统治者"。① 根据赫尔巴特对教育机智的理解，教育机智超越了理论与实践二分法的局限性，将教育机智看作一种行动方式的知识形态，这种知识形态是对情境的敏感，支配着教师的实践。

范梅南汲取了赫尔巴特关于教育机智的思想，他基于现象学教育学的基础，提出教育机智是实践智慧的教师实践性知识，并把这种知识形态看作教师专业发展的基础。范梅南强调教师在教育教学实践中的教育感知力和敏感性对形成教育学关系的重要作用，认为教师机智就是在面对教育实践过程中的实践性知识。他说："机智是一种实践性知识，它在教学的行动中实现自身（成为现实）。作为瞬间和智慧的教育行动，机智在其真正的实践中是一种知识、一种实践的信心。"②范梅南把机智看作一种与身体的技能和习惯相似的具体知识，是指导教师行动的知识。教育机智作为一种实践性知识，它包括事实性的知识、行为规范、教学方法的知识以及哲学的指向，等等，这些知识及哲学指向都隐含在行为之中了。国内学者对实践智慧以及认知机能的关系进行了探究，认为实践智慧注重理解力（understanding）和判断力（judgment）等认知机能在指导行动过程中的作用，并认可教育机智、实践智慧、感知力、判断力等具有认知机能的家族相似性。③ 范梅南实践智慧的教师实践性知识思想也关注到了教育学理解和教育感知能力。范梅南认为，教师在与孩子们相处时培养和形成一种教育智能（pedagogical thoughtfulness）和教育机智（pedagogical tact），它是一种实践语言（practical language），是情境性、智

---

① 转引自：［加］马克斯·范梅南. 教学机智——教育智慧的意蕴［M］. 李树英，译. 北京：教育科学出版社，2001：169-170.

② ［加］马克斯·范梅南. 教育敏感性和教师行动中的实践性知识［J］. 北京大学教育评论，2008(1)：15.

③ 郁振华. 人类知识的默会维度［M］. 北京：北京大学出版社，2012：178.

慧性的行动。在与孩子相处的过程中，教师必须具备临场的智慧和才艺，能对情境立即做出反应并且在瞬间知道怎么做。那么这种临场的教育时机，就需要教师智慧性的实践性知识。这种智慧性的实践性知识与反思行动的知识的区别在于，前者以智慧的方式对教育情境中的实践行为进行关注，而不是从情境中撤出来反思各种办法和行动后果。① 教育机智是一种全身心投入情境的实践性知识。范梅南把行动与反思之间的关系划分为行动前的反思、行动中的反思、教育情境中的智慧性行动、对行动的反思四个方面。范梅南认为在教育情境中，教育时机要求的行动既是"充满智慧的"（thoughtful），又是未加思索的（thoughtless）。教师与孩子的教育关系是充满智慧的，以机智行动为特征的，而不是以行动中的反思为标志。教育的机智行动是一个"瞬间反思的行动"（instant thinking acting）。② 在教育情境中教师和学生之间具体经历的行动可能并不是反思性的（从一个缜密反思的决策的意义上说不是）。但是这种行动应该是全身心的投入，它获益于反思。对这种全身心的行为能力我们把它称作"机智"（tact），教育的机智。③ 这种对情境的即兴创作来自教师对教育的感知力（pedagogical perceptiveness），教师可以从个人经历或者通过见习某个更有经验的教师获得这种无言的直觉知识。一个教师感到孩子在处理某个问题时遇到困难，却不一定能够确切地说出这种感知的依据是什么。我们的身体所具有的技能和知识的默契或直觉的本性是通过把自己和具体情境协调起来微妙地获得的。④

总之，范梅南把机智视为实践智慧的特殊形态之一，教育机智是实践智慧的教师实践性知识。这种实践智慧的教师实践性知识是在瞬间的、即时的、稍纵即逝的教育时机场景下的知识形态，这种知识形态具有规范性和人际关系性的特征。这种知识形态能够将无意义甚至棘手的教育实践转化为具有意义的教育学场景，从而促进学生的发展。

---

① ［加］马克斯·范梅南. 教学机智——教育智慧的意蕴［M］. 李树英，译. 北京：教育科学出版社，2001：146.

② ［加］马克斯·范梅南. 教学机智——教育智慧的意蕴［M］. 李树英，译. 北京：教育科学出版社，2001：156-157.

③ ［加］马克斯·范梅南. 教学机智——教育智慧的意蕴［M］. 李树英，译. 北京：教育科学出版社，2001：161-162.

④ ［加］马克斯·范梅南. 教学机智——教育智慧的意蕴［M］. 李树英，译. 北京：教育科学出版社，2001：274.

二、实践智慧的教师实践性知识思想存在的逻辑基础

根据范梅南实践智慧的教师实践性知识思想，教育机智作为实践智慧的教师实践性知识，它不但在教师的教育实践中时时刻刻存在着，而且这种实践性知识形态也逐渐受到理论研究者和教育实践者的关注。那么范梅南实践智慧的教师实践性知识思想产生的合法性是什么？为什么这种实践性知识形态在当代西方教师实践性知识思想中占据重要地位？笔者认为需要从范梅南的学术发展历程及其对教育的认识来探究。

(一)现象学教育学需要实践智慧的教师实践性知识

范梅南认为，目前的人们生活在充满偶然性和不确定性的环境中，比如信念、价值观、宗教信仰、理想以及生活方式呈现出多变性、复杂性、多元性、支离破碎、充满矛盾和冲突的特征。因此在这样的背景下，就需要一门新型的教育学。范梅南把这种新型的教育学称为现象学教育学。现象学教育学在德国被称为人文科学教育学，在荷兰被称为现象学教育学。范梅南在荷兰学习教育学时接触到人文科学、现象学和解释学，并接受了荷兰现象学教育学的系统训练，逐渐形成自己的现象学教育学的学术取向。

范梅南现象学教育学认为教育学是一个实践领域。首先，教育学涵盖了所有成人为了孩子的健康、成长、成熟和发展而与孩子打交道的事件和领域，也就是说，教育学存在于教师与学生之间的日常生活世界中。范梅南专门赋予教育学以新的含义，即重新恢复已被遗忘的或缺失的大人和孩子的关系，同时扫除"作为真正意义上的教育的障碍"①。范梅南认为，教育学不能从抽象的理论论文或分析系统中去寻找，而应该在生活的世界中去寻找，在母亲第一次凝视和拥抱新生儿时，在父亲静静地约束孩子盲目地横穿大街时，在老师向学生眨眼睛对学生的表现表示赞赏时。教育学就存在于我们每天与孩子说话的情境中，教育学就存在于我们与孩子们在一起的方式中。教育学意象不仅是我们生活哲学的表现，也体现了我们是谁，我们在做什么，我们是如何以积极思考的方式面对世界的。另外，现象学教育学把教育学视为一个实践领域，这表现为教育活动是一项规范性活动，教育学需要关注师生之间

---

① ［加］马克斯·范梅南. 教学机智——教育智慧的意蕴［M］. 李树英，译. 北京：教育科学出版社，2001：41.

的伦理性。亚里士多德曾说过，教育学是"善"(good)、是美德(virtue)。每一个教育者都必须具备这种优秀的品质。范梅南指出，教育和教育学都是规范性的概念，这两个概念都涉及教师什么样的行为对学生来说是好的，什么样的行为对学生来说是不好的，即有一定的价值判断。我们从培养教师的机构就可以看出教育活动的规范性。在中文中，培养教师的机构是"师范"院校。其中"师范"即有"规范"的意思。而在英文中，培养教师的机构对应的是"normal school"，其中 normal 的词根是 norm，其含义是"常态，正常行为；规范，行为标准"①。教育学的规范性要求教育者以一种正确的、良好的或恰当的方式从事教育活动，因此教育学的伦理意味非常明显。教育学的伦理意味使得教师在教育实践中抓住教育时机，创造促进学生发展的教育学关系，而这就需要实践智慧的教师实践性知识。

总之，范梅南的现象学教育学试图创建一种新型的教育学，这种教育学是情境性的(situational)、实践性的(practical)、规范性的(normative)、关系性的(relational)和自我反思性的(self-reflective)。② 教育学总是有经验的一面，即确认情境中的"事实"。教育学也总有伦理的一面。教育行为意味着你应试图去分辨什么对孩子好、什么对孩子不好。正因为如此，教育学的研究和实践从科学意义上来说永远也不可能是"客观的"。然而，教育学的本质既不是经验知识也不是伦理道德原则。教育时机是对这样的问题"该怎么处理"的十分具体的反映。③

(二)新型师生关系需要实践智慧的教师实践性知识

范梅南把教育学定义为父母与孩子、教师与学生、祖父母与孙子女在一起的某种际遇(encounter)。简言之，即成人和一个正在成长中的年轻人之间的实际活动的关系。④ 范梅南认为，父母或教师与孩子或年轻人之间的关系存在着不对称性差异、不均匀、不平等，父母或教师处在有影响的地位上。

---

① [英]霍恩比. 牛津高阶英汉双解词典(第7版)[M]. 北京：商务印书馆，2009：1358.

② [加]马克斯·范梅南. 教学机智——教育智慧的意蕴[M]. 李树英，译. 北京：教育科学出版社，2001：21.

③ [加]马克斯·范梅南. 教学机智——教育智慧的意蕴[M]. 李树英，译. 北京：教育科学出版社，2001：57-60.

④ [加]马克斯·范梅南. 教学机智——教育智慧的意蕴[M]. 李树英，译. 北京：教育科学出版社，2001：42.

因此教师要对学生的成长施加积极的教育学影响。对此，范梅南提出一种新型的师生关系，那就是父母替代关系(in loco parentis relation)。范梅南把教师与学生的关系理解为替代父母的关系，并把教师替代父母的关系作为探求教育学理解和洞察的源泉，这种理解和洞察整体地关注专业教育者和儿童的生活世界。①

范梅南提出父母替代关系的新型师生关系，其主要原因在于父母替代关系的新型师生关系具有教育学的意义。范梅南倾向于使用"教育学"(pedagogy)来阐述他的思想。他用这一概念来探索、研究和描述处于教育者和学生、父母和儿童之间的特殊交互作用、情境和关系之核心的影响。② 这种"替代父母的关系"的责任不仅仅是为儿童迈向外面的更大世界做准备，而且还在于保护儿童避免家庭关系的不利影响。同时，这种充满关爱的学校环境和师生关系，也有助于培养孩子们对亲密无间和道德责任的追求。诺丁斯提出人与人之间关系的关怀理论，认为"关怀最重要的意义在于它的关系性。关怀意味着一种关系，它最基本的表现形式是两个人之间的一种连接或接触"③。基于诺丁斯的关怀理论，范梅南提出教育关系的概念，并认为教育关系是教师与孩子之间特殊的关系。这种教育对孩子来说是生活本身的一部分。教育关系存在于谈话中、互相帮助中以及任何一项个人对他人指向成长的影响的事件中。教育关系使教育者反思性地调整自己有意识的愿望和意志，以对这种愿望和意志加以引导和塑造。但是，只有当年轻的孩子对此做出反应的时候，教育的关系才能得以形成。④ 范梅南的"教育关系"概念是一个关系概念，这种教育关系同其他成人与孩子的关系不一样。首先，教师的教育关系是一种替代家长的关系。教师以引导学生学习专业知识的方式来指导学生，给了学校的教学以教育的意义。其次，教师与学生的教育关系要求一种双向的意向关系(intentional relation)。这种意向表现为教师希望学生在教师教授的知识中学

---

① ［加］马克斯·范梅南. 教学机智——教育智慧的意蕴［M］. 李树英，译. 北京：教育科学出版社，2001：6.

② ［加］马克斯·范梅南. 教学机智——教育智慧的意蕴［M］. 李树英，译. 北京：教育科学出版社，2001：23.

③ ［美］内尔·诺丁斯. 学会关心——教育的另一种模式［M］. 于天龙，译. 北京：教育科学出版社，2003：23.

④ ［加］马克斯·范梅南. 教学机智——教育智慧的意蕴［M］. 李树英，译. 北京：教育科学出版社，2001：101-102.

习成长。最后，教师与学生的教育关系是一种特殊的个人品质。教师不仅仅向学生传授知识，他实际上是以一种个人的方式体现他所教授的知识。从某种意义上说，教师就是他所教授的知识。同样地，学生也不是简单地储存他学到的知识，每一个学生都是以一个特别的、个人的方式学习。每一个学生都对他或她的知识和理解事物的方式加以个人的塑造。①

(三)促进孩子健康成长实践智慧的教师实践性知识

不管是致力于倡导现象学教育学的新型教育学还是倡导父母替代关系的新型师生关系，范梅南都认为致力于孩子的健康成长是教育实践的根本目的，也是教育学研究的根本目的。所以，促进孩子的健康成长是范梅南实践智慧的教师实践性知识思想的落脚点。

范梅南把儿童看作成长的可能性。范梅南指出教育学所关心的是孩子的自身及发展，即孩子们的成长。这种成长可以通过人存在的各种表达媒介显现出来，这包括话语和声音、语调和脸部表情、举止行为、走动的方式、衣着打扮。范梅南指出对孩子的爱和关心、对孩子的希望、对孩子的责任都是教育学的条件。范梅南区分了教育性的事件和非教育性的事件。他认为教育性的事件是有意向性的活动和交互作用，承认和儿童参与其中（尽管并不总是有目的性的和有意识的），指向儿童积极的生存和成长（being and becoming）。② 同样的话以不同的方式说出来可能会产生相反的效果，因此，机智在影响人们日常生活过程中扮演着重要的角色。假如与孩子在一起是一个机智的问题的话，我们就需要注意我们的语调、我们说话的方式。实践智慧的教师实践性知识表现为克制，表现为对孩子的体验的理解，表现为尊重孩子的主体性，表现为"润物细无声"，表现为对情境的自信，表现为临场的天赋。③实践智慧的教师实践性知识通过言语、沉默、眼睛、动作、气氛、榜样等来调和师生之间的关系，将教育时机转变为有意义的教育学事件，从而促进学生的发展。实践智慧的教师实践性知识保留了孩子的空间，保护那些脆弱的

---

① [加]马克斯·范梅南. 教学机智——教育智慧的意蕴[M]. 李树英，译. 北京：教育科学出版社，2001：103-104.

② [加]马克斯·范梅南. 教学机智——教育智慧的意蕴[M]. 李树英，译. 北京：教育科学出版社，2001：25-26.

③ [加]马克斯·范梅南. 教学机智——教育智慧的意蕴[M]. 李树英，译. 北京：教育科学出版社，2001：197-210.

东西，防止伤害，将破碎的东西变成整体，使好的品质得到巩固和加强，加强孩子的独特之处，促进孩子的学习和个人成长。①

总之，实践智慧的教师实践性知识在促进学生健康发展方面扮演着重要角色。实践智慧的教师实践性知识的伦理性决定了教师需要关注学生的身心发展。范梅南甚至认为实践智慧的教师实践性知识与其说是知识的一种形式，还不如说是对孩子们的关心。范梅南实践智慧的教师实践性知识思想的核心概念"智慧"（thoughtfulness）是一种指向性的关心（mindfulness），这从"思想"（thought）和"心灵"（mind）之间的词源关系也可以看出实践智慧的教师实践性知识思想与对孩子的关心之间的源头关系。

三、实践智慧的教师实践性知识的养成途径

实践智慧的教师实践性知识存在于教师的日常生活世界中，它也是教师专业发展过程中需要关注和开发的知识形态之一。那么如何开发实践智慧的教师实践性知识？范梅南认为，教育机智作为实践智慧的教师实践性知识，它不是简单的情感或可以学会的习惯，但它可以通过更为复杂深奥的人性的成长、发展和教育过程得以形成。

（一）通过生活体验的丰富来促进实践智慧的教师实践性知识的养成

范梅南受到狄尔泰、温德尔班、胡塞尔等人文精神学者的影响，把生活体验视为实践智慧的教师实践性知识养成的基础，甚至把生活经验作为现象学人文科学的起点和归宿。那么什么是生活体验？根据伽达默尔的考察，"体验"一词最早出现在黑格尔的一封信中，它与"经历"一词存在密切关系。狄尔泰首先赋予"体验"这个词以一种概念性的功能，从而使这个词流行了起来。②狄尔泰对"体验"一词重视的原因在于这个词作为精神科学的核心概念，能够为精神科学存在的合法性提供解释力。狄尔泰把生活经验当作一种意识，是一种我们生活中直接的、先于反思的意识，一种反射性的或自发的意识。

---

①　[加]马克斯·范梅南. 教学机智——教育智慧的意蕴[M]. 李树英，译. 北京：教育科学出版社，2001：213-226.

②　[德]汉斯-格奥尔格-伽达默尔. 诠释学Ⅰ：真理与方法[M]. 洪汉鼎，译. 北京：商务印书馆，2010：91-106.

如何丰富生活体验促进实践智慧的教师实践性知识的养成？范梅南汲取了现象学人文精神对生活体验的理解，认为实践智慧的教师实践性知识的养成需要教师丰富自己的生活体验。具体表现为对自己亲身经验的描述，对个人生活故事的追溯，对生活轶事的观察，对个人日记、札记和笔记等生活经历的考察，等等。因为教育实践是教师生活体验的重要组成部分，所以教师需要具有一种感知能力和敏感性，特别是要对自己的教育实践进行及时反思，从而不断地丰富自己的教育体验。在这种体验—反思—体验的不断循环往复的过程中，实践智慧的教师实践性知识就不断地生成。

（二）通过创设教育情境来促进实践智慧的教师实践性知识的养成

范梅南将教育情境视为教育学关系中实践智慧的实践性知识养成的环境条件。那么什么是教育情境？是不是所有的情境都是教育情境？范梅南对情境与教育情境进行了区分。他把"情境"（situation）定义为"人必须对其做出行动的各种具体细节的总和"，是指一个人所占据的位置、条件和环境。① 比如一个孩子在课堂上打盹，教师在课堂上教课而某些孩子在下面窃窃私语，等等。范梅南认为发生在教育实践中的不少现象都可能是情境。不过，这些情境不一定构成教育情境，这就需要创设教育情境，从而将情境转化为有助于学生发展的教育情境。那么，什么样的情境才是教育情境呢？范梅南指出，教育情境是一个具有意向性的结构，是通过教育者的意向——通过教育者依附孩子的方式、通过教育者"属于"孩子的方式——而产生的。② 在此，范梅南受到现象学中"意向性"（intention）概念的启发。最早将"意向性"概念引入哲学领域和心理学领域的是弗兰茨·布伦塔诺——埃德蒙德·胡塞尔的导师。布伦塔诺将意象性视为心理现象独有的一个基本特征，所有现象"在自身中意象地含有一个对象"。它是区分心理现象和物理现象的一个概念。③ 因此，在范梅南看来，教育情境就是教师对孩子的意向性实践活动。作为教育者，我

---

① ［加］马克斯·范梅南. 教学机智——教育智慧的意蕴［M］. 李树英，译. 北京：教育科学出版社，2001：96.

② ［加］马克斯·范梅南. 教学机智——教育智慧的意蕴［M］. 李树英，译. 北京：教育科学出版社，2001：97-98.

③ 倪梁康. 现象学背景中的意向性问题［J］. 学术月刊，2006(6)：47.

们应该针对孩子的情境，依据我们与孩子相处的方式做出行动。

范梅南还对创设教育情境（pedagogical situations）与教育关系（pedagogical relations）、教育行动（pedagogical actions）三者之间的关系进行了分析。教育情境是那些构成教育行动的场所，是使成人与儿童间的教育体验（pedagogical experiences）成为可能的环境和条件。而教育情境又是由成人和孩子间特殊情感的教育关系构成，在这样的情境中，成人和孩子双方都为情境提供了必要的条件。教育行动是教育者和孩子之间的体验，成人和孩子都积极主动地带有意向性地投入这种体验。① 通过教育行动，教育情境和教育关系才有发生的可能。在教育情境中，教师（和家长）需要做的事是与他人（与其他的成人，也可以是与孩子）创造一些对话性的社区（conversational communities）来倾听他们的经历和感受。这样的社区有些在学校的教师休息室，甚至走廊、大厅（大门前或在关闭的教室里）自然就产生了。另外一些对话性社区则可能需要在特别的时间和空间有意识地创造出来。②

（三）通过培养教师的教育学理解来促进实践智慧的教师实践性知识的养成

范梅南提出"教育学理解"（pedagogical understanding）作为实践智慧的教师实践性知识养成的思维品质，并认为教育学理解是一种敏感的聆听和观察。教育学理解关注体验一个具体的情境中的意义方面。教育学理解的一个常见特征就是感知和聆听孩子的能力——依据不同的情形，感知和聆听方式也有所不同。为此，教师必须能够以一种开放性的、让人感到温暖的接受方式来聆听孩子的倾诉。教育学理解的任务就是鼓励孩子们表达出自己的想法，谈论他们所关心的任何事，并让他们知道他们的感情得到认可和尊重。③

教育学理解具备情境性、关系性、伦理性和实践的特征。首先，教育学理解总是与特别的、具体的情境有关。教育学理解总是要对教育学事件发生的情境产生敏感，教育敏感性是典型的教育学理解。这种教育学敏感是教师

---

① ［加］马克斯·范梅南. 教学机智——教育智慧的意蕴［M］. 李树英，译. 北京：教育科学出版社，2001：95.

② ［加］马克斯·范梅南. 教学机智——教育智慧的意蕴［M］. 李树英，译. 北京：教育科学出版社，2001：109-110.

③ ［加］马克斯·范梅南. 教学机智——教育智慧的意蕴［M］. 李树英，译. 北京：教育科学出版社，2001：117.

对过去经验、当下情境以及未来的一种感知能力，而这种感知能力体现为一种实践智慧。因此，要想创造一套教育学理解的规则和技巧是不可能的。教育学理解需要根据不同的教育学情境做出具体的判断。其次，教育学理解始终是一种交互式的应用型理解（applied understanding）。教育学理解在实践中是通过"教育学机智"（pedagogical tact）来加以实现的。也可以说通过教育学机智实现了师生之间的教育学理解。再次，教育学理解涉及什么对孩子才是最好的，换句话说，它又是规范性的，它是指向"善"的思想——对孩子的"善"的思想。最后，教育学理解和教育学机智实际上是同一过程的两个方面。它不是一种抽象的、孤立的理解形式，而是必须转变成实际的行动。教育学理解本身就是实际的理解：对孩子在具体的情境中生存和成长的一种实际的阐释学。

教育学理解的核心品质在于教师同情心（sympathy）。石中英把同情心看作"个人所具有的易于、愿意并能够产生同情现象，引导自己行为方向的心理状态或态度倾向"①。他认为教师的同情心是教师职业伦理形成与成长的源泉。范梅南也把教师的同情心视为教师的教育学理解的重要品质。范梅南认为，对教育学理解的实践者来说，再也没有什么比我们信任的同情心（trustful sympathy）这种品质更重要的了。教育学理解常常以对孩子正在发生的事的即刻领悟形式出现。范梅南说："具备同情能力就是能够分辨孩子的声音、眼神、动作和神态的细微差异表征。带着同情心我们感受到孩子的体验是什么样的，他们又是处在一种什么样的情绪之中——受挫、兴奋、伤心、厌烦、快乐、冒险、恐惧、忧郁、着迷。"②可以说，同情心这种品质是教育学理解的基本品质之一，具备这种品质有助于教师与孩子建立一种亲密的关系，从而使得这种关系具有教育学意义。同情（sympathy）与其说是我们设身处地地生活在对方的世界中，还不如说对方已经生活在我们的内心世界。教育学的同情心爱护地指向儿童的内心世界，是成人从关心的意义上"理解"儿童或年轻人的情境。

---

① 石中英. 全球化时代的教师同情心及其培育[J]. 教育研究，2010(9)：52.
② [加]马克斯·范梅南. 教学机智——教育智慧的意蕴[M]. 李树英，译. 北京：教育科学出版社，2001：129.

(四)通过反思行动来促进实践智慧的教师实践性知识的养成

范梅南对反思与行动的关系进行了考察，认为反思行动①有助于促进实践智慧的教师实践性知识的养成。范梅南关注到反思与行动之间的关系，并对教师的系统反思进行了分类。第一，有一种我们每时每刻都在进行的反思和行动——部分是习惯性的，部分是常规化的，还有一部分是由直觉的、前反思的(pre-reflective)以及半反思的理性组成的。这是普通生活中的常识性反思和行动。第二，我们对日常生活中的实际体验以偶然的和有限的方式进行反思。在这个层次上，我们详细描述发生的事件，讲述故事，并对我们的行动和做出叙述：我们详细描述发生的事件，讲述故事，并形成我们的行动和做出叙述：我们详细叙述发生的事件，讲述故事，并形成经验性的判断、实践性的原则、注意事项以及有限的看法和理解。第三，我们以一种更加系统的和更加持续的方式对我们和他人的经历进行反思，以便对我们的日常行动形成理论性的理解和批判性的观点。在这个层次上，我们会使用现有的理论来对这些现象做进一步的理解。第四，我们对我们反思的方式、理论化形式进行反思，以期对知识的性质、知识在行动中如何发生作用、如何将知识运用于对我们实际行动的积极理解等方面达到一个更具自我反思性的领悟。②

总之，范梅南把反思行动分为行动前的反思、行动中的反思和行动后的反思。不过，范梅南更加关注在教育时机发生时瞬间的实践智慧的实践性知识，他认为在这样的过程中教师几乎没有机会一起对行动进行反思。其实范梅南对反思行动的理解与舍恩的反思行动的思想不存在矛盾，之前范梅南强调教育时机的瞬间性，而舍恩强调行动过程是反思一直伴随的过程。而且，范梅南认为教师在反思行动过程中也包含着价值判断，也就是对行动是否对孩子产生教育学意义的判断。他说："教育学的反思行动就在于不断地识别对于某个具体的孩子或一群孩子来说什么是好的、恰当的，什么是不好的、不

---

① 鉴于范梅南行动与反思的思想受到舍恩反思行动思想的影响，而且为了和前文舍恩的反思行动的教师实践性知识保持一致，此处的反思行动也是指在"行动中反思"(reflective in action)和"对行动的反思"(reflective on action)的统一体。

② ［加］马克斯·范梅南. 教学机智——教育智慧的意蕴[M]. 李树英，译. 北京：教育科学出版社，2001：133.

恰当的。换句话说，教育生活是一个不断地进行阐释性思考和行动的实践。"①

第三节　对实践智慧的教师实践性知识思想的评价

作为当代西方较有影响力的教师实践性知识思想，实践智慧的教师实践性知识思想扎根于西方人文主义传统，对日常生活世界中的教育现象进行了认识论意义上的理解，对教师的认知进行了教育学意义上的理解。实践智慧的教师实践性知识思想不仅关注到教师实践性知识的认识论意义，而且更加关注教师实践性知识的伦理问题。这一教师实践性知识流派追溯到亚里士多德的实践智慧的精髓，从根本上恢复了"实践"的伦理维度，使教师实践性知识提升到伦理学的高度，从而丰富和完善了当代西方教师实践性知识思想。

一、实践智慧的教师实践性知识思想扎根于诠释学和现象学传统

实践智慧的教师实践性知识思想的代表人物范梅南在荷兰求学时就接触过人文科学、现象学和诠释学，特别是欧洲大陆的现象学和诠释学传统对他产生了深远的影响，他开创的现象学教育学对他的实践智慧的教师实践性知识思想的形成起到了重要的作用。

现象学和诠释学的传统主要包括对生活世界的关注，将人们的日常生活经验作为研究的出发点和归宿。它们认为生活世界是一个交往的意义世界，是一个文化世界。范梅南汲取了现象学和解释学的传统，创造性地将教育机智、教育学理解、教育关系、同情心等核心概念融入他的实践智慧的教师实践性知识思想。范梅南的代表作《生活体验研究——人文科学视野中的教育学》将生活体验作为人文科学视野下教育学的研究方法论。范梅南认为，教师的生活体验即为教育体验，这种教育体验是在一定的教育情境下的教育行动，体现了一种教育学关系。② 范梅南的体验源于诠释学的代表人物狄尔泰。狄

---

① ［加］马克斯·范梅南. 教学机智——教育智慧的意蕴［M］. 李树英，译. 北京：教育科学出版社，2001：81.

② ［加］马克斯·范梅南. 教学机智——教育智慧的意蕴［M］. 李树英，译. 北京：教育科学出版社，2001：95-110.

尔泰的体验就是去生活、去体验生命。狄尔泰认为，知识论必须被扩大，不仅包括自然知识，还应该包括各种人类的经验和知识。狄尔泰针对康德的纯粹理性提出的历史批判理性是实践哲学的知识论，这种知识论的最终目标不是理论知识，而是实践智慧。① 狄尔泰将生活体验作为个体存在的出发点，认为生活体验的关系性构成精神科学研究的特征，他说："这种从生活出发的出发点和这种持续不断地与生活发生的联系，构成了存在于精神科学研究的结构方面的第一个根本特征；因为它们都建立在与生活有关的经验、理解和知识的基础之上。"②生活和有关生活的经验，都是有关理解这个社会—历史世界的、亘古长青和不断流动的源泉。范梅南实践智慧的教师实践性知识思想同样将教师的教育体验作为教师实践性知识的出发点和归宿，教师实践性知识就是教师面对教育时机的生活体验，这种体验体现了教师的实践智慧。

另外，实践智慧的教师实践性知识思想也扎根于现象学特别是梅洛-庞蒂的知觉现象学传统之中。范梅南在探究实践智慧的教师实践性知识的过程中经常援引梅洛-庞蒂关注知觉、意识等思想理论，甚至将教师的教育机智当作教师对教育情境的一种知觉。③ 知觉在梅洛-庞蒂看来是一种绝对的知识，将知觉看作一切体验方式和行为方式的基本前提。他说："知觉不是关于世界的科学，甚至不是一种行为，不是有意识采取的立场，知觉是一切行为得以展开的基础，是行为的前提。世界不是我掌握其构成规律的客体，世界是自然环境，我的一切想象和我的一切鲜明知觉的场。"④梅洛-庞蒂的知觉是胡塞尔意义上的生活世界中的认知概念。梅洛-庞蒂的身体—主体哲学将人的在世看作与世界互动或对话的关系，世界对我们是有意义的，而这些意义也决定了我们在世界的活动。范梅南认为，教师对教育情境的知觉是教师的教育敏感性，是教师的实践性知识。其实教师在教育实践中会对教育情境做出不同程度的感知，那么对教育情境感知的程度和深度就体现了教师的实践智慧，也是教师实践性知识丰富程度的反映。

---

① 张汝伦. 现代西方哲学十五讲[M]. 北京：北京大学出版社，2003：88.

② [德]威廉·狄尔泰. 历史中的意义[M]. 艾彦，译. 南京：译林出版社，2011：22.

③ [加]马克斯·范梅南. 教育敏感性和教师行动中的实践性知识[J]. 北京大学教育评论，2008(1)：2-19.

④ [法]梅洛-庞蒂. 知觉现象学[M]. 姜志辉，译. 北京：商务印书馆，2001：5.

二、实践智慧的教师实践性知识思想将理解视为其存在的方式

实践智慧的教师实践性知识思想不仅把理解视为教师实践性知识的认识方式，还把理解视为教师实践性知识的存在方式，具有本体性的意义。

"理解"（understand）与"说明"（explanation）已经成为自然科学和人文科学方法论的代名词。早期解释学家德罗伊森在他的历史概论中首先提出，自然科学的目的在于说明，历史的目的在于理解。后经过狄尔泰提出"人文科学何以可能"的康德式问题，理解作为人文科学的方法论逐渐被接受。狄尔泰将理解视为人类生活的认知方式，他认为关于人类的知识只能通过解释学的理解来获得。在狄尔泰看来，理解既指通过体验获得自我理解，也指对他人的理解。狄尔泰对理解进行了界定："我们把这种我们由外在感官所给予的符号而去认识内在思想的过程称为理解"，或"我们把我们有感性上所给予的符号而认识一种心灵状态——符号就是心理状态的表现——的过程称为理解"。① 洪汉鼎把狄尔泰的"理解"概念理解为："第一，理解是对于人们所说、所写和所做的东西的把握，这是对语言、文字、符号以及遗迹、行为——所谓'表达'（ausdruck）的领会；第二，理解是对于意义的把握，这是对一般表达所包含的观念或思想的领会；第三，理解是对人们心灵或精神的渗透。"②

范梅南也认为人文科学隐含着一种不同的探寻方式，认为通过描述和解释人类经验与表达的意义来强调理解。他对诠释学和现象学的"理解"概念进行了发挥，提出"教育学理解"（pedagogical understanding）、"教育敏感性"等。他对教育学理解的结构进行了研究，提出教育学理解的结构包括如下几方面："①非判断性理解；②发展性理解；③分析性理解；④教育性理解；⑤形成性理解。"③非判断性理解就是给予孩子信任，教师采取接受性的、开放性的、同情性的、真诚的、帮助性的聆听和对孩子内心世界的洞察。非判断性理解要求教师鼓励孩子表达出他们自己的想法，谈论他们所关心的事情，并让他们知道他们的感情得到认可和尊重。发展性理解就是指教师要感知到什么样

---

① ［德］威廉·狄尔泰. 诠释学的起源［A］//洪汉鼎，编. 理解与解释——诠释学经典文选［M］. 北京：东方出版社，2001：76.

② 洪汉鼎. 当代西方哲学两大思潮［M］. 北京：商务印书馆，2010：486.

③ ［加］马克斯·范梅南. 教学机智——教育智慧的意蕴［M］. 李树英，译. 北京：教育科学出版社，2001：114.

的策略有助于促进孩子的发展，教师需要知道怎样帮助一个具体的孩子在具体的情境中克服障碍，从而促进孩子的成熟。分析性理解的目的是将有害的而又隐藏起来的情感转换成个人成长的积极力量。教育性理解就是基于对孩子如何体验课程的理解，基于对孩子学习过程中长处和短处所进行的评价。只有在指向领悟儿童在生活的发展过程中成为一个受教育的人的真正意义时，教育性理解才是教育学意义上的理解。形成性理解是基于对一个具体的孩子的生活和它的特别之处全面而亲密的认识，"全面"（full）指的是对儿童生活的更深层次的和充满意义的各方面的理解，"亲密"（intimate）指和儿童保持一种亲近的关系。

总之，实践智慧的教师实践性知识是教师对师生关系的教育学意义的理解。"师生交往关系的本质是教育性的，一方面，这种交往关系发生在教育情境中，因而包含着接受教育的希望和进行教育的意图；另一方面，师生交往本质就是教育人格精神与学生的人格精神在教育中的相遇，教师的人格精神必定对学生的精神发展产生启迪的影响。"①范梅南指出教育学理解就是教师对具体情境下的感知，是在面对教育时机时教师如何做出判断的实践智慧的教师实践性知识。教师的教育学理解源自教师对教育实践的体验，范梅南说："体验可以开启我们的理解力，恢复一种具体化的认知感（a sense of embodied knowing）。"②范梅南实践智慧的教师实践性知识思想对"理解"的理解反映了他的父母替代关系的新型师生关系。

三、实践智慧的教师实践性知识思想融入知识的伦理维度

人们虽然不说小偷有智慧，但不得不承认他们是聪明和狡猾的。这意味着智慧与伦理有关。知识与伦理之间的关系，或者说事实与规范的关系问题，是近代西方哲学中极为重要的一个问题。休谟最早明确提出这个问题。休谟指出，有两个命题，一个命题以"是"或"不是"作为联系词，另一个命题以"应当"或"不应当"作为联系词，从前一个命题推导不出后一个命题。比如说：

---

① 金生鈜. 理解与教育——走向哲学解释学的教育哲学导论［M］. 北京：教育科学出版社，1997：128.

② ［加］马克斯·范梅南. 教学机智——教育智慧的意蕴［M］. 李树英，译. 北京：教育科学出版社，2001：13.

人的本性是善的。

人应当行善。

休谟认为前者是一个事实命题，后者是一个规范命题。然而在教育实践中，教师面对的教育时机既需要教师及时做出事实性的判断，同时也需要做出价值性判断，从而抓住教育的时机创造教育学的情境。而在这个过程中，实践智慧的教师实践性知识实际上融入教师的知识、价值与判断，是教师认识论与价值论的统一。范梅南认为事实和价值对于理解如何进行教育性的行动是很重要的，因为知道在一个具体的情境中如何进行教育行动，这涉及人的经验知识、价值观、规范和道德准则。教育学总是有经验的一方面，即确认情境中的事实。同时，教育学也有伦理道德的一方面。教育行为意味着你应试图去分辨什么对孩子好、什么对孩子不好。① 杨国荣也重视知识与伦理价值在人们知行过程中的作用，认为人的存在是一个"成己与成物"的意义世界的生成过程，这一意义生成的过程伴随着人们对生活世界的知、行过程。它不仅包括人们知道什么的过程，而且包括"应该做什么""应该成就什么"及"应该如何生活"，指向真善美的人性能力涉及认识、伦理道德、审美等领域。"认知意义上的得其真与评价意义上的求其善，构成了同一理性的两个方面，理性的能力则具体表现为在得其实然（真）的同时，又求其应然（善）。"②

杜威曾经说过："一个人是理智的，并不是因为拥有了理性，能够掌握关于稳固法则的第一的和不可证明的那些真理，并从这些真理中推论出他们所给予的特殊事物，而是因为他拥有能够估计出一种情境的可能性，并根据他的估计而进行行动的能力。"③杜威的理智性就是在习惯、冲动、人的各种性向以及现实情境和人行为之间所进行的一种持续性的整合过程，是以经验的扩展和反思为依据，以当下实践行为的意义为指导，以未来实践性的善持续产生为目标的实践探究。④ 范梅南实践智慧的教师实践性知识就是杜威所说

---

① ［加］马克斯·范梅南. 教学机智——教育智慧的意蕴［M］. 李树英，译. 北京：教育科学出版社，2001：57-59.

② 杨国荣. 成己与成物——意义世界的生成［M］. 北京：北京大学出版社，2011：91-92.

③ Dewey, J. (1930). *The Quest for Certainty*［M］. London：George Allen & Unwin, LTD：204.

④ 丁立群，等. 实践哲学：传统与超越［M］. 北京：北京师范大学出版社，2012：295.

的"估计情境的可能性，并根据他的估计而进行行动的能力"。范梅南将教师的生活世界作为实践性知识的来源，认为教师实践性知识是教师在面对具体教育情境时的教育性理解以及给予理解所采取的行动。在范梅南看来，教师实践性知识不仅仅是一个认识论问题，更重要的是一个伦理道德问题，即教师的实践性知识要指向孩子的成长和发展。教师对教育情境做出智慧性判断的标准总是指向"好的"。可以说，实践智慧的教师实践性知识是一个综合的行动能力。田慧生认为："智慧是个人生命活力的象征，是个体在一定的社会文化心理背景下，在知识、经验习得的基础上，在知性、理性、情感、实践等多个层面上生发，在教育过程和人生历练中形成的应对社会、自然和人生的一种综合能力系统。教育智慧是良好教育的一种内在品质，表现为教育的一种自由、和谐、开放和创造的状态，表现为真正意义上尊重生命、关注个性、崇尚智慧、追求人生幸福的教育境界。"①实践智慧的教师实践性知识是教师在追求学生发展过程中感性、知性、理性、情感、价值观等的综合体。

---

① 田慧生. 时代呼唤教育智慧及智慧型教师[A]//邓友超. 教师实践智慧及其养成[M]. 北京：教育科学出版社，2007：丛书序.

结 语

通过对当代西方教师实践性知识思想的研究，本书把握到当代西方教师实践性知识思想的基本发展脉络和知识图谱，对当代西方教师教育思想家有关教师实践性知识的思想进行了较为深入的探究，对他们探究实践性知识的方法、实践性知识的本质以及获取教师实践性知识的途径都有了基本的认识。这为中国教师教育者探究教师实践性知识，为中国的教师教育知识发展和实践探索提供了较为系统的理论基础。

一、当代西方教师实践性知识思想的核心观点

纵观当代西方教师实践性知识思想的发展脉络，可以看出当代西方教师实践性知识思想家将教师实践性知识的本质看作教师人性能力的知识表征形式，将实践性知识看作教师专业发展的知识基础，将体验和理解看作教师获取实践性知识的途径。

（一）教师实践性知识本质上是教师人性能力的知识表征形式

当代西方教师教育思想家的教师实践性知识思想把教师实践性知识看作认识世界、认识自我以及进行社会交往的实践能力，这种实践能力本质上是教师的人性能力。这种人性能力不仅把"至善"的追求作为实践的目的，更在于将"改造世界"作为自己的根本任务，它是在理论理性所提供的"是什么"和"怎么样"的基础上，进一步解决"如何做"的"改造世界"的实践问题。

日常生活经验的教师实践性知识思想把日常生活经验看作人性能力，"经验"就是理性指导下的感知，是感知与理性的融合。教师经验世界的过程就是教师感知周遭世界的过程。日常生活经验的教师实践性知识思想的代表人物埃尔巴兹认为，指导教师教育实践的是教师的日常生活经验，是教师"现有的知识储备"(stock of knowledge at hand)。埃尔巴兹将教师放置在日常生活世界中，让教师在经验日常生活世界的过程中实现人性能力的发展。反思行动的教师实践性知识思想则把在行动中反思和对行动的反思看作教师人性能力的实践方式。反思行动的教师实践性知识思想的代表人物舍恩认为，教师在教育教学实践中面临着诸多的不确定性，这就需要对行动或者实践不断反思，而这种反思是一种对行动或实践的直觉、洞察和想象，是教师对情境综合认识的结果。个人叙事探究的教师实践性知识思想把个人叙事探究看作人性能力，认为教师个人叙事探究是教师言与意的过程。个人叙事探究的教师实践性知识思想认为，教师是叙事的存在，个人叙事探究是教师人性能力的一种方式，教师在叙事探究中彰显了自己的人性能力。实践智慧的教师实践性知识思想将判断力作为人性能力的体现，认为教师在面临教育情境时做出的判断体现着教师的人性能力，教师的判断力是指教师在教师德性基础上做出判断的能力，体现着教师对教育情境下教育关系的理解和把握。

总之，当代西方教师教育思想家将教师实践性知识看作教师人性能力的存在方式，教师实践性知识的数量及质量是教师人性能力水平高低的体现。

(二)教师实践性知识是教师专业发展的知识基础

当代西方教师教育思想家注重教师实践性知识在教师专业发展中的作用和地位，认为教师实践性知识是教师专业发展的知识基础。教师实践性知识是指导教师在教育实践中"实际如何做"的知识，是教师实然的知识形式。

日常生活经验的教师实践性知识将教师在日常生活世界中的经验知识看作教师专业发展的知识基础，认为日常生活世界中的经验知识作为教师"现有的知识储备"，它实际指导着教师的日常教育实践。反思行动的教师实践性知识思想则把反思性知识看作教师专业发展的知识基础，认为教师在反思行动中获取的知识将成为指导教师在类似情境中的知识基础。个人实践探究的教师实践性知识思想认为教师是在与周围世界的叙事探究中进行着专业实践活动，他们把教师的叙述性知识看作教师专业发展的知识基础，叙述性知识是教师赖以存在的基础。实践智慧的教师实践性知识思想则把教师在教育实践中积累的教育机智看作教师专业发展的知识基础，教育机智就是中小学一线教师常说的"招儿"，优秀的教师拥有丰富的"招儿"。教师的这些"招儿"反映了教师对具体情境下教育行为的判断，在判断过程中形成了教育关系，产生了教育意义。

总之，当代西方教师教育思想家从人性能力的不同维度产生了教师实践性知识的不同表现方式，这些不同形式的教师实践性知识实际支配着教师的教育实践行为，是教师专业发展的知识基础。

(三)体验与理解是教师获取实践性知识的途径

体验与理解是当代西方教师实践性知识思想共同的特征，当代西方教师教育思想家都把体验与理解看作教师获取实践性知识的基本途径。教师的实践是有意义的人类行为，体验与理解是教师实践的基本存在方式。

日常生活经验的教师实践性知识思想认为，教师就是在日常生活世界的体验过程中获取实践性知识的，教师与周遭世界就是体验的过程，同时也是教师作为一个人对周遭世界的理解过程。离开了教师的体验与理解，教师的教育实践将不可能发生，当然教师实践性知识也无从生成。反思行动的教师实践性知识思想将反思行动看作体验与理解的过程。反思行动的教师实践性知识思想的代表人物舍恩认为，教师作为专业人员在具体情境下都是不断地反思自己的行动的，在不断反思过程中不断地调整方案，这一过程就是教师体验的过程，也是教师对情境理解的过程。个人叙事探究的教师实践性知识思想将个人叙事探究看作体验，教师的叙事探究是叙述者之间彼此体验对方话语的过程，叙述者在体验叙事过程中不断理解叙述情境，从而不断生成实践性知识。实践智慧的教师实践性知识思想将教育机智看作体验与理解的过程，教育机智在范梅南看来不仅是一个名词，更是一个动词，是教师体验与理解教育情境、教育关系、教育意义的过程。

总之，当代西方教师实践性知识思想从日常生活经验、反思行动、个人叙事探究以及实践智慧的角度来理解教师实践性知识的生成过程，将上述实践理解为教师实践性知识的生成途径。

二、当代西方教师实践性知识思想对中国教师教育的启示

当代西方教师实践性知识思想将教师实践性知识看作教师教育的重要知识基础，这一知识类型得到教师教育理论和实践领域的高度认可，成为教师

专业发展不可忽视的知识类型。基于此，本书从教师候选人选拔、教师教育课程、教师教育方式三个方面，探究当代西方教师实践性知识思想对中国教师教育的启示。

（一）在教师候选人选拔过程中注重面试环节，考察其综合素质

当代西方教师实践性知识思想重视教师人性能力在教师专业发展中的作用，认为教师在日常生活世界中经验既是教师实践的结果，又是教师知识生长的条件。他们重视人性能力中的感知与理性、想象、直觉与洞察、言与意、判断力和德行，认为这是教师实践性知识的源泉。

因此，大学在选拔教师候选人时不仅要考察其文化知识能力，更要关注其综合素质，比如对教育情境和教育问题的敏感性、理解力等基本的人性能力。这就需要在教师候选人选拔过程中加入面试环节，对不适合从事教育行业的候选人进行有效的筛选。另外，在教师资格考试中也要加强面试环节的考察力度，比如引进类似于公务员职业能力测试的教师专业面试环节。

（二）教师教育课程要加强教师对教育实践情境的体验和理解

目前我国教师教育课程对教师的教育实践体验关注不够。我国教师教育课程由三部分组成，即普通教育课程、教育专业课程、学科专业课程。目前教师教育课程呈现出结构上的失衡，突出表现在教育专业课程比例明显偏低。从课程类型来看，教师教育课程类型过于单一。对师范生职业思想的确立、职业道德水平的提高和教师人格特质的形成起着重大作用的隐性课程、自主选修课程十分缺乏。

基于上述问题，结合当代西方教师实践性知识思想对教师教育实践情境的重视，笔者认为我国教师教育课程要加强教师对教育实践情境的体验和理解。具体措施包括如下几方面：提升教育见习和教育实习所占课程的比例，让师范生有更多时间和精力体验教育实践情境；加强教育见习和教育实习的组织管理，促进大学与见习实习学校的有效合作；改革见习实习生的评价考核方式，提升其教学反思的水平和能力；在教师职后培训中，注重教师反思和个人叙事探究，通过与教师分享教育情境案例、让教师参与行动研究等方式加强教师对教育实践情境的体验和理解。

(三)教师教育方式要由讲授式向参与式转变

不管是职前的师范生培养，还是职后的教师培训，目前的教师教育方式还是以传统的讲授式为主。这种讲授式的教师教育方式是需要的，但单一的讲授式的教师教育方式是不够的。因为讲授式的教师教育方式有助于教师或教师候选人获取教育理论知识，但是这些教育理论知识能否转化为实际教育教学能力，还是一个疑问。从目前大学教师教育课堂教学效果和教师培训效果来看，这种"百家讲坛式"的教师教育方式不能充分调动教师候选人及教师的积极性，那些理论性的教育理论、教育原则不能转化为他们的教育实践行为。因此，需要教师参与教学，与教师教育者一起参与及分享教育教学情境。目前在教师教育领域中兴起的行动研究、教师作为研究者、大学中小学合作共同体等都是教师教育方式转变的实践行为，这种实践行为最大限度地促进了教师教育方式的转变。

三、未来需要进一步研究的问题

作为 20 世纪四五十年代特别是 80 年代以来重要的教师教育思想流派，当代西方教师实践性知识思想涉及较为复杂的理论关系，特别是从人性能力的视角理解教师实践性知识思想，在这方面本书只是做了粗浅的探讨，在以下四个方面还需要加强，这是未来需要进一步研究的问题。

首先，需要继续探讨人性能力与教师实践性知识之间的关系。本书把教师实践性知识看作教师人性能力的知识表征形式。根据人性能力的四个方面，即感知与理性，想象、直觉与洞察，言与意，判断力与德性，将当代西方教师实践性知识思想分为日常生活经验的教师实践性知识思想、反思行动的教师实践性知识思想、个人叙事探究的教师实践性知识思想以及实践智慧的教师实践性知识思想。然而人性能力是人综合能力的体现，人的实践行为是感知与理性，想象、直觉与洞察，言与意，判断力与德性的有机融合，把这四个维度分开并与当代西方教师实践性知识思想的四个流派一一对应，这可能会引起争议。国内学界将人性能力作为分析当代西方教师实践性知识思想的视角，但是如何将两者有机结合起来，还需要进一步探讨。本书仅仅是做出一个尝试。

其次，需要继续探讨当代西方教师实践性知识思想内部流派的关系。本书虽然初步探讨了当代西方教师实践性知识思想的主要流派及内容，并对其思想进行了评述。然而，当代西方教师实践性知识思想内部各个流派相互影响，相互之间存在着错综复杂的关系，那么这些影响和联系是什么，又是如何发生的？这些影响如何推动当代西方教师实践性知识研究的不断深入？本书对上述几个方面的论述力度还不够，需要继续加强。

再次，需要继续构建教师实践性知识的内在哲学逻辑结构。教师实践性知识涉及知识论、实践哲学、行动哲学、教师专业发展等领域。特别是将实践哲学与知识论有机结合，从而建构知识与实践关系意义上的教师实践性知识思想体系。当代西方教师实践性知识思想研究需要基于教师实践性知识的内在哲学逻辑结构去建构，在这一方面本书还做得不够，需要继续探讨教师实践性知识的内在哲学逻辑结构。

最后，需要将中国传统哲学思想特别是知行关系等思想融入教师实践性知识思想。本书基本上采用的是西方的知识理论和实践哲学理论分析当代西方教师实践性知识思想，而我国知识思想领域欠缺丰富的理论，如何运用中国传统的哲学思想研究当代西方教师实践性知识思想乃至教师实践性知识，是本书需要继续探讨的问题。

参考文献

(一)中文专著

[1][奥]阿尔弗雷德·许茨.社会实在问题[M].霍桂桓,译.杭州:浙江大学出版社,2011.

[2][美]阿拉斯戴尔·麦金太尔.追求美德:道德理论研究[M].宋继杰,译.南京:译林出版社,2011.

[3][英]安东尼·吉登斯.现代性的后果[M].田禾,译.南京:译林出版社,2011.

[4][瑞]芭芭拉·查尔尼亚维斯卡.社会科学研究中的叙事[M].鞠玉翠,译.北京:北京师范大学出版社,2010.

[5]曹小荣.实践论哲学导论[M].杭州:浙江大学出版社,2006.

[6]常宏.杜威的经验自然主义及其宗教观[M].北京:中央民族大学出版社,2011.

[7]常健,李国山,编著.欧美哲学通史(现代哲学卷)[M].天津:南开大学出版社,2003.

[8]陈嘉明,等.科学解释与人文理解[M].上海:上海人民出版社,2010.

[9]陈嘉明.知识与确证:当代知识论引论[M].上海:上海人民出版社,2003.

[10]陈向明,等.搭建实践与理论之桥[M].北京:教育科学出版社,2011.

[11]陈修斋,主编.欧洲哲学史上的经验主义和理性主义[M].北京:人民出版社,2007.

[12]辞海编辑委员会.辞海[M].上海:上海辞书出版社,1999.

[13]辞海编辑委员会.辞海[M].上海:上海辞书出版社,1990.

[14]丁钢.声音与经验:教育叙事探究[M].北京:教育科学出版社,2005.

［15］丁立群,等.实践哲学:传统与超越[M].北京:北京师范大学出版社,2012.

［16］董纯才,主编.中国大百科全书·教育卷[M].北京:中国大百科全书出版社,1985.

［17］董小英.叙述学[M].北京:社会科学文献出版社,2001.

［18］[法]费尔南·布罗代尔.资本主义论丛[M].顾良,张慧君,译.北京:中央编译出版社,1997.

［19］冯契.认识世界与认识自己[M].上海:上海人民出版社,2011.

［20］葛兆光.中国思想史(第一卷)[M].上海:复旦大学出版社,1998.

［21］葛兆光.中国思想史导论:思想史的写法[M].上海:复旦大学出版社,2001.

［22］顾林正.从个体知识到社会知识——罗蒂的知识论研究[M].上海:上海人民出版社,2010.

［23］顾明远,主编.教育大辞典(第一卷)[M].上海:上海教育出版社,1990.

［24］[德]哈贝马斯.交往行动理论(第一卷)[M].洪佩郁,蔺青,译.重庆:重庆出版社,1994.

［25］[德]哈贝马斯.认识与兴趣[M].郭官义,李黎,译.南京:学林出版社,1999.

［26］[德]汉斯-格奥尔格-伽达默尔.诠释学Ⅰ:真理与方法[M].洪汉鼎,译.北京:商务印书馆,2010.

［27］[德]汉斯·维尔纳·格茨.德国日常生活史研究[A]//衣俊卿,编.社会历史理论的微观视域[M].哈尔滨:黑龙江大学出版社,2011.

［28］[德]汉斯·维尔纳·格茨.欧洲中世纪生活[M].王亚平,译.北京:东方出版社,2002.

［29］汉语大词典编辑委员会.汉语大词典(第七卷)[M].上海:汉语大词典出版社,1991.

［30］洪汉鼎.当代西方哲学两大思潮[M].北京:商务印书馆,2010.

［31］胡军.知识论[M].北京:北京大学出版社,2006.

［32］[德]胡塞尔.欧洲科学的危机与超越论的现象学[M].王炳文,译.北京:商务印书馆,2001.

［33］[德]胡塞尔.生活世界现象学[M].倪梁康,张廷国,译.上海:上海译文出版社,2005.

［34］黄晖.论衡校释(第三册)[M].北京:中华书局,1990.

［35］黄楠森,杨寿堪,主编.新编哲学大辞典[M].太原:山西教育出版社,1993.

［36］[英]霍恩比.牛津高阶英汉双解词典(第7版)[M].北京:商务印书馆,2009.

［37］[英]吉尔伯特·赖尔.心的概念[M].徐大建,译.北京:商务印书馆,1992.

［38］[美]吉尔兹.文化的解释[M].纳日碧力戈,等译.上海:上海人民出版社,1999.

［39］贾馥茗,杨深坑,主编.教育学方法论[M].南京:江苏教育出版社,2008.

［40］姜美玲.教师实践性知识研究[M].上海:华东师范大学出版社,2008.

［41］金生鈜.理解与教育——走向哲学解释学的教育哲学导论[M].北京:教育科学出版社,1997.

［42］[英]卡尔·波普尔.客观知识——一个进化论的研究[M].舒炜光,等译.上海:上海译文出版社,2005.

[43][德]康德.康德三大批判合集[M].邓晓芒,译.北京:人民出版社,2009.

[44][加]康纳利,克兰迪宁.教师成为课程研究者——经验叙事[M].杭州:浙江教育出版社,2004.

[45][加]克兰迪宁,康纳利.叙事探究:质的研究中的经验和故事[M].北京:北京大学出版社,2008.

[46][美]克里斯·阿吉里斯,等.行动科学:探究与介入的概念、方法与技能[M].夏林清,译.北京:教育科学出版社,2012.

[47][美]克里斯·阿吉里斯,唐纳德·A.舍恩.实践理论:提高专业效能[M].邢清清,赵宁宁,译.北京:教育科学出版社,2008.

[48][美]克利福德·吉尔兹.地方性知识——阐释人类学论文集[M].王海龙,张家瑄,译.北京:中央编译出版社,2000.

[49][法]孔狄亚克.人类知识起源论[M].北京:商务印书馆,1989.

[50]李白鹤.默会维度上认识理想的重建——波兰尼默会知识论研究[M].北京:中国社会科学出版社,2009.

[51]李博.汉语中的马克思主义术语的起源与作用[M].北京:中国社会科学出版社,2003.

[52][美]理查德·罗蒂.实用主义哲学[M].林南,译.上海:上海译文出版社,2000.

[53]刘清华.教师知识的模型建构研究[M].北京:中国社会科学出版社,2004.

[54][奥]路德维希·维特根斯坦.哲学研究[M].涂继亮,译.北京:北京大学出版社,2012.

[55][法]罗兰·巴特.叙事作品结构分析导论.张寅德,译[A]//张寅德,编选.叙述学研究[M].北京:中国社会科学出版社,1989.

[56][英]罗素.西方哲学史(上)[M].何兆武,李约瑟,译.北京:商务印书馆,1963.

[57][英]罗素.西方哲学史(下)[M].马元德,译.北京:商务印书馆,1963.

[58][英]罗素.哲学问题[M].北京:商务印书馆,2007.

[59][英]洛克.人类理解论[M].关文运,译.北京:商务印书馆,1997.

[60][英]迈克尔·波兰尼.个人知识——迈向后批判哲学[M].许泽民,译.贵阳:贵州人民出版社,2000.

[61][德]马丁·布伯.我与你[M].陈维纲,译.北京:生活·读书·新知三联书店,2002.

[62][德]马丁·海德格尔.存在与时间[M].陈嘉映,王节庆,译.北京:生活·读书·新知三联书店,2006.

[63][加]马克斯·范梅南.教学机智——教育智慧的意蕴[M].李树英,译.北京:教育科学出版社,2001.

[64][加]马克斯·范梅南.生活体验研究——人文科学视野中的教育学[M].宋广文,等译.北京:教育科学出版社,2003.

[65][法]梅洛-庞蒂.知觉现象学[M].姜志辉,译.北京:商务印书馆,2001.

[66]苗力田,主编.亚里士多德全集(第8卷)[M].北京:中国人民大学出版社,1994.

[67][美]欧文·戈夫曼.日常生活中的自我表演[M].徐江敏,译.昆明:云南人民出版社,1988.

[68][英]培根.新工具[M].许宝骙,译.北京:商务印书馆,1997.

[69]彭刚.叙事的转向:当代西方史学理论的考察[M].北京:北京大学出版社,2009.

[70][德]皮埃尔·布迪厄.实践感[M].蒋梓骅,译.南京:译林出版社,2003.

[71][法]皮埃尔·布迪厄.实践与反思:反思社会学引论[M].李猛,李康,译.北京:中央编译出版社,1998.

[72]钱穆.中国思想史[M].北京:九州出版社,2011.

[73][法]让-弗朗索瓦·利奥塔尔.后现代状态[M].车槿山,译.南京:南京大学出版社,2011.

[74]申丹,王丽亚.西方叙事学:经典与后现代[M].北京:北京大学出版社,2010.

[75][德]施莱尔马赫.诠释学讲演[A]//理解与解释——诠释学经典文选.北京:东方出版社,2010.

[76]石中英.知识转型与教育改革[M].北京:教育科学出版社,2001.

[77]《思想史研究》编辑委员会.什么是思想史[M].上海:上海人民出版社,2006.

[78]谭军强.叙事学导论:从经典叙事学到后经典叙事学[M].北京:高等教育出版社,2008.

[79][美]唐纳德·A.舍恩.反映的实践者——专业工作者如何在行动中思考[M].夏林清,译.北京:教育科学出版社,2007.

[80][美]唐纳德·A.舍恩.反映回观:教育与咨询实践的案例研究[M].夏林清,译.北京:教育科学出版社,2010.

[81]田慧生.时代呼唤教育智慧及智慧型教师[A]//邓友超.教师实践智慧及其养成[M].北京:教育科学出版社,2007.

[82]童世骏.批判与实践——论哈贝马斯的批判理论[M].北京:生活·读书·新知三联书店,2007.

[83]涂纪亮.从古典实用主义到新实用主义[M].北京:人民出版社,2006.

[84][英]托马斯·里德.论人的理智能力[M].李涤非,译.杭州:浙江大学出版社,2010.

[85]王道俊,王汉澜.教育学(新编本)[M].北京:人民教育出版社,1999.

[86]王建军,李国山,贾江鸿,编著.欧美哲学通史(近代哲学卷)[M].天津:南开大学出版社,2007.

[87]王元明.行动与效果:美国实用主义研究[M].北京:中国社会科学出版社,1998.

[88][德]威廉·狄尔泰.历史中的意义[M].艾彦,译.南京:译林出版社,2011.

[89][德]威廉·狄尔泰.诠释学的起源[A]//洪汉鼎,编.理解与解释——诠释学经典文选[M].北京:东方出版社,2001.

[90][美]威廉·詹姆士.实用主义[M].陈羽纶,孙瑞禾,译.北京:商务印书馆,1979.

[91]吴卫东.教师个人知识研究——以小学数学教师为例[M].北京:教育科学出版社,2011.

[92]项贤明.泛教育论——广义教育学的初步探索[M].太原:山西教育出版社,2004.

[93][古希腊]亚里士多德.尼各马可伦理学[M].廖申白,译注.北京:商务印书馆,2003.

[94][古希腊]亚里士多德.形而上学[M].苗力田,译.北京:中国人民大学出版社,2003.

[95]严平.走向解释学的真理——伽达默尔哲学述评[M].北京:东方出版社,1998.

[96]杨国荣.成己与成物——意义世界的生成[M].北京:北京大学出版社,2011.

[97]杨义.中国叙事学(图文版)[M].北京:人民出版社,2009.

[98]叶澜,等.教师角色与教师发展新探[M].北京:教育科学出版社,2001.

[99]衣俊卿.衣俊卿集[M].哈尔滨:黑龙江教育出版社,1995.

[100]衣俊卿.自觉地开启社会历史理论的微观视域[A]//张正明.年鉴学派史学范式研究[M].哈尔滨:黑龙江大学出版社,2011.

[101]郁振华.人类知识的默会维度[M].北京:北京大学出版社,2012.

[102]袁方.社会研究方法教程[M].北京:北京大学出版社,1997.

[103][美]约翰·杜威.民主主义与教育[M].王承绪,译.北京:人民教育出版社,2001.

[104][美]约翰·杜威.我们怎样思维·经验与教育[M].姜文闵,译.北京:人民教育出版社,2005.

[105][美]约翰·杜威.哲学的改造[M].许崇清,译.北京:商务印书馆,1989.

[106]张能为.理解的实践——伽达默尔实践哲学研究[M].北京:人民出版社,2002.

[107]张汝伦.历史与实践[M].上海:上海人民出版社,1995.

[108]张汝伦.现代西方哲学十五讲[M].北京:北京大学出版社,2003.

[109]张士嵘,等编.认识论辞典[M].长春:吉林人民出版社,1984.

[110]张彤.从先验的生活世界走向文化的日常生活[M].哈尔滨:黑龙江大学出版社,2011.

[111]张正明.年鉴学派史学范式研究[M].哈尔滨:黑龙江大学出版社,2011.

[112]赵汀阳.论可能生活(修订版)[M].北京:中国人民大学出版社,2010.

[113][日]佐藤学.课程与教师[M].钟启泉,译.北京:教育科学出版社,2003.

(二)中文论文

[114]曹剑波,张立英.知识论语境主义对怀疑主义难题的解答[J].厦门大学学报(哲学社会科学版),2007(3).

[115]陈静静.教师实践性知识及其生成机制研究[D].[博士学位论文].上海:华东师范大学,2009.

[116]陈向明.对教师实践性知识构成要素的探讨[J].教育研究,2009(10).

[117]陈向明.教师实践性知识研究的知识论基础[J].教育学报,2009(2).

[118]陈向明.实践性知识:教师专业发展的基础[J].北京大学教育评论,2003(1).

[119]丁钢.教育经验的理论方式[J].教育研究,2003(2).

[120]高新民,刘占峰.意向性理论的当代发展[J].哲学动态,2004(8).

[121]韩继伟,等.初中教师的教师知识研究:基于东北省会城市数学教师的调查[J].教育研究,2011(4).

[122]韩继伟,等.西方国家教师知识研究的演变与启示[J].教育研究,2008(1).

[123]韩继伟,等.中学数学教师的教师知识来源的调查研究[J].教师教育研究,2011(3).

[124]洪汉鼎.论实践智慧[J].北京社会科学,1997(3).

[125]姜美玲.教师实践性知识研究[D].[博士学位论文].上海:华东师范大学,2006.

[126]鞠玉翠.教师个人实践理论的叙事探究[D].[博士学位论文].上海:华东师范大学,2003.

[127][加]康纳利,[加]克兰迪宁,何敏芳.专业场景中的教师个人实践知识[J].华东师范大学学报(教育科学版),1996(2).

[128][加]康纳利,克兰迪宁.叙事探究[J].全球教育展望,2003(4).

[129][加]克兰迪宁.知识与课程开发:教师教育的新图景[J].鞠玉翠,译.教育研究,2009(4).

[130]李丹.幼儿教师实践性知识发展研究[D].[博士毕业论文].重庆:西南大学,2011.

[131]李琼,倪玉菁,萧宁波.小学数学教师的学科教学知识:表现特点及其关系的研究[J].教育学报,2006(4).

[132]李琼,倪玉菁,萧宁波.小学数学教师的学科知识:专家与非专家的对比分析[J].教育学报,2005(6).

[133]李琼,倪玉菁.西方不同路向的教师知识研究述评[J].比较教育研究,2006(5).

[134]林崇德,申继亮,辛涛.教师素质的构成将其培养途径[J].中国教育学刊,1996(6).

[135][加]马克斯·范梅南.教育敏感性和教师行动中的实践性知识[J].北京大学教育评论,2008(1).

[136]马云鹏,等.中学教师专业知识状况调查研究[J].东北师范大学学报(哲学社会科学版),2008(6).

[137]马云鹏,赵冬臣,韩继伟.教师专业知识的测查与分析[J].教育研究,2010(12).

[138]倪梁康.现象学背景中的意向性问题[J].学术月刊,2006(6).

[139]石中英.当代知识的状况与教师角色的转换[J].高等师范教育研究,1998(6).

[140]石中英.默会知识与教学改革[J].北京师范大学学报(人文社会科学版),2001(3).

[141]石中英.默会知识与师范教育[J].高等师范教育研究,2001(3).

[142]石中英.全球化时代的教师同情心及其培育[J].教育研究,2010(9).

[143]王娜.语境主义知识观:一种新的可能[J].哲学研究,2010(5).

[144]沃建中,闻莉,周少贤.认知风格理论研究的进展[J].心理与行为研究,2004(4).

[145]吴卫东.教师个人知识研究[D].[博士学位论文].上海:华东师范大学,2007.

[146]辛涛,申继亮,林崇德.从教师的知识结构看师范教育的改革[J].高等师范教育研究,1999(6).

［147］杨国荣.论实践智慧［J］.中国社会科学,2012(4).

［148］尤洋.认识语境与知识的客观性［J］.科学技术哲学研究,2011(1).

［149］张凤娟,刘永兵.教师认知研究的综述与展望［J］.外国教育研究,2011(1).

［150］张立新.教师实践性知识形成机制研究［D］.［博士学位论文］.上海:上海师范大学,2008.

［151］张民选.隐性知识与隐性知识的显现可能［J］.全球教育展望,2003(8).

［152］张晓蕾.分析、阐释和社会性理解——基于不同研究范式的教师知识研究［J］.全球教育展望,2009(1).

［153］钟启泉.“实践性知识”访谈录［J］.全球教育展望,2004(4).

［154］钟启泉.为了“实践性知识”的创造——日本梶田正已教授访谈［J］.全球教育展望,2005(9).

［155］钟启泉.学校知识的特征:理论知识与体验知识——日本学者安彦中彦教授访谈［J］.全球教育展望,2005(6).

［156］钟启泉.“学校知识”与课程标准［J］.教育研究,2000(11).

［157］钟启泉.知识建构与教学创新——社会建构主义知识论及其启示［J］.全球教育展望,2006(8).

［158］钟启泉.知识隐喻与教学转型［J］.全球教育展望,2005(9).

［159］衷克定,申继亮,辛涛.论教师知识结构及其对教师培养的意义［J］.中国教育学刊,1998(3).

［160］周福盛.教师个体知识的构成及发展研究［D］.［博士学位论文］.兰州:西北师范大学,2006.

［161］周仕荣.美国数学教师学科知识研究的概述的启示［J］.教育学报,2006(5).

［162］朱旭东.我国现代教师教育制度构建［J］.北京师范大学学报(社会科学版),2007(4).

［163］邹斌,陈向明.教师知识概念的溯源［J］.课程・教材・教法,2005(6).

(三)英文专著

［164］Anderson, J. (1977). The notion of schemata and the educational enterprise. In R. Anderson, R. Spiro & W. Montague (eds.). *Schooling and the Acquisition of Knowledge*［M］. Hillsdale NJ:Lawrence Erlbaum.

［165］Begle, E. G. (1972). *Teacher Knowledge and Student Achievement in Algebra*［M］. Stanford University:School Mathematics Study Group.

［166］Brown, S. & Mclntyre, D. (1993). *Making Sense of Teaching*［M］. Buckingham:Open University Press.

［167］Carlson, W. S. Domains of teacher knowledge. In Gess-Newsome, J. & Lederman, N. G. (1999). *Examining Pedagogical Content Knowledge:The Construct and Its Im-*

plications for Science Education [M]. Dordrecht/Boston/London: Kluwer Academic Publishers.

[168] Carter, K. (1990). Teachers' knowledge and learning to teach. In W. R. Houston (ed.). *Handbook of Research on Teacher Education* [M]. New York: MacMillan.

[169] Catherine Cornbleth. (1991). *Capturing Contexts of Curriculum Knowledge-in-use* [M]. Buffalo: Graduate School of Education Publications.

[170] Clandinin, D. J. and Connelly, F. M. (2000). *Narrative Inquiry: Experience and Story in Qualitative Research* [M]. San Francisco: Jossey Bass.

[171] Clandinin, D. J. (1986). *Classroom Practice: Teacher Images in Action* [M]. Philadelphia: The Falmer Press.

[172] Conelly, F. M. & Clandinin, D. J. (1985). Personal practical knowledge and the modes of knowing: Relevance for teaching and learning. In E. Eisner (ed.). *Learning and Teaching the Ways of Knowing* [M]. Chicago: University of Chicago Press.

[173] Connelly, F. M. & Clandinin D. J. (1995). *Teachers' Professional Knowledge Landscapes* [M]. New York: Teachers College Press.

[174] Connelly, F. M. & Clandinin, D. J. (1984). *The Role of Teachers' Personal Practical Knowledge in Effecting Board Policy. Volume Ⅲ: Teachers' Personal Practical Knowledge* [M]. Toronto: Ontario Inst. for Studies in Education.

[175] Connelly, F. M. & Clandinin, D. J. (1988). *Teachers as Curriculum Planners: Narratives of Experience* [M]. New York: Teachers College.

[176] Dewey, J. (1930). *The Quest for Certainty* [M]. London: George Allen & Unwin, LTD.

[177] Dreyfus, H. L. & Dreyfus, S. E. (1986). *Mind over Machine* [M]. New York: Free Press.

[178] Elbaz, F. (1983). *Teacher Thinking: A Study of Practical Knowledge* [M]. New York: Nichols Publishing Company.

[179] Gage, N. L. (ed.). (1963). *Handbook of Research on Teaching* [M]. New York: Rand McNally.

[180] Michael Polanyi. (1959). *The Study of Man* [M]. Chicago: The University of Chicago Press.

[181] Nyiri, J. C. & Smith, B. (1988). *Practical Knowledge: Outlines of a Theory of Traditions and Skills* [M]. London, New York, Sydney: Croom Helm.

[182] Pound, Ezra. (1972). *"A Retrospect" in Twentieth Century Literary Criticism: A Reader* [M]. David Lodge. Longman.

[183] Preminger, Alex. & Brogan, T. V. F. (1993). *The New Princeton Encyclopedia of Po-*

etry and Poetics[M]. Princeton University Press.

[184]Ryle, G. (1949). *The Concept of Mind*[M]. London: Hutchinson.

[185]Schon, Donald. (1987). *Educating the Reflective Practitioner: Toward a New Design for Teaching and Learning in the Professions*[M]. San Francisco: Jossey-Bass Inc., Publishers.

[186]Schon, Donald. (1983). *The Reflective Practitioner*[M]. London: Basic Books.

[187]Schutz, A. (1973). *Collected Papers I: The Problem of Social Reality*[M]. Martinus Nijhoff/The Hague.

[188]Schutz, A. (1973). *The Structures of the Life-World*[M]. Evanston: Northwestern University Press.

[189]Stephen, N. (1999). *Philosophy and Teacher Education: A Reinterpretation of Donald A. Schon's Epistemology of Reflective Practice*[M]. Aldershot: Ashgate Publishing Limited.

[190]Sternberg, R. J. & Horvath, J. A. (1999). *Tacit Knowledge in Professional Practice* [M]. Mahwah: Lawrence Erlbaum Associates.

(四)英文论文

[191]Clandinin, D. J. (1985). Personal practical knowledge: A study of teachers' classroom images[J]. *Curriculum Inquiry*, 15(4).

[192]Clandinin, D. J. & Connelly, F. M. (1986). The reflective practioner and practioners' narrative unities[J]. *Canadian Journal of Education*, 11(2).

[193]Clandinin, D. J. & Connelly, F. M. (1996). Teachers' professional knowledge landscapes: Teacher stories, stories of teachers, school stories, stories of schools[J]. *Educational Researcher*, 25(3).

[194]Cochran, F. K. & DeRuiter, J. A., (1993). Pedagogical content knowing: An integrative model for teacher preparation[J]. *Journal of Teacher Education*, (44).

[195]Cochran-Smith, M. & Lytle, S. (1999). Relationships of knowledge and practice: Teacher learning in communities[J], *Review of Research in Education*, (24).

[196]Connelly F. M. & Clandinin D. J. (1990). Stories of experience and narrative inquiry[J]. *Educational Researcher*, 19(2).

[197]Donald A. Schon. (1968). Psychiatry and the history of ideas[J]. *International Journal of Psychiatry*, 5(4).

[198]Elbaz, F. (1981). The teacher's "practical knowledge": Report of a case study[J]. *Curriculum Inquiry*, 11(1).

[199]Fenstermacher, Gary D. (1994). The knower and the known: The nature of knowledge

in research on teaching[J]. *Review of Research in Education*, 20.

[200]Grimmett, P. P. & MacKinnon, A. M. (1992). Craft knowledge and the education of teachers[J]. In G. Grant (ed.). *Review of Research in Education*. Washington: AERA.

[201]Livingston, C. & Bork, H. (1989). Expert-novice differences in teaching: A cognitive analysis and implication for teacher education[J]. *Journal of Teacher Education*, 40 (4).

[202]McEwan, H. & Bull, B. (1991). The pedagogic nature of subject matter knowledge[J]. *American Research Journal*, 28(2).

[203]Peterson, P. L. & Clark, C. M. (1978). Teachers' reports of their cognitive process during teaching[J]. *American Educational Research Journal*, 15.

[204]Peterson, P. L. & Comeaux, M. A. (1978). Teachers' planning, teacher behavior, and student achievement[J]. *American Educational Research Journal*, 15.

[205]Schwab, J. J. (1969). The practical: A language for curriculum[J]. *School Review*, 78 (2).

[206]Schwab, J. J. (1971). The practical: Arts of the eclectic[J]. *School Review*, 79(4).

[207]Segall, A. (2004). Revisiting pedagogical content knowledge: The pedagogy of content/ the content of pedagogy[J]. *Teaching and Teacher Education*, 20(5).

[208]Shulman, L. S. (1986). Those who understand: Knowledge growth in teaching[J]. *Educational Research*, 15(4).

[209]Shulman, L. S. (1987). Knowledge and teaching: Foundations of the new reform[J]. *Harvard Educational Review*, 57(1).

[210]Van Manen, M. (1995). On the epistemology of reflective practice[J]. *Teachers and Teaching: Theory and Practice*, 1(1).

后 记

一

博士毕业至今，三年的光阴转瞬即逝！现在整理出版自己的博士学位论文，撰写后记，觉得昨天自己还是学生。手放在键盘上，竟不知从何说起。

我六岁入村小"育红班"，学习一年，之后开始五年制小学学习，因小学毕业时个子比较小，母亲担心我入初中生活不能自理，于是"留级"一年。之后入乡初级中学。三年乡初级中学学习后，"中考"落榜，次年复读考县重点高中。虽然当年数学、化学均为满分，总名次在全乡名列前茅，但由于各种原因，仍遗憾地与县重点高中失之交臂。如果想上，需要交一笔高额的借读费。暑假期间，在与发小们商量要不要去学习汽车摩托修理技术时，身为乡中教师的大伯听说隔壁县襄城县接收中考落榜的高分考生，而且根据分数情况免交赞助费或者交比较少的借读费，于是，大伯带着我去了襄城县第二高级中学（现改名为襄城县实验高级中学）。在经过一番打听后，我们见到了学校的一名副校长，他看了我的中考分数，觉得分数挺高，各科都满分或者接近满分，于是他告诉我说可以借读他们学校，而且不用交借读费，只需要交正常的学费就可以了，并给我安排在高一（四）班入读。说实话，我应该感谢那位素不相识的副校长。作为一名外县学生，班主任李保胜老师在生活上和学习上给予了我很多关心和帮助。高中三年的生活，虽然遇到了好的老师，但是自己没有好好学习，高考时没有考入心仪的大学。次年转入襄城县第一高级中学复读。复读在当年的河南是一个非常普遍的现象。紧张的一年复读结束后，最终收到了地处北国的哈尔滨师范大学的入学通知书，主修教育学专业。从此，自己就与教育研究结下了不解之缘。

如果说之前的生活主要是农村生活的话，那么之后更多接触和体验的是城市的生活及其方式。曾经有一段时期，我羞于提及自己的农村出身，随着求学经历的丰富以及适应了城市生活之后，我才意识到自己的农村生活经历同样是一笔财富。正是有了农村的生活经历，我才有了超越具有单一生活经历的全面视野。实际上，农村的生活经历和城市的生活经历对一个人来说具有同样的价值，甚至一个人的任何经历对他本人来说都具有独一无二的价值。这种理念后来成为我教育研究的基本立场。

在哈尔滨师范大学求学四年之后，我考入了北京师范大学攻读教师教育专业的硕士研究生和博士研究生。如果说大学四年是一种懵懂的教育学学习的话，那么进入北师大才是自己对教育研究真正的专业学习阶段。特别是在博士研究生阶段，选择从事教学研究工作逐渐成为自己未来职业选择的方向，而大学教职将是自己理想的选择。因为大学的基本功能是人才培养、科学研究和社会服务。而大学教师可以"得天下英才而教育之"，也可以相对自由地从事自己喜欢的研究，进行知识探究，还可以利用自己的专业知识服务于国家与社会。所以，从学士、硕士到博士阶段，这是自己人生规划不断发展的阶段。这一阶段，恩师朱旭东先生是我学术生命的引路人。我特别怀念读博期间的那段岁月，怀念那份跟随导师做研究的单纯，怀念在宿舍与图书馆撰写博士学位论文的自由探索过程，怀念与同窗好友切磋交流的友谊！

二

求学经历是一个人的教育自传，这种经历和本书一样，都构成了我生命的重要组成部分。回顾自己的求学经历，除了思考成长过程中的经验与教训，主要还在于感谢求学过程中遇到的"贵人"。

首先，感谢恩师朱旭东先生的悉心指导，这种指导融于生活与学术之中，这种感激难以用言语来表达。我很庆幸能够成为朱老师的学生，而且有幸成为朱老师第一届教师教育专业硕士研究生和第一个教师教育专业博士研究生。从博士学位论文选题、开题报告、文献研读到整个撰写过程，朱老师都倾注了大量的心血。随着年龄的增长、专业学习的不断推进以及工作阅历的丰富，自己越来越深刻体会到朱老师那句"美好生活从学术训练开始"的分量。朱老师严谨的治学态度和对学生的关爱甚至影响到我对职业的选择。每每看到朱老师不知疲倦地指导学生，我都从他身上获取了从事学术研究的力量和价值。

特别是我成为教师、有了指导研究生的经历之后，更加感受到朱老师在指导我过程中付出的心血是多么的宝贵！

其次，感谢那些曾经给予我学术帮助的老师。感谢王本陆教授、辛涛教授、胡艳教授、李琼教授在我的学位论文开题中给予的宝贵意见。感谢北京大学教育学院陈向明教授审阅我的论文提纲以及跟随她读书会期间对我给予的指导。感谢北京大学哲学系胡军教授，他是知识论研究的专家，他对我的论文提纲提出了宝贵的意见。感谢西北师范大学教育学院赵明仁教授，我曾多次求教于他。感谢杜亮副教授曾经给予的指导。感谢博士学位论文答辩老师朱小蔓、孟繁华、王长纯、饶从满、肖甦、胡艳等的指导意见。同时，还要感谢卢乃桂先生给予的点拨。我将带着各位老师的嘱托踏上学术研究的新征程。

再次，感谢朱门同学和学术好友。朱门是一个大家庭，能够与同门同学切磋交流，特别是得到师兄师姐的学术指导，这真是一件幸事。徐今雅、乐先莲、马磊、戴伟芬、李育球、郭芳、王金玲等师兄师姐都不同程度地给予我帮助。另外，与毛菊、赵英、王军、高鸾、马永全、廖伟、李爱霞、李娜、崔莹莹等同门的交流也使我受益良多。求学途中与好友卢伟、李西顺、张俊列等经常切磋交流，也使自己学到了很多。

最后，感谢首都师范大学的领导和同事们。感谢首都师范大学副校长孟繁华教授、学前教育学院王建平院长等领导的关心与提携。学前教育学院李雪松书记、田汉族副院长、李莉副院长、张征副院长、潘继军副院长、郭亚新副书记等领导与同事在工作与生活中给予我很多支持与帮助，在此一并表示感谢。同事之间轻松、愉快与简单的交往，也让我能够全身心地、自由地从事自己喜欢的教学研究工作。

三

这本专著是在我博士学位论文基础上完善修改的结果，也是自己的处女作。它是自己一段学术研究经历的见证者。在出版之际，不免有种喜悦中的惶恐。这本专著虽然是在恩师朱旭东先生的悉心指导与自己的不懈努力下完成的，但是由于自己天资愚笨、才学疏浅，对教师知识学的思考与研究还很不成熟。我愿本书作为个人学术研究的一个起点，在未来的学术研究中时时鞭策自己，不断超越自己。求学路上遇到的酸甜苦辣，都将融入自己的生命，构成一个真实的自己。

最后，我要把这本书献给我的父母及家人，他们是我学术研究的坚强后盾。父母虽然文化水平不高，但是他们善良的、朴素的、上进的品质深深影响了我，这不仅构成了我学术研究的价值取向，也成为我为人处世的基本准则。妻子李阳与自己相濡以沫十多年，她默默付出了很多。在这本书即将出版之际，我的女儿康博雅来到我的生活之中，她的到来给我的生活带来更多的惊喜和期待。这本专著作为送给她的一份礼物。

本书系我主持的国家社会科学基金教育学青年课题"教师教育者的身份认同及其专业发展研究"（课题批准号：CIA150200）的研究成果之一。

2016 年 10 月

2017 年本书出版后，获得了较好的学术影响，为了保持原书的样貌，本次重印没有做内容上的修改。

2024 年 12 月